三陟地域의 說話

杜鎭球 著

국학자료원

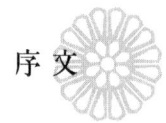

　강원도 지역 중에서도 영동의 최남단에 위치한 삼척지역에서는 어느 지
역보다 설화가 풍성하게 전승되어 왔다. 영동지역 중에서도 강릉을 축으로
한 문화권에서 남쪽으로 치우쳐 있으면서 우리 국토의 등뼈격인 백두대간
의 험준한 산줄기를 타고 가파로운 물길이 에돌고 휘돌아 농토가 비좁고
교통 또한 불편해서 인근 지역과의 교류가 어려웠기에 이 지역 사람들은
선대로부터 들어온 설화를 고이 간직하고 이를 알뜰히 후대에 전승시킬 수
있었다.

　삼척시의 북쪽, 그러니까 구읍(舊邑)의 죽서루는 관동팔경을 이루고 육
향정이 있어 풍광을 돋우고 있고 동쪽은 해변으로 정라진, 장호항, 임원항
이 있어 어업이 생업을 이루고는 있으나 어획량이 많지 않으며 서쪽 내륙
은 대부분 울창한 산림이 우거져 임야가 대부분이다. 그러나 왜정때 이르
러 삼척탄광이 개발되면서 묵호→도계(1939), 북평→삼척(1944), 철암→영
주(1956), 묵호→강릉(1962)과 백산→황지간 철도가 개설되어 동해선이 완
성됨으로써 광산물이 활발히 운송되면서 급격한 변화가 일어났으며 이전
까지는 고요한 분위기 속에서 오랜 인습과 전통이 연면히 계승되었고 삼척
지역의 정서가 전승되어 왔기에 이 지역 나름의 보수적이며 개성적인 전통

성이 유지된 것이다.

삼척지역은 최근에도 행정구역 변경에 따라 북으로 동해시에, 남으로 태백시에 적잖은 경역을 넘겨주었다. 그러나 지리적 여건상 오랜동안 경북 울진과 인접 정선군 지역까지 빈번한 교류를 맺어왔기에 설화의 영향권이 넓어질 수 있으나 편의상 현재 행정상의 삼척시 지역의 설화만을 대상으로 삼았다.

여기에 수록한 설화는 1995년부터 조사에 착수하였으나 어언 7년간에 걸쳐 수집된 셈이다. 이 자료 수집에 있어 강릉무형문화연구소, 관동대 국어교육과, 국어국문학과 그리고 대학원, 교육대학원생들과 설화에 관심을 가진 학생들의 참여가 큰 도움이 되었음을 밝혀둔다.

아울러 날로 어려워지는 출판계의 사정에도 불구하고 계속 영동의 설화에 관심을 갖고 이 책자의 발간을 맡아주신 국학자료원 정찬용 사장님께 감사를 드린다.

2003. 6.
두창구 識

1. 이 설화 자료집은 신화·전설·민담을 통괄하여 수록하였다.

2. 이 자료는 삼척 지역에 최근까지 전해 내려오는 110편의 설화를 수집하였다.

3. 각 설화마다 조사일자, 제보자(성명, 나이, 성별, 주소)를 밝혀 놓았다.

4. 자료의 게재 순서는 삼척지역의 설화를 북쪽에서 남쪽 지역으로, 동쪽에서 서쪽 지역순으로 수록하였다.

5. 수록순서는 설화의 배경지역에 관계없이 제보자의 주소 위주로 하였다.

6. 독자의 편의를 위해 제보자의 중복된 어투나 내용, 난해한 방언은 알아보기 쉽게 현대어로 바꾸었다.

7. 조사작업은 현장을 직접 답사하여 제보자가 구연한 말을 녹음한 다음 이를 정리하였다.

8. 제보 내용은 한글 표기를 원칙으로 하고 필요한 경우에는 괄호속에 한자를 병기하였다. 한글 뜻을 한자로 바꾼 것은 [ ]로 표기하였다.

9. 여기 수록된 자료 중에는 『강원 어촌지역 전설민속지』(강릉무형문화연구소, 1995), 『관동민속학』10·11,(강릉무형문화연구소, 1995), 『관동민속학』15, (강릉무형문화연구소, 2001)에 수록된 자료도 포함되어 있다.

10. 이 자료조사는 관동대 강릉무형문화연구소의 설화현장조사 작업과 관동대 국어교육과, 국어국문과 학생 및 졸업생, 대학원 국어국문과, 교육대학원 국어교육전공 대학원생, 조교 등이 조사 보조자로 참여하여 이루어졌다.

11. 본 자료 조사에 참여한 주요 조사 보조자의 이름은 다음과 같다.

고혜정, 곽종원, 김동률, 김미현, 김민석, 김정걸, 김정숙, 김정은, 김주성, 김준수, 김지연, 김지훈, 김태수, 김현주, 남인선, 두승연, 문명환, 문소정, 민경열, 박광민, 박민정, 박은희, 박지혜, 박충수, 박현철, 방미숙, 배 민, 서율화, 소병철, 송지환, 신숙희, 안정현, 여은선, 유경명, 윤정노, 윤종훈, 이돈영, 이두주, 이승철, 이윤정, 이인표, 이진모, 이창길, 임현정, 장미애, 정대현, 정지수, 정진구, 조보라미, 지영철, 채병현, 최상우, 최용준, 최은중, 하수정, 한정미, 황영희

차 례

삼척지역의 설화

머리말

삼척지역은 강원도 백두대간 동쪽 지역의 최남단에 자리잡고 있다. 이 지역은 삼국시대 이전에 남하하려는 북방세력의 영향을 받았고 삼국시대에도 고구려의 남진정책과 신라의 북진정책의 전초기지가 되었다. 그리고 고려 이후로는 남북으로 뻗친 백두대간 줄기의 험악한 지형 때문에 개성과 한양을 중심으로 한 중앙문화권에서 멀리 벗어나 있었기에 이곳은 지역 나름의 전통성이 비교적 잘 보존될 수 있었다.

삼척은 현재는 그 규모가 축소되었지만 원래는 북쪽으로 옥계, 동해, 남쪽으로 울진, 영덕에 미칠 만큼 그 영역이 넓었으며 삼척이란 지명도 일찍이 신라 경덕왕 16년(757년)때부터 사용된 유서 깊은 지역이다. 신라때 이곳은 외적의 침입이 잦았기에 이를 막기 위한 방어기지로 사용되어 왔다. 그리고 서쪽으로는 험난한 산악지대여서 교통이 불편할 수밖에 없었기에 문화적으로 고립되었으며 이러한 지리적인 조건 때문에 오히려 지역적 전통성이 순수하게 유지될 수 있었다.

13

우리나라 중동쪽으로 동해와 백두대간의 등성이 사이에서 폭이 비교적 넓은 곳이 삼척지역이긴 하지만 백두대간에서 갈라진 산줄기가 동쪽으로 내려오면서 여기저기서 만만찮은 기세로 급경사를 이루어졌기 때문에 평야는 별로 없다. 그리고 그 산줄기에서 흘러내리는 계곡은 이 곳 저 곳에서 합류하여 동해로 빠져나가기에 하천이 발달되어 있다. 이러한 물줄기는 간혹 아기자기한 폭포를 이루면서 장관을 만들기도 한다. 이처럼 가파르고 험난한 지형 때문에 1940년 무렵을 전후하여 영동선의 선로가 부분적으로 부설되기까지 산간 오지를 이루었으며 이러한 상황으로 인하여 이 지역은 향토적 보수성과 정체성이 유지될 수 있었기에 지역적 전통성이 비교적 잘 지켜질 수 있었다.

삼척지역은 원래 암반지대이기에 많은 동굴이 있다. 우리나라 각 지역의 동굴이 저마다 다양한 모습을 지니고 있지만 삼척에 있는 동굴들도 태고적 신비성을 자랑하면서 그 위용을 과시하고 있다. 이곳의 험난한 산세는 이 지역 주민들의 정서에 적지않은 영향을 끼쳤으며 개성적 지형과 연관하여 지역적 애환이 깃든 설화가 형성되었다.

일찍이 삼척지역에는 많은 설화가 창조되고 전승되어 왔다. 바닷가 어촌 지역에는 어업에 얽힌 설화가 있고 산악지대에서는 산간설화가 있으며 계곡과 폭포에 얽힌 설화들이 이 지역 주민들의 정서를 다져가면서 삼척지역의 향토적 정서를 형성하고 유지시켜 왔다. 이러한 지역적 전통성은 물론 다른 지역에서도 흔히 볼 수 있지만 이곳 역시 삼척지역 나름의 주민의 의식을 바탕으로 하여 생성되고 전승된 것이다.

본고에서는 삼척지역의 설화를 통해 주민의 정서적 모습과 경향을 살펴보기로 한다.

1. 역사적 배경

삼척시는 부족국가 시대에는 실직국(悉直國) 또는 실직곡국(悉直谷國)이었으며 그 영역은 삼척지역과 더불어 남으로 경북 영덕 남쪽에 있던 청하(淸河)까지 포괄하고 있었다. 그런데 신라 파사왕(婆娑王) 23년(102)에 음집벌국(音汁伐國)과 영역 다툼을 벌이다가 금관국 수로왕의 판결에 따라 안강(安康) 지방을 다스리던 음집벌국에 속하게 됨으로써 결국 신라의 영토가 되었다. 그러나 366년 후인 고구려 장수왕(長壽王) 56년(468)에 고구려가 말갈과 함께 이곳을 공략하여 고구려의 영토에 예속되었으나 신라 지증왕(智證王) 6년(505) 이후엔 다시 신라의 영토로 복귀하였다. 신라는 이 지역을 수복시킨 뒤 이사부(異斯夫)를 실직주 군주로 삼았으며 선덕왕(善德王) 8년(639)에는 진주도독부(眞珠都督府)를 설치하였고 무열왕(武烈王) 5년(658)에는 북진(北鎭)이라 개칭하였다. 이처럼 삼국시대에는 고구려와 신라간의 세력확장에 있어 삼척지방은 최전방 지점이 되었다. 고구려와 신라는 이 지역을 차지하는 나라가 영동지역의 패권을 확보할 수 있었기에 신라로서는 이 지역을 확고히 지키려 했고 고구려는 이 지역을 점령하기 위해 부단히 공략을 시도하였다.

고려가 들어선 뒤 삼척은 성종(成宗) 14년(995)에 척주(陟州)라 개명하면서 단련사를 두었고 현종(顯宗) 9년(1018)에는 삼척현(三陟縣)으로 바뀌면서 옥계(玉溪)를 강릉부에 넘겨주었다. 그런데 이 지역은 왜구의 침입이 잦았던 바 <고려사>에 기록된 왜구의 침입지역을 보면 공민왕 7년(1358)에 삼척에, 동왕 23년(1374)에 강릉과 삼척에, 우왕 7년(1381)에 영덕, 울진, 영해, 평해, 삼척에, 우왕 8년(1382)에 평해, 울진, 삼척, 우계에, 우왕 12년(1386)에 삼척에 침입하였다. 이처럼 삼척지역은 잦은 왜구의 노략질에 시달려 왔기에 외적의 침입을 저지해야 할 방어망 구축의 필요성이 제

기되었다. 이에 고려 말기인 공민왕 22년(1373)에는 현령 대신 안집중랑장(安集中郎將)을 두었고 우왕(禑王) 4년(1378)에는 지군사(知郡事)를 두었으며 동왕 10년(1384)에는 군사기지를 설치하고 지군사로 하여금 만호(萬戶)를 다스리게 하였다.

조선왕조에 이르러 태조 2년(1393)에 목조(穆祖)의 외향이라 하여 삼척부로 승격되었으며 태조 6년(1397)에는 군사기지인 삼척진이 설치되었다. 태종 13년(1413)에는 삼척도호부로 개명했고 성종 6년(1475)에는 평릉도(平陵道) 소재지를 평릉역(平陵驛[동해시])에서 교가역(交柯驛[삼척시])으로 옮겼다. 인조 9년(1631)에 관내 행정구역을 매곡(邁谷), 부내(府內), 노곡(蘆谷), 덕번(德蕃), 북평(北坪), 박곡(璞谷), 미로(眉老), 소달(疏達), 장생(長生) 9개 지역으로 구분하였다

현종 14년(1673)에는 영장(營將)을 두었고 삼척포첨절제사(三陟浦僉節制使)가 영동 9개군의 병권을 관장하면서 울릉도의 치안까지 담당하였다. 영조 14년(1738)에는 9개 면을 12개 면으로 개편하였으니 이는 말곡(末谷), 부내(府內), 노곡(蘆谷), 근덕(近德), 원덕(遠德), 미로(未老), 소달(所達), 상장성(上長成), 하장성(下長成), 견박곡(見朴谷), 도상(道上), 도하(道下)인데 동해시, 태백시 일부 지역까지 포함되었다.

고종 32년(1895)에 삼척도호부가 삼척군으로 되었고 이후로 평릉도찰방 제도와 삼척포진이 폐지되었으며 1914년에 부내와 말곡을 합쳐 부내면이 되었고 도상, 도하, 견박면을 합쳐 북삼면(北三面)이라 하였는데 부내면은 1917년에 삼척면으로 고쳤다가 20여년 후인 1938년에 삼척읍으로, 북삼면은 1945년에 북평읍으로 승격되었다. 그리고 1960년에 상장면이 장성읍으로, 1963년에 소달면이 도계읍으로, 1973년에 장성읍 황지리가 황지읍으로 승격되었다.

그러다가 1980년대 들어 삼척의 경역은 더욱 축소되었는 바 4월 1일 북평읍이 명주군의 묵호읍과 합쳐 동해시로 편입될 때 삼척에서 분리되었으며 이어 원덕면이 원덕읍으로 승격되었다. 그리고 1981년 7월1일에는 장성읍과 황지읍이 통합되어 태백시로 편입되면서 경역이 축소되었다. 그리고 1986년에 삼척읍이 삼척시로 되었으며 원덕읍의 일부도 가곡면으로 분리되었고 1989년에는 도계읍의 일부가 신기면으로 분리되었다. 그 뒤 삼척군은 2읍(도계읍, 원덕읍) 5면(근덕면, 하장면, 노곡면, 미로면, 가곡면)으로 개편했으나 1995년에는 삼척시와 삼척군이 다시 통합되어 삼척시의 6개동(남양동, 당저동, 교동, 정라동, 사직동, 도원동,)과 삼척군의 2개읍(도계읍, 원덕읍) 6개면(근덕면, 하장면, 노곡면, 미로면, 가곡면, 신기면)이 통합되어 오늘의 삼척시가 되었다.[1]

2. 지리적 배경

삼척시는 백두대간을 경계로 하여 영동의 동남부 지역에 자리잡고 있다. 동쪽은 동해이며, 남동쪽은 경북 울진군과 봉화군에, 서남쪽은 태백시에, 서북쪽은 정선군에, 북쪽은 동해시 삼화동에 접하고 있다. 그리고 동단은 원덕면 월천리로 동경 129° 1`이며 서단은 하장면 공전리로 128° 1`이고 남단은 원덕읍 풍곡리로 북위 37° 1`이며 북단은 증산동으로 37° 29`이다.

해안지역의 지형은 서고동저(西高東低)인데 남북으로 이어진 백두대간의 맥에서 파생된 줄기가 동쪽으로 뻗쳐 있으며 백두대간의 줄기에 두타산(1353m), 청옥산(1404m), 고적대(1354m), 증봉산(1283m), 육백산(1253m)

---

1)『三陟市誌』삼척시, 1997. pp. 6~22.

이 위용을 자랑하며 이들 산줄기에서 흐르는 물이 오십천의 물줄기를 이룬다. 오십천은 도계읍 구사리 백산골에서 발원하여 심포리에서 미인폭포를 만든 뒤 육백산에서 내려온 상덕천과 도계리에서 합류하고, 대이리 환선굴에서 내려온 환선천과 신기리에서 합류하며, 노곡면 둔달리에서 내려온 군천과 미로면 천기리에서 합류하고, 두타산 남쪽에서 내려온 고천과 하거로리에서 합류하였다가, 두타산 동쪽에서 내려온 내미로천과 사둔리에서 합류한 뒤 도경리에서 물줄기를 휘돌려 죽서를 거쳐 동해로 빠지는데 삼척 내륙지역의 계곡 물을 온통 모아 한 줄기를 이루는 바 동해안에서 길이가 가장 긴 하천이다. 이 오십천이란 명칭은 옛날에 경상도로 가자면 50개에 이르는 하천을 건넜다 하여 이러한 명칭이 붙었다는 설도 있다. 그리고 근덕면 문영재와 노곡면 주지리 도마재에서 발원된 물이 근덕면 동막리, 광태리, 부남리를 경유하여 무릉천과 합류한 뒤 다시 소한천과 합류하여 동해로 흐르는 마읍천이 70리에 이르러 만만치 않고 도계 신리와 구사리에서 발원된 물이 원덕 동활리를 거쳐 도화천을 이루고 풍곡리에서 용소동 용소에서 흐르는 물과 합류하여 가곡천을 이룬 뒤 오목리에서 시작된 오목천과 탕곡리에서 합류하여 월천리를 거쳐 동해로 흘러간다.

삼척시의 총면적은 1,185.87㎢인데 밭이 57.38㎢요, 논은 18.07㎢밖에 되지 않으며 임야가 1,053.05㎢로 압도적이다. 따라서 임업이 성행할 수밖에 없어 목재의 산출이 많았음은 당연한 현상이다. 근자에 와서 광산물이 발견되어 삼척탄광을 형성할 수 있는 계기가 되었고 이를 운송할 시설로 삼척항이 개발되었으니 삼국시대나, 고려, 조선왕조 때 군사지역으로서의 기능이 광산물 운송항으로서 기능으로 달라지게 된 것은 당연한 현상이라 하겠다. 그리고 바닷쪽에는 58.4Km에 이르는 해안의 길이가 동해에 접하고 있기에 삼척항, 초곡항, 임원항 등 어업의 발판이 되고 있으나 근해에 어획고가 풍족하지 못하고 해안의 수심이 깊어 대규모 어획량은 올리지 못하고 있다.

해수욕장으로는 삼척, 맹방, 덕산, 궁촌, 용화, 장호, 임원, 호산, 월천이 있으며 조수의 피해를 해소시킨 척주동해비(陟州東海碑)는 재난퇴치의 징표이며 원덕읍의 해신당은 민속신앙의 성지로 추앙되었다. 역사 유적지로는 삼척 김씨의 시조인 실직군왕 김위옹(金渭翁)의 묘인 갈야릉(葛夜陵)과 왕비 박씨의 묘인 사직릉(史直陵)이 있고 고려의 멸망에 얽힌 비극을 담은 근덕면의 공양왕릉, 그리고 이성계의 조상인 목조의 부모를 모신 준경묘(濬慶墓)와 영경묘(永慶墓)가 미로면에 있다. 그리고 명승지로는 관동팔경의 하나인 죽서루가 있으며, 자연의 신비를 담은 신기면의 환선굴을 비롯한 초당굴, 관음굴(갈매굴)과 도계읍의 미인폭포, 가곡면의 덕풍계곡, 미로면의 쉰음산 계곡이 신비로운 경치를 보여주고 있다.

해안가는 비교적 지형이 완만하기에 경상도에서 이곳을 거쳐 동해·강릉·양양·속초를 거쳐 함경도로 왕래하는 도로가 뻗어 있지만 내륙쪽으로는 산세가 첩첩하고 가파라서 통행이 어렵다. 삼척시에서 신기, 도계를 거쳐 황지로 빠져 경상도로 통하는 길이 있으나 산이 높고 험하여 통행이 어려웠다. 그러다가 근대에 이르러 광업의 개발로 인한 도로확장과 철로의 개설 이후에 외지와의 내왕이 원활히 이루어졌다.

3. 삼척지역 설화의 자료

삼척지역 설화의 본격적인 조사는 1980년대 들어 한국정신문화연구원의 전국적인 자료발굴작업을 통해 이루어졌다. 그런데 이보다 앞서 임석재가 해방 이후에 설화를 조사하였지만 1989년에 와서야 자료집으로 간행하였고 그 이후로 1974년에 강원일보사의 관심속에 박재문이 10여편의 설화를 소개한 바 있다. 그 뒤 80년대 들어 삼척군청과 삼척문화원, 강원도청 그리고 설화에 관심있는 학자와 지역 인사들의 참여하에 꾸준히 조사가 이루어지다가 90년대 중반기로부터 더욱 활발하게 발굴되었으니 그간의 자료조사 상황은 다음과 같다.

『太白의 說話』, 下　　　　　　　　　　　10편[2]
『韓國口碑文學大系』, 2~3　　　　　　　188편[3]
『悉直의 精氣』　　　　　　　　　　　　7편[4]
『江原文化研究』 3　　　　　　　　　　27편[5]
『六香亭』　　　　　　　　　　　　　　11편[6]
『三陟郡誌』　　　　　　　　　　　　　32편[7]
『우리 고장의 전설』　　　　　　　　　50편[8]
『강릉어문학』 8　　　　　　　　　　　34편[9]
『民俗誌』　　　　　　　　　　　　　　　2편[10]
『韓國口傳說話』　　　　　　　　　　　26편[11]
『내 고장 강원도』, 중　　　　　　　　14편[12]
『강원 어촌지역 전설 민속지』　　　　　9편[13]
『삼척시 미로지역의 기층문화』　　　　56편[14]

---

2) 朴載文, 『太白의 說話』 下. 강원일보사, 1974. pp. 242~259.
3) 金善豊, 『韓國口碑文學大系』 2~3, 江原道 三陟郡, 韓國精神文化研究院, 1981.
4) 삼척군, 『悉直의 精氣』, 삼척군, 1983. pp. 61~66.
5) 徐俊燮, 『江原文化研究』 3. 강원대 강원문화연구소, 1983, pp. 148~159.
6) 김진원, 『六香亭』, 가락 삼척군 종친회, 1984. pp. 114~118.
7) 삼척시, 『三陟郡誌』, 三陟郡, 1985. pp. 341~364.
8) 삼척문화원, 『우리 고장의 傳說』, 삼척문화원. 1987.
9) 강릉대 국문과, 『江陵語文學』, 8, 강릉대 국문과, 1988.
10) 徐俊燮, 『民俗誌』 江原道, 1989. pp. 379~380.
11) 任晳宰, 『韓國口傳說話』, 咸鏡北道, 咸鏡南道, 江原道篇. 평민사. 1989. pp. 97~313.
12) 강원도교육위원회, 『내 고장 강원도』, 중, 강원도교육위원회, 1990. pp. 48~54.
13) 두창구『강원 어촌지역 전설 민속지』, 강원도(동해출장소), 1995. pp. 387~396.

　『태백의 설화』삼척군 편에는 총 16편의 설화가 소개되었으나 이중 태백, 장성, 북평지역의 설화 6편을 제외하면 10편이 된다. 그런데 이 자료는

---

14) 관동대 국어국문학과, 『삼척시 미로지역의 기층문화』, 삼척문화원, 1995.

15) 삼척문화원, 『口碑文學으로 傳承된 眉叟 許穆 이야기』, 삼척문화원, 1995.

16) 두창구, 『關東民俗學』10·11합집, 관동대 강릉무형문화연구소, 1996. pp. 291~301.

17) 강원대 국어국문학과『江原文化硏究』15. 강원대 강원문화연구소, 1996. pp. 125~158.

18) 김태수, 『삼척지역 인물전설 연구』(부록), 관동대 대학원 碩論 1996. pp. 88~273.

19) 김태수, 『삼척의 설화집』, 삼척문화원, 1996.

20) 삼척시, 『三陟市誌』, 삼척시청, 1997. pp. 907~950.

21) 김진순, 『산이 산중이지 사람조차 산중이냐』, 삼척문화원, 1997. pp. 86~124.

22) 최웅, 김용구, 『설화』, 국학자료원, 1998. pp. 185~231. 이 자료조사는 강원대 국어국문과에서 1985년에는 삼척군 설화를, 1995년에는 삼척시 설화를 조사하였다.

23) 김진순, 『장작 한 짐에 얭미리 일곱 두름』, 삼척문화원, 1999. pp. 293~330.

24) 김진순, 『가린 재비 진 재비 막아 천 섬 만 섬 점제하소』, 삼척문화원, 2000, pp. 246~272.

25) 두창구, 『關東民俗學』, 15, 관동대 강릉무형문화연구소, 2001, pp. 153~244.

26) 김진순, 『오십천 사람들』, 삼척문화원, 2002. pp. 128~137.

27) 김진순, 『육백산 곤드레 개미추 육백 마지기 씨앗 육백 말』, 삼척문화원, pp. 201~212.

이 지역 설화들을 소개한 최초의 자료일 뿐더러 준경묘, 정랑묘, 퇴조비, 백두옹, 청고재, 공양왕릉 비극 등 이 지역의 대표적 설화들 위주로 수록되어 있다.

『한국구비문학대계』의 삼척군편에는 가장 방대한 양의 설화가 수록되어 있지만 조사지역이 삼척읍, 원덕면, 근덕면, 북평읍의 4개 지역에만 한정되어 있으며 그것도 뒤에 동해시에 편입된 북평읍을 제외하면 3개 지역일 뿐이다. 그러므로 이 자료에 수록된 삼척지역의 설화는 삼척읍 159편, 원덕면 17편, 근덕면 12편으로 총 188편이다. 삼척읍에는 관동팔경의 하나인 죽서루와 오십천 하류의 육향정에 얽힌 설화가 있으며, 조수의 피해를 막으려 했던 척주동해비에 관한 설화와 신남의 해신당설화가 있는데 이는 동해의 수해와 생업에 관한 두려움을 보여주는 대표적 설화이다. 그리고 근덕의 공양왕릉과 목조의 부모를 모신 준경묘, 영경묘에 관한 설화는 역사성에 바탕을 두고 있으며『제왕운기』를 저술한 이승휴, 정철, 강감찬, 박걸남, 삼척 김씨 시조등 인물에 관련된 설화도 수록되어 있어 다양한 경향을 볼 수 있다.

『실직의 정기』는 정랑의 무덤, 백우금관, 기생, 자명죽, 안장바위에 관한 신비성 등 7편의 설화를 소개하였다.

『강원문화연구』 3집에는 주로 정라진과 갈남지역의 설화를 중심으로 27편을 수록하였는데 퇴조비, 정라진, 육향산, 해신당, 애바위, 벼락바위, 용바위, 왕바위, 용굴, 이천폭포, 해망산, 덕봉산에 얽힌 설화가 있다.

『육향정』에는 11편의 설화가 소개되어 있는데 허미수에 관한 것과 정라동에 있는 사찰에 관한 설화를 위주로 수록했다.

『삼척군지』에는 39편의 설화가 수록되어 있으나 뒤에 태백시로 편입된 지역의 설화를 제외하면 32편인 셈이다. 이 자료는 군청에서 직접 조사했

기 때문에 비교적 지역적으로 고르게 조사되었으며 새로운 자료들이 수집
되어 있다.

『민속지』에 수록된 자료는 단 2편뿐이다. 삼척·동해·태백지역에 걸쳐
7편을 수록했으나 삼척설화는『심방중 이야기』와『용추폭포』2편이다.

『한국구전설화』는 해방후에 수집한 전국의 설화를 12권으로 나누어 수
록하였는데 함경남북도와 강원도의 설화는 4권에 수록되어 있다. 강원도
설화 총 155편 중 삼척지역은 34편으로 되어 있으나 장성, 북평읍 이도리
7편을 제외하면 삼척읍 3, 오분 10, 궁촌 6, 맹방 7개로 4개 지역 26편이며
이것도 일부지역 설화에 치중되어 있다.

『내 고장 강원도』에는 미륵보살, 백우금관, 삼척냉방, 은행나무, 박걸남,
할미소, 자명죽, 조수, 살해재, 정랑총, 벼락바위, 장자 등에 관한 이 지역
대표적 설화 14편을 지역적으로 잘 안배하여 수록하였다.

『강원 어촌지역 전설민속지』에 수록된 설화는 삼척시 해안지역 어촌마
을의 설화 9편으로『부지런한 심방중』,『경주이씨의 흥망과 바위』,『초곡
의 지명유래』,『갈남의 지형과 월미도』,『애바위에 얽힌 한』,『처녀 원혼의
보답』,『역사 조장군』,『이심이 얘기』,『아이를 구해준 산신령』이다. 그런
데 산간 설화에 비해 어업에 관련된 설화는 아주 희소한데 이는 동해안 각
지역에 공통적으로 나타나는 현상이기도 하다.

『삼척시 미로지역의 기층문화』는 미로지역을 집중적으로 조사하였다는
점에서 의의가 있다. 관동대 국어국문학과에서 소단위 지역의 정밀조사였
는데 고천리 11편, 내미로리 17편, 동산리 14편, 천기리 14편로 4개리에서
총 56편을 조사하였다. 소단위 지역을 집중적, 심층적으로 조사함으로써
밀도 있는 조사가 이루어졌다는 점에서 바람직한 시도였다고 할 수 있다.

『구비문학으로 전승된 미수 허목 이야기』에는 미수 허목에 관련된 설화

35편을 골라 수록하였다. 여기에는 허목을 중심으로 하여 우암 송시열, 허적, 임백호 등 관련인사와 어머니, 사촌형, 조카, 수양 딸 등 가족관계를 위주로 하여 요술접시, 지네, 금덩어리에 얽힌 내용, 척추비에 관련된 것, 그리고 일화, 재주, 도술에 관련된 내용인데 이 지역에서 수집한 설화가 아니라 전국적으로 전파되고 있는 허미수에 관련된 설화를 모았다. 서울·충북·충남·경북·제주가 각 1편, 대구가 2편, 경기·전북이 각 3편, 전남이 4편, 경남이 7편, 강원이 11편인데 그중 삼척은 단 3편 뿐이다.

『관동민속학』 10·11합집에는 4편의 설화가 수록되었는데 『응징받은 벼락바위』,『물에 빠진 미륵보살』,『퇴조비 분실소동』,『이한룡과 주천자의 딸』로 주로 어촌지역과 관련된 해변가 지역의 설화들이다.

『강원문화연구』 15집에는 36편의 설화가 수록되었다. 강원대 국어국문학과에서 조사했는데 내용별로 분류하였으니 내력담(유래담) 6편, 지명담 15편, 점복·풍수담 4편, 장수담 2편, 효열담 4편, 동물담 2편, 인과응보담 1편, 기타 2편이다. 내용에 따라 체계적으로 수록함으로써 산만성을 극복하였다.

『삼척지역 인물전설 연구』는 이 지역 인물의 설화를 중심으로 하여 분석한 논문으로 허목, 이이, 성삼문을 중심으로 검토한 뒤 부록으로 6개 동 지역의 설화 100편의 자료를 소개하였으며 이어서 삼척지역 설화중 전설과 민담에 해당되는 것을 내용과 성격, 사상적 배경면에서 고찰한 논문도 발표된 바 있다.[28]

『삼척의 설화집』은 삼척군과 통합되기 이전의 삼척시였던 동(洞) 지역에 대한 조사로 현재의 삼척시 전역을 대상으로 하지는 않았지만 방대하고 풍부한 자료를 수집하였다. 이 자료집에는 200편의 자료가 수집되어 있는 바

---

28) 김진억,『三陟地方의 說話硏究』, 관동대 교육대학원 碩論, 2001.

논문「삼척지역 인물전설 연구」의 부록에 수록된 자료에 새 자료를 보충하였는 바 인물 중심으로 되어 있다. 이 설화집에 등장되는 주요 인물은 외지인으로 이항복, 박문수, 이율곡, 숙종대왕, 허목, 김효원, 정철, 무학대사, 세조, 단종대왕, 유성룡, 성삼문, 공양왕, 사명대사, 이퇴계 등이 등장하며 이 지역 인물로는 박걸남, 최진후, 정랑, 홍관매 등이 있는데 외지인물이 주류를 이루고 있다. 그리고 일화, 유래, 기행, 기이한 사건, 이적, 신령, 마고할미담, 효행, 우행, 운명, 지혜, 풍자 등에 관한 설화가 다양하게 수록되어 있어 '삼척은 설화의 고장'이라는 명칭에 걸맞는 풍성한 설화를 보여주고 있다.

『삼척시지』는『삼척군지』에 수록된 32편중에서 25편은 그대로 재수록하고 5편은 보완하여 수록하였으며『게줄다리기의 전설』,『할미 통시나들 및 무지개 바위』 2편을 삭제시킨 대신『갈천리(葛川里) 모과나무』,『논들 궁전보(弓田洑)』,『덕봉산(德峯山)』,『미인폭포(美人瀑布)』,『실직국(悉直國)의 마지막 왕(王) 안일왕(安逸王)』,『변란에 우는 은행나무』,『애바위와 해랑당(海娘堂)』,『이삼세(李三世) 삼재면(三災免)』,『초곡용굴』,『천은사(天恩寺)』,『태봉, 태봉산』의 설화 11편을 추가하여 총 41편을 수록하였다.[29]

『산이 산중이지 사람조차 산중이냐』에는 가곡면 3개리에서 수록된 총 29편의 설화가 수록되어 있다. 풍곡리의 21편, 동활리의 3편, 탕곡리 5편으로 되어 있으며 이밖에 오저리 7편, 탕곡리 20편, 풍곡리의 14편이 더 조사되었으나 수록하지 않았다. 지명이나 지형, 인륜, 재치, 민속 등에 관한 설화들이다.

최웅, 김용구는『설화』에서 삼척시 설화 40편을 조사하였는데 주제별로

---

29) 삼척시에서 간행한『삼척시지』<說話>편에 총 51편이 수록되었으나『삼척군지』와 마찬가지로 10편은 현재 동해시, 태백시로 편입되었기에 여기서 제외시켰음.

나누어 효행, 열녀 설화 3편, 인물 설화 6편, 동식물 설화 2편, 지명 설화 17편, 풍수 설화 8편, 기타 설화 4편을 수록하여 이 지역 설화의 경향을 보여주고 있으며 인물 설화는 역사적 인물로 황희, 허목 등 실제인물 설화와 아기장수 설화를 수록하였다.

『장작 한 짐에 앵미리 일곱 두름』은 원덕읍의 설화 44편이 수록되었으니 기곡리 3편, 산양리 15편, 노경리 10편 이천리, 3편, 호산리 1편, 옥원리 2편, 노곡리 4편, 임원리 2편, 갈남리 4편이다. 지명담, 풍수, 호랑이, 인륜, 재치, 해신당 설화위주로 수록되어 있다.

『가린 재비 진 재비 막아 천 섬 만 섬 점제하소』에는 노곡면 여삼리 2, 하월산리 7, 하군천리 4, 둔달리 2, 하마읍리 5, 중마읍리 4, 고자리 산월산리 상조천리 개산리가 각 1편씩 모두 28편이 수록되었다.

『관동민속학』에는 47편의 설화가 수록되었다. 삼척시 전 지역을 대상으로 하였는데 특히 삼척시 동지역(洞地域)과 미로면, 도계읍 설화가 위주로 되어 있다.

『오십천 사람들』에는 신기면의 신기리 5편, 서하리 3편의 설화로 8편이 수록되었으며『육백산 곤드레 개미추 육백 마지기 씨앗 육백 말』에는 도계읍의 발리리 5편, 산기리 1편, 점리 3편, 늑구리 2편, 마교리 1편, 황조리 2편, 전두리 3편으로 17편이 수록되었는데 간략하고 단편적인 내용이지만 면 단위로 정밀조사였다는 점에 의의가 있다.

이상에서 살펴보았듯 삼척시 설화조사는 해방직후에 시도된 후 1980년대 들어 한국정신문화연구원에서 본격적인 발굴이 이루어졌고 80년대말에 도청, 시청에서 조사를 계속하였던 것을 1990년대 후반에 조사지역을 세분화하여 집중적으로 조사되었는 바 차후 조사가 계속된다면 상당의 양이 추가하여 발굴될 것으로 기대된다.

4. 삼척지역 설화의 경향

삼척지역은 산악지대와 해안지역으로 이루어져 있기에 설화의 경향도 이러한 지리적 특색을 보여주고 있다. 즉 바다와 연관하여 해신당 여성황신 설화가 일찍부터 주민의 정서에 깊은 영향을 주었으며 이것이 산악지역의 산신사상에도 자극을 주어 신령에 대한 경외감을 촉발시켜 온 것으로 볼 수 있다.

신남의 해신당 설화는 어촌지역 주민의 풍어에 대한 기원을 강하게 드러나 있으며 이와 연관된 부수적 설화까지 파생시켰다. 반면에 산간지역에서는 산신사상에 대한 관심이 형성되었으며 이는 성황당신과 수목신(樹木神)사상으로까지 발전되었다.

또한 백두대간의 산 줄기에서 발원된 하천은 삼척항에서 동해로 빠져나가는데 이 동해의 조수와 관련하여 그 폐해를 퇴치한 허목의 퇴조비 설화는 자연적 재난의 극복에 대한 주민들의 염원과 정서를 보여주고 있다. 수해퇴치를 바라는 지역주민의 절실한 염원이 허목 부사의 신이한 능력에 의해 실현되었다는 발상은 지배층의 애민사상과 주민의 순후한 심성이 지극히 자연스럽게 조화를 이루고 있음을 보여 주고 있다.

조선왕조와 관련하여 목조의 외향이었던 지역적 연고성은 이 지역 주민의 긍지이기도 했다. 목조가 이곳으로 피신하여 궁핍한 생활을 하면서 부모의 상을 당했고 스님의 계시에 의해 명당을 얻어 장례를 치른 것은 후일 이성계가 왕조를 창업하게 되는 축복을 받게 된다. 목조가 부친인 이양무(李陽茂)를 모신 준경묘의 경우와 함께 모친을 모시려고 영경묘의 터를 잡을 때 스님의 계시에 따라 길지(吉地)를 얻은 것으로 되어 있는데 이 지역에서는 지관보다 도승이 묘지를 선정해 준 것으로 되어 있어 불교의 신비적 영험성과 교합되어 있다. 이는 일찍이 신라 때에 창사(創寺)된 천은사

(天恩寺), 신흥사(新興寺), 영은사(靈隱寺), 삼장사(三藏寺), 궁방사(宮傍寺), 죽장사(竹藏寺)는 물론 인근 동해의 삼화사 등 사찰에 접맥된 불교적 분위기와도 연관된 것으로 보인다. 영경묘, 준경묘 설화는 조선왕조의 연고성에 대한 주민의 긍지와 더불어 풍수사상에 대한 관심을 보여주고 있다.

지명이나 지형에 관한 설화속에 이 지역 나름의 특색이나 고유한 사고 양상이 깃들어 있고 특히 바다나 산간의 바위의 형상이나 연원에 있어서도 개성적 면모가 나타나 있다.

동물설화는 동해안 다른 지역과 마찬가지로 어업행위나 어류에 관련된 설화가 드물며 극소수의 설화에 있어서 겨우 용, 구렁이, 두꺼비 등만 나타나 있다. 그러나 산간지역에서는 호랑이가 타 지역보다 비교적 자주 나타나고 있지만 호랑이의 신성성이나 위엄같은 내용보다 경박한 성품이나 조소적 행동을 해학적으로 야유하고 있다.

그리고 이 지역에는 위정자의 학정이 심하지 않아서인지 지배층에 대한 저주나 원한, 비판, 조소같은 저항의식은 별로 나타나지 않으며, 가슴 속 깊이 쌓인 신원(伸寃)이나 원망같은 응어리진 삶의 면모를 거의 찾아 볼 수 없다. 또한 권선징악이나 치우담도 비인간적 행위를 고발하기 위한 의도보다는 역동적 삶을 위해 선행을 권장하는 경향을 보여주고 있어 화기로운 전통성과 이 지역 주민의 순후한 정서의 모습을 엿볼 수 있다.

그리고 일화의 경우에는 소박하고 성실한 주민의 성품이 여실히 들어나 있고 지혜는 일상적 상식과 순리를 토대로 하고 있으며 해학은 일상적 도리에 어긋난 언행을 각성시켜 주는 차원에서 언급되어 있어 천성적으로 순박하고 진실하며 온순한 주민 정서를 확인할 수 있다.

이처럼 삼척지역의 설화는 유교적 질서를 바탕으로 하여 순박하고 건실

하며 근면한 지역정서를 보여주고 있다. 이 지역이 지리적으로 척박하고 문화적으로도 낙후되어 있으면서도 오랜 세월동안 화기롭게 살아 올 수 있었던 것은 삼척지역 주민의 선량하고 근면한 인성 때문이기도 하지만 설화를 통해 이러한 정서를 서로 나누고 마음을 다듬으며 살아왔기에 실현될 수 있었다고 하겠다.

5. 삼척지역 설화의 양상

1) 암석 설화

삼척지역의 암석설화로 해안지역에 애바위와 벼락바위가 대표적이라면 내륙지역에 있어서는 육바위를 들 수 있다. 애바위는 미역을 뜯으러 바다에 들어간 처녀가 갑자기 일어난 풍랑에 휩쓸려 죽은 비운을 지녔기에 애바위라 하여 해신당 성황신이 생겨난 단초가 된다. 그리고 벼락바위는 불도를 닦는 자가 살생을 저지른 행위에 대한 경각심을 고취시키고 있으니 스님이 뜨물을 먹으러 몰려오는 잉어를 잡아 먹었다가 벼락을 맞아 죽었다는 응보를 통해 계율의 준수에 충실해야 함을 암시하고 있다. 그런데 지역적 인물의 행위와 연관된 바위로는 경주 이씨가 익사하여 시체가 걸려 있었다는 비두짝바위, 장노세가 떨어져 죽은 노세바위, 홍기만이 죽은 기마우바위가 있는가 하면 바위가 커진다는 큰바위, 용이 살았다는 용바위, 탕건 모양을 지녔다는 탕건바위 등이 있는데 이러한 바위들은 특수한 개인적 사연이나 암석의 형상에서 유래된 것이다.

그런데 이러한 바위의 형상에 관한 것으로 대박재의 계집바위가 있는데 산의 모양이 여성의 성기모양을 하고 있기에 음기가 강했다는 것은 동해시의 음풍정 설화와 유사한 점이 있다. 그러나 여기서는 절개를 강조했다는 점에서 크게 다르며 또한 풍수사상이 가미되어 있다.

육바위의 경우는 좀더 전설적이다. 삼척 지역의 거산(巨山)인 태백산, 두타산 산신이 공기놀이를 하다가 공중에 공기돌을 집어 던졌는데 그 공기돌이 흩어져 여섯 개의 바위가 되었다는 것이다. 산악이 발달된 이 지역은 삼척바위, 잘바위, 용지바위, 진진바위, 군바위, 문바위, 상전바위가 여기저기에 흩어져 있는 바 이들을 비범한 신비성과 접맥시킴으로써 경외성을 제고시키고 있다.

암석에 관련된 설화에서 흥미로운 점은 남녀 산신을 설정해 놓고 여신이 오줌을 싼 것이 흘러 오십천이 생성된 것으로 인식하였는데 그 물줄기가 흐린 것은 오줌물이기 때문이라는 것이다. 이처럼 지형적 형상을 산신의 행위와 연계시킨 것은 이 지역 주민들의 산신사상이 경건성보다는 일상적 현실성에도 접근되어 있음을 보여주고 있다.

2) 지명 설화

지명에 얽힌 설화는 그 지역 주민의 일상적인 사고방식을 단적으로 보여주고 있는 바 오십천은 산골짜기 물줄기가 50여개였기에 그리 불렀다든지, 혹은 삼척에서 경상도로 갈 때 50여개에 이르는 계곡을 거쳐야 한다는데서 유래되었다고 한다. 또 공양왕의 비극적 운명과 연관된 경우도 있으니 사릿재는 살해재란 말이 변한 말로 공양왕이 살해된 비극에서 비롯되었다는 것은 역사적 사실과 연관시키려는 의도를 볼 수 있다. 또 초곡이란 명칭도 양쪽 산 사이에 끼인 곳이기에 새일이라 했으나 뒤에 풀이 우거져 있기에 초곡(草谷)이라 고쳤다는 것이고, 미인 폭포는 미인이 비극적 운명 때문에 자살하였기에 연유되었고, 육백장군이 있었기에 육백산이라 했으며, 갈남의 도트마리는 돝(豚)의 머리처럼 생겼기에 생긴 이름이라는 것이다. 그리고 이 곳은 지형이 키(winnow)의 모양인데 키는 곡식을 까불러 불순물을 제거하고 알짜만 고르는지라 키가 월미도에 실속있는 복을 가져온다고 믿었던 데서 연유했다는 것이다. 그리고 용화리는 용이 하늘로 승천했기에 생긴 이름인데 여기에 용이 살아있었다는 용굴은 일광이 미치지 않는데도 물 속을 환히 들여다 볼 수 있었다는 신비성을 부연시킴으로서 신이성을 부각시키고 있다.

청고재는 조선조 선조때 진사 김세민(金世民)의 장례때 있었던 일에서 연유되었다는 것이다. 그의 후손들이 상을 당하자 장례를 치르러 이곳에 왔는데 마침 그 곳을 지나던 도사가 강물이 불어 건너지 못하는 것을 본 그의 후손이 업서 건너주자 도사가 그 은혜에 보답하려고 묘지를 잡아주었다는 것이다. 그러면서 밤중에 하늘에서 북소리가 울리면 묘를 쓰라고 알려주기에 기다렸더니 자정에 근처 바다를 지나가던 배에서 북이 울리는 소리가 들리는지라 그 소리를 듣고 묘를 썼기에 청고재(聽鼓嶺)란 명칭이 유래되었음을 밝히고 있다.

3) 성황 설화

다른 영동 해안마을의 경우처럼 삼척의 신남에도 해신계 성황설화가 널리 전파되어 있다. 그런데 이 설화는 다른 지역의 경우와 마찬가지로 익사한 여성의 원혼을 위로하는 공통성을 지니고는 있으나 원귀가 되는 과정이 전혀 다르다. 유사한 내용의 성황신인 주문진의 진이성황신은 사또의 탐욕에 저항하여 자살한 경우이고 강릉 안인의 해랑당성황신은 사또와 함께 추천놀이를 갔다가 실족하여 물에 빠져 죽었기에 생업을 위해 희생된 이곳 해신당 성황신의 경우와는 동기가 사뭇 다르다.

신남에 사는 가난한 처녀는 매일 바다에 나가 미역(또는 김)을 채취하여 먹고 살았는데 바다 속에 있는 바위에 미역을 따러 가거나 따가지고 돌아올 때마다 사랑하는 총각이 배로 처녀를 실어다 주었다는 것이다. 그러던 어느날 처녀가 미역을 따고 있는데 갑자기 바람이 불고 파도가 크게 일어 총각은 처녀를 데리러 갈 수 없었기에 처녀는 결국 물결에 휩싸여 죽었다고 한다. 그런데 처녀가 죽은 뒤로 고기가 잡히지 않는 상황이 전개됨으로써 처녀의 원한이 이 지역민의 생업유지에 위협으로 발전되었으며 어민들이 익사한 처녀의 영혼을 위로하는 정성을 바친 뒤에야 다시 풍어가 이루어졌는 것이다. 그런데 여기서 흥미로운 것은 처녀의 한을 달래기 위해 남근을 바치면 풍어가 된다는 발상이다.

일반적으로 해안지역 성황신의 감응은 풍어에 연결된다. 풍어는 생산으로 연결되며 생산은 성적 결합으로 실현되기에 익사한 처녀에 대한 위안은 남성과의 교합으로 실현될 수 있다. 일찍이 비명횡사한 여성이 성년이 될 시기가 되면 죽은 남자의 혼백과 혼인을 시켜 주어야 재앙을 예방할 수 있다는 인식이 전통적으로 관념화되어 있기에 신남의 처녀 혼백도 이러한 의식을 바탕으로 하여 풍어기원과 교합된 것으로 보인다. 이러한 발상은 흉어가 되어 고기를 잡지 못한 마을의 어부가 홧김에 바다에 오줌을 누었더니 그 이후로 고기가 많이 잡혔으며 처녀를 위해 제를 올릴 때 남근을 깎아 바치면 풍어의 효험을 얻게 된다는 발상으로 확장되었다. 아무튼 이 지역 주민의 이러한 의식속에는 풍어에 대한 강한 욕구와 원통하게 죽은 처녀의 귀신에 대한 혼백의 위로, 그리고 성적 결합을 통한 생산력 증대를 기대하는 주민정서가 복합적으로 얽혀 있음을 볼 수 있다.

뿐더러 이 설화는 이 마을의 어부였던 정씨가 흉어로 인해 좌절감에 빠져 있다가 익사한 처녀의 시신과 시간(屍姦)을 한 뒤 오히려 풍어를 얻을 수 있었다는 또다른 부연설화를 파생시킨 것도 동일한 발상이라 하겠다. 신남의 해신당 설화는 성혼을 치르지 못하고 죽은 여자의 한(恨)을 성적으로 풀어주어야 한다는 의식에서 이러한 원귀에 대한 성적 위로가 풍어로 보상받을 수 있다는 발상을 보여주고 있다.

성황신에 대한 경외성(敬畏性)은 성황신제를 앞두고 유람을 가서 노는데 도취되어 제사를 지내러 오지 않았다가 흉몽을 꾸었는지라 불안하여 집에 돌아와 보니 아내가 호환을 당했다는 설화에서도 드러나 있다. 그리고 성황신을 모신 나뭇가지가 너무 자라 거추장스럽기에 이를 베어버렸다가 재앙을 당한 국시성황신 설화나 성황나무인 느티나무의 영험성을 강조한 고목느티나무 설화도 이 지역주민이 성황신에 대한 경외감이 얼마나 깊은지 여실히 보여주고 있다.

4) 풍수설화

삼척지역의 풍수설화로는 준경묘, 영경묘 설화가 대표적인데 준경묘 설화는 목조인 이안사(李安社)에 관한 설화이다. 이성계의 6대조인 이인(李璘)은 전주 이씨 16대손으로 무예에 능하였으며 고려 때 내시집주를 지냈다. 그는 전주에 살고 있었는데 전주 기린산에 위치한 선대의 묘지가 명당이라 해서 나라에서 핍박을 가하여 함경도 길성, 경산으로 귀양을 다니다가 다시 전주 안남(安南)으로 돌아오게 된다. 그의 아들인 양무도 또한 무예에 능했으며 상장군 이강제의 딸과 혼인을 하여 안사를 포함하여 아들 넷을 낳았다. 안사 즉 목조는 평창 이숙(李肅)의 딸과 혼인을 했으며 전주에서 벼슬을 하고 있을 때 그곳의 지주사가 새로 부임해 온 산성별감에게 자기가 평소에 좋아하던 관기로 하여금 강제로 수청을 들게 하자 이에 반발하다가 핍박을 당하게 되니 이를 견딜 수 없어 평소 자기를 따르던 자

170여명을 데리고 삼척으로 피신하였다. 이곳으로 도망쳐 온 목조는 아버지인 이양무(李陽茂)가 죽자 상을 치르기 위해 길지를 찾고 있는데 한 노승으로부터 길지를 암시 받았다. 그런데 개토제 때 소 백 마리를 잡고 관은 금관을 써야 하며 술은 백 동이를 써야 효험이 나타나게 된다는 조건을 이행할 방도가 없어 곤경에 처했다. 어려운 형편에 이러한 조건을 감당할 수 없어 고민하다가 백 마리의 소[百牛]는 마침 처가에 있던 흰 소[白牛]로, 금관은 마침 누렇게 황금빛으로 익은 귀리 짚으로 대체시키고 술 백 동이는 이곳에 올 때 따라온 사람들 170여명에게 각각 한 동이씩 가져오게 해서 세 가지 난제를 해결했는데 이는 5대 후손인 이성계에 이르러 개국의 창업으로 결실을 맺게 되었다는 풍수사상을 보여주고 있다.

이 준경묘(濬慶墓)에 관한 풍수사상은 이성계가 부친상을 당했을 때의 행적과 유사한 점이 많으므로 이 설화와 비교하고자 한다. 이성계가 부친 환조의 상을 당했을 때의 기록은 차천로의 『오산설림 초고(五山說林草藁)』에 나오는네 이 설화의 내용을 보면 다음과 같다.

> ① 태조는 영흥 외할아버지 집에서 났는데, 그게 곧 준원전이다.[30]
> ② 환조의 상을 당했을 때 태조는 함흥에 있었는데 좋을 땅을 구해 장사를 지내려 했지만 좋은 지관을 만나지 못했다.[31]
> ③ 어느날 나무꾼 아이가 산에 갔더니 두 중이 먼저 산에 와 그 산에 오르기도 하고 내려오기도 하며, 혹 앉기도 하고 서기도 하더니 나이 든 중이 "아랫 자리는 비록 지법에는 맞으나 장상이 날 자리에 불과하고, 윗 자리는 당세에 왕후가 날 자리로군"하며 두 중이 어찌할 바를 몰랐다.[32]

---

30) 太祖生於永興外祖第 卽今濬源殿是也
31) 桓祖之喪 太祖在咸興欲得福地而葬之 未遇卜兆之人
32) 一日樵僮往于山 見二緇髠先在山 上下其山 而或坐或立 長者曰 下者雖應地法不過將相 稍上者當世出王候 二人相語周章

④ 나뭇군 아이가 숲속에 숨어서 그 말을 듣고 태조에게 달려가 말해 주니 태조는 말에 안장을 얹을 사이도 없이 곧장 달려 10여리쯤 가니 두 중이 길가에서 지팡이를 꽂고 앉아 있었다.[33]

⑤ 태조가 말에서 내려와 재배하고 나서 "저희 집이 누추하지만 스님께서 잠시 들렸다 가십시오." 하니 두 스님은 갈 길이 멀다고 사양하기에 태조가 머리를 조아려 다시 두 번 절하고 매우 정성껏 청하니 두 중이 "지극한 정성으로써 이리 청하니 차마 헛되이 욕보일 수가 없구려." 하며 마침내 같이 갈 것을 허락하였다.[34]

⑥ 태조가 조용한 방에 모셔놓고 예로써 대접하기를 정성껏 하니 하루를 묵은 뒤 가려 했다. 태조가 하루 더 묵게 하려고 자리에서 일어나 다시 재배하며 "제가 아버지의 상을 당해 좋은 곳을 골라 모시고자 하니 바라옵건대 스님께선 좋은 곳을 가르쳐 주십시오." 하자 두 중은 옷을 떨치고 일어나며 "빈도는 단지 구름처럼 떠돌 뿐 청오금낭(靑烏錦囊-비결)의 술법은 듣지도 못했소."라 했다.[35]

⑦ 그래도 태조가 땅에 엎드려 절하면서 억지로 붙잡고 눈물로 간청하자 두 사람은 하루를 더 머물렀다. 태조가 재배하고 다시 청하자 늙은 중은 가만 있고 젊은 중이 "남의 성의를 어찌 저버리겠소?" 하니 늙은 중이 "그러면 어쩌면 좋으냐?" 하자 젊은 중이 "그곳을 가르쳐주면 어떨까요?" 하였다.[36]

⑧ 두 중은 태조와 함께 산에 올라가 지팡이를 꽂으며 "첫째 혈(穴)은 왕후의 조짐이 있고 둘째 혈은 장상이 날 터이니 둘 중에 하나를 골라 쓰시오." 하니 태조가 "첫째 혈을 갖겠습니다." 하자 늙은 중이 "이는 너무 지나치지 않소?"라 했다. 태조가 "무릇 사람의 일이

---

33) 樵僮 潛於林中聞其語 走告于太祖 太祖不遑駕 驟騎立跡之 迨至十餘里 二僧者駐錫于道左

34) 太祖下馬再拜曰 某有陋舍 願尊師暫屈 二人辭以行遠不肯 太祖叩頭再拜跪請之甚誠 二人曰 人以誠恨 不可虛辱 遂許與俱歸

35) 太祖舍之靜處 禮接之款情 留一日яв 太祖苦留之一日 太祖離席再拜曰 某今失所怙 慾卜一善地 願尊師幸教之 二人拂衣起曰 貧道只是雲遊而已 靑烏錦囊之術 未之聞也

36) 太祖地拜强輓 流涕以謝 二人遂仍留之又一日 太祖再拜復請之 長者嘿然 少者曰人之厚意 豈忍負之 長者曰然則何如 曰當指示其處耳

란 상을 얻으려 해도 겨우 하를 얻을 수 있기에 그렵니다." 하니 두
중은 웃으며 "원대로 하시오."라면서 뒤도 안 돌아보고 갔다.[37)]
⑨ 늙은 중은 나옹화상이고 젊은 중은 무학상인이다.[38)]

「오산설림 초고」에 기록된 이태조 묘지설화가 삼척의 목조 묘지설화에
많은 영향을 끼치지 않았나 싶다. 다시 말해서 이성계가 아버지인 환조의
묘지를 잡게 된 설화가 오히려 목조가 아버지인 양무의 묘지를 잡을 때의
설화로 소급된 듯한 유사성이 나타나 있음을 볼 수 있으니 준경묘가 준원
전과 명칭이 연관되고 부친의 상을 당했을 때 길지를 잡지 못해 전전긍긍
했던 점, 그러다가 두 중을 통해 명당터를 얻게 되는 과정이 그러하다. 그
리고 두 중의 대화를 엿듣게 된 것이나 중에게 명당터를 알려달라고 간절
히 매달린 공통점이 있지만 태조의 경우는 간청에 못이겨 왕후의 터와 장
상의 터 두 곳을 알려 주어 스스로 선택토록 하였으나 목조의 경우에는 세
기지 조건인 백 마리의 소, 금관, 백 동이의 술을 제시했고 이를 지혜로써
해결했다는 점은 좀더 구체적이고 현장감이 드러나 있으며 모친상을 당했
을 때 집에 모신 중을 극진히 대접하여 명당터를 구하게 된 것과도 맥락이
통한다.

그런데 이 두 설화는 명당을 잡게 된 과정을 보여주고 있으면서도 정서
적 상황은 크게 다르다. 태조 묘지설화가 왕위에 오르려는 욕망을 성취하
는데 집중되어 있으나 목조의 묘지설화는 효의 실천을 통한 기복(祈福)이
목표라 하겠다. 세 가지의 난관을 해결하려 한 일차적 목표는 돌아가신 부
친을 잘 모시고자 함이며 이러한 효심은 뒤에 후손에게 그 복이 돌아오게

---

37) 二人遂與太祖如其山 植杖而語之曰 第一穴王侯之兆 第二穴將相之宅 擇於二者 太祖
日願就其第一 長者曰無乃過乎 太祖曰凡人間事 欲卜上 僅得其下 是以云耳 二人者
笑曰惟願遂不顧而去
38) 長者懶翁長老 少者無學上人也

되는 것으로 귀결된다. 또한 이 설화는 목조의 어머니의 고향인 인근 평창과 연관이 있기에 지역적 현실감을 갖을 수 있으며 그의 어머니의 묘인 영경묘(永慶墓)에까지 풍수적 연관성을 지을 수 있다. 아무튼 미로면 활기리의 준경묘와 동산리의 영경묘설화는 여러 대 전에 조선왕조의 기틀을 마련했다는 점이 부각되어 있으며 더욱 태조로부터 홍서대(紅犀帶)를 하사받은 증거를 통해 지역적 긍지를 지닐 수 있었다 할 것이다.

풍수설화는 명당터에 얽힌 내용이 대부분인데 이 지역에서는 토끼가 명당터를 알아본다던지, 명당은 운이 맞아야 하는데 운이 맞지 않는 사람이 명당의 효험을 받았다가 부정한 임신이 들통났다던지, 임금이 자신을 찾아올 줄 풍수쟁이가 미리 예측한 설화는 풍수의 영험성을 암시하고 있다.

5) 인물설화

이 지역의 인물 설화 중 목조에 관해서는 풍수사상이 부각되어 있고 공양왕은 이성계가 나라를 건국한 뒤 공양군(恭讓君)으로 강등되어 두 아들인 왕석(王奭), 왕우(王瑀)와 함께 원주, 간성(杆城)에 유배되었다가 다시 이곳으로 유배되어 살해된 비극적 운명이 애처럽게 부각되어 있는데 그 시신을 매장한 곳이 고돌재이다. 이곳에서 죽음을 맞은 공양왕의 흔적이 궁촌, 살햇재의 살문(箭門), 구릿재의 동문(銅門)이란 지명에 남겨져 있으며 그 무덤 앞에 집을 지으면 무너진다는 것은 왕조의 멸망에 대한 뼈에 사무치는 한을 암시해 주고 있다. 그런데 이 무덤을 벌초하면 풍어를 얻게 된다는 것은 불운한 왕조에 대한 이 지역 어민들의 지극한 연민의 정을 보여주고 있으며 이러한 애틋한 심성이 어민의 소망인 풍어로 연결된 것이라 하겠다.

조선조 현종 원년(1660) 때 삼척부사로 온 미수 허목(眉叟 許穆)의 홍수

퇴치 행적은 신비성이 가미되어 설화화되었다. 이 지역의 고질적 재앙인 홍수의 피해를 퇴치시킨 허목의 행적은 주민들의 절박한 난제를 해소시켰기에 미화될 수 있었을 것이다. 조수(潮水)가 밀려들어 올 때 홍수가 지면 오십천이 범람하여 피해가 극심했기에 이를 본 허목이 1662년에 문장을 지어 이를 전각(篆刻)한 비석을 세웠더니 홍수피해가 없어졌다는 것이다. 이 비가 척주동해비(陟州東海碑)로 처음엔 정라 만리도에 세웠으나 숙종 34년(1708)에 파손되자 다시 써서 숙종 36년(1710)에 죽관도(竹串島)의 육향산에 세웠다고 한다. 이 퇴조비에 관련된 설화에는 허목의 목민관으로서의 애민적 면모가 생생히 부각되어 있어 지역 주민들의 존경심이 여실히 드러나 있다. 또한 원덕 임원 와현(瓦峴)에 세종때 관찰사로 와서 선정을 베푼 황희의 덕을 기린 소공대비(召公臺碑)도 마찬가지이니 흉년에 고생하는 백성을 구휼하여 한 사람의 아사자도 나오지 않도록 구호해 준 은혜를 감사히 여겨 그가 와서 쉬었던 자리에 돌을 쌓고 비를 세운 데서도 자애로운 위정자에 대한 존경심이 나타나 있다.

그리고 무인으로서는 박걸남(朴杰男) 장군의 행적이 영웅화되어 있다. 그는 조선 선조때 장수로 휘(諱)는 걸남, 자는 사정(士貞), 호는 의암공(衣巖公)인데 임진왜란시 수많은 공적을 세웠으며 이순신 장군의 휘하에서 용감하게 활약하여 선무공신(宣武功臣) 병조판서의 서훈을 받았던 인물이었다. 그러나 그의 용감하고 애국적 행적이 이 지역민의 긍지를 고양시켰으면서도 전국적으로 부각되지 못했기에 용마가 죽어 뜻을 크게 펴지 못한 신기의 아기장수 설화에 연관시켜 아쉬움을 남겨 두었다. 일반적으로 널리 전승되고 있는 아기장수 설화는 장수와 용마가 같이 태어나야 장수가 마음껏 능력을 발휘할 수 있는데 용마가 늦게 태어나면 능력이 좌절된다는 비극적 발상에 귀착되어 있다. 그런데 그의 능력에 대해 호랑이를 잡아 칡덩굴로 옮아왔다든지, 호랑이를 타고 다녔다든지 또는 다른 마을에 가서 배를 끌어다 산 위에 올려놓았다는 것으로 입증하였는데 특히 후자는 원덕의 역사 조장군이 원래 힘이 장사여서 혼자서 배를 산위에 옮겨놓고 큰 돌을 번쩍 들어 돌다리를 놓았으며 죽은 뒤에 이장하려고 무덤을 팠더니 뼈가 통뼈였다는 설화와도 상통되고 있다.

여성의 경우 박복한 운명 때문에 한을 품고 죽은 정랑총의 정랑과 정혼한 남자와의 오랜 이별 때문에 비운을 당한 미인폭포 설화도·있다. 그리고 이밖에 외지인에 관한 인물로는 박문수, 유충렬, 소대성, 사명당, 이승휴 등이 등장하고 있다.

6) 불교설화

불교에 관련된 설화로는 주로 사찰의 연기설화, 부처의 영험성, 승려의 수도생활, 주민들의 기복(祈福)에 얽힌 이야기가 주를 이룬다. 그런데 삼척에는 일찍부터 사찰이 건립되었으니 미로면 내미로에 있는 천은사(天恩寺)는 신라 흥덕왕 4년(829)에 처음 세울 때 백련대라 했으나 이승휴가 간장암이라 고쳤고 조선중기에 청허대사가 흑악사라 했던 것은 고종때 천은사로 다시 고쳤다. 근덕면 동막에 있는 신흥사는 신라 민애왕 원년(838)에 범일국사가 북평 지흥리에 창건한 지흥사를 현종 15년(1674)에 이곳으로 옮기면서 광운사라 고친 뒤 다시 운흥사라 했다가 신흥사로 고친 것이다. 근덕면 궁촌에 있는 영은사는 서역에서 온 삼형제불 중 막내가 들고 온 금련(金蓮)을 모셨는데 원래 신라 진성여왕 5년(891)에 궁방산 아래 세웠으나 명종 22년(1567)에 서산대사가 이곳으로 옮겼다. 그리고 성내동의 죽서루 동쪽에 범일국사가 죽장사를 창건했는데 근래에 삼장사라 고쳤으며 이 외에도 궁방사, 동대사, 호대사, 한산사 등 많은 사찰이 있다. 동해안 지역 중

에서도 험준한 산악지대인 삼척에 신라때에 이미 많은 암자와 사찰이 세워
지면서 불교에 관한 설화가 생겨나고 전승되었다. 이는 인근에 있는 삼화
사의 영향을 받기도 했으니 서역에서 배를 타고 온 약사 삼형제 부처가 동
해에 이르러 흑련화를 든 맏이는 삼화사에, 청련화를 든 둘째는 지상사에,
금련화를 든 셋째는 영은사에다 각각 봉안했으니 이 세 사찰은 긴밀한 연
대의식을 조성하면서 불교의 구심점을 형성했다 할 것이다.

천은사는 이승휴가 병이 들자 그의 어머니가 이곳에 와서 빌었더니 건
강이 회복되었다 하며 이승휴가 이 절을 다시 지어 간장암(看藏菴)이라 했
는데 고종 3년(1899)에 영경묘를 중수할 때 이 절에서 조포소를 설치해 크
게 기여했다 해서 천은사(天恩寺)로 고쳤다는 것이다. 그 뒤에 이 사찰이
폐허가 되었다가 다시 중건하게 된 계기가 영험스러운 계시 때문이었다는
점이 강조되었고 호대사란 절 근처 있는 동대지라는 연못에서 중들이 쌀을
씻었는데 잉어들이 쌀을 씻을 뜨물을 먹으려고 오자 몰래 몇 마리를 잡아
구워먹다가 벼락을 맞아 죽었다는 설화는 살생을 성실하게 지키면서 불도
에 정진해야 함을 일깨워주고 있다. 또한 코끼리산에 있는 돌부처를 힘자
랑을 하느라고 물속에 밀어뜨렸다가 극심한 가뭄을 당하자 다시 제 자리에
옮겨놓으니 가뭄이 해소되었다는 것도 부처를 함부로 대하면 재앙을 받게
된다는 부처님에 대한 경외성을 볼 수 있다. 그리고 구인사에서 가서 도를
닦은 중경스님의 신통력을 통해 불교의 신비성 보여주고 업보를 받아 구렁
이가 된 박군연의 실체를 알아본 장노장 스님의 높은 안목도 불교의 영험
성을 부각시키고 있다.

7) 동물설화

삼척의 동물설화에는 거미, 비둘기, 여우, 두꺼비, 구렁이, 뱀, 지네 등이

나오는데 대체로 아주 평범하며 다만 가장 많이 등장하는 호랑이에 관한 설화를 보면 위엄이나 산신으로서의 신비성보다는 일상적이며 민담적 경향을 보여주고 있다.

일찍이 단군신화에서부터 등장하는 호랑이는 흔히 성급한 품성을 지닌 동물로 부각되어 있지만 간혹 용맹함과 효심을 지닌 인간을 보호해주는 신령스런 존재로서 긍정되기도 했다. 그러나 이 지역에서는 호랑이가 아둔하며 조소를 당하는 것으로 어리석은 행동이 부각되고 있는데 이는 산간지역에서 호환을 많이 당했기에 조성된 정서가 아닌가 한다. 호랑이는 사람을 잡아먹을 때 머리만 남겨놓고 다 먹는데 호환을 당해 죽은 사람의 혼백이 그 호랑이의 정신에 붙어 또 다른 사람을 해치도록 유도하기에 이를 예방하기 위해서는 호식장을 해야 한다고 믿고 있다. 호식장은 죽은 자의 시신 위에 시루를 엎어 놓고 시루바닥의 구멍 속에 꼬챙이로 시체를 꿰어 놓으면 죽은 자의 혼백이 호랑이로 하여금 인간을 해치게 되는 행동을 막을 수 있다는 것이다.

나무를 하러 산 속으로 간 사람이 호랑이 새끼를 보자 목을 묶어놓았더니 어미 호랑이가 마을에 내려와 행패를 부렸다던지, 어린 새끼들이 귀여워해 주니까 어미 호랑이가 아주 좋아했다는 것은 호랑이의 새끼사랑이 인간과 같음을 암시하고 있다. 또한 소년이 피리를 불자 피리소리에 맞춰 춤을 추던 호랑이가 피리불기를 그치자 소년을 냉큼 잡아 먹었는데 호랑이 뱃속에 들어간 소년이 피리를 부니 호랑이가 정신없이 춤을 추다가 방귀를 뀌자 소년이 똥구멍으로 빠져 오면서 피리끝으로 똥구멍을 찔러서 결국 호랑이를 잡았다는 것은 해학적인 모습이다.

그리고 호랑이는 사람의 뒤를 따라오다가 적당한 기회가 오면 사람을 잡아먹는다고 한다. 호랑이가 상가집에 가는 사람의 뒤를 따라 온 것을 내쫓은 설화도 있는데 이러한 설화들은 호랑이의 습성과 행동에 관한 내용이 주안점이 된다.

그리고 호랑이는 개를 좋아하므로 호랑이를 쫓으려면 대신 개를 주면 된다든지 밤에 보면 눈빛이 담뱃불처럼 보인다던지 걸을 때 발자국을 보면 외통발자국이어서 앞발자국에 뒷발자국이 겹쳐지므로 외줄이라는 둥 지극히 인간적인 성품과 행위, 사고방식에 접근되어 있다.

그리고 부모의 약을 구하려는 자식이나 남편의 병을 치료할 약재를 구하러 가려는 아내 같은 효자, 열녀에게는 자기의 등에 태워 업어다 주는 후원자의 역할을 하며 선행을 한 사람이 차를 타고 위험한 산비탈을 지나다가 사고를 당할 운명에 처하면 호랑이가 미리 감지하고 이를 구하기 위해 차를 세워 선행자를 차에서 내리도록 하여 목숨을 구해주는 재난 예방자로서의 역할을 감당하기도 하는 바 이처럼 호랑이가 인간에게 가장 두려운 존재면서도 때로는 선행의 협조자로 신령스런 존재라는 양면성을 지니고 있음을 보여주고 있다.

8) 해학설화

해학설화는 인간의 일상적 생활속에서 발생되는 행위에 풍자성을 가미시켜 조소, 경계, 야유하고 있다. 설화의 내용에 있어 전개가 경쾌하고 자유분망하며 때로는 예리하고 기발한 발상으로 근엄하고 윤리적인 질서를 과감히 파괴하면서도 한편으로는 훨씬 강력한 교훈성과 감동성을 증대시킨다.

형제간의 우애는 인간윤리에 있어 중요한 일상적 덕목인데 이에 대한 인간적 자세에 축복과 응징이 선명히 드러난다. 그런데 형제간의 갈등에 있어 간혹 동생이 악역을 감당하기도 하지만 형이 악역을 감당하는 경우가 더욱 많다. 이는 일찍이 흥부전에서 그러한 관념이 정착되었으며 이러한 경우에 대체로 재물에 대한 탐욕이 불화의 요인이 된다.

못된 형이 못사는 동생에게 어머니를 봉양하도록 만들어 놓고 동생을 데려다가 집안 일을 거저 시키면서 인색하게 굴자 남생이가 동생을 도와주어 궁핍을 면하게 하니 이를 본 형이 저도 역시 남생이를 구해 더 많은 돈을 벌려 하다가 오히려 망신을 당하게 되는 것은 못된 형의 행위를 응징코자 함이다.

또 문자 쓰기를 좋아하는 사람이 호랑이가 장인을 물어가는 위급한 상황을 당하자 어려운 문자를 써 구원을 청했기에 의사소통이 안되어 도움을 받지 못해서 죽게 되었고 이를 알게 된 관원이 문자쓰는 버릇을 당장 시정토록 했지만 그 버릇을 끝내 고치지 못했다는 것은 유식함을 과시하려는 자에 대한 야유다. 그리고 중이 시주를 청하면서 일이삼사(一二三四) 글자를 넣어 음탕한 사설을 늘어놓자 마나님이 역시 같은 방법으로 중을 야유한 언사도 음탕한 중에 대한 통쾌한 조소이다.

그리고 박치기 잘 하는 자가 코 잘 떼어먹는 자와 내기를 걸었다가 오히려 코를 잃게 된 설화를 통해 자신의 재주를 믿고 함부로 날뛰면 오히려 스스로 패망을 자초하게 된다는 것을 경계하고 있으며 중국 사신을 혼낸 뱃사공의 설화는 중국에 대한 자주의식을 보여주고 있다. 배를 타고 강을 건너면서 중국 사신과 우리나라 뱃사공이 주고받은 의사교환이 전혀 동문서답식으로 전개되면서 희극적 불균형을 이루니 삼강을 아느냐는 물음이 5개의 떡을 먹었다는 뜻으로, 지리를 아느냐는 물음이 배가 안 고프다는 뜻으로, 신농씨를 아느냐는 물음이 배가 부르다는 뜻으로 전혀 엉뚱하게 전달되어 이에 대한 답변이 결국 중국 사신의 교만을 꺾는 화화적 상황으로 전개되는데 이러한 황당무계한 설화에서는 우리 민족 저변에 깔려있는 민족적 자주의식을 볼 수 있다.

9) 기지설화

누구나 현실을 살아가다 보면 수많은 난관에 봉착하게 되며 이러한 어려운 난관을 접하게 되면 순발력있고 슬기로운 기지(機智)가 있어야 그 난관을 극복할 수 있다. 그런데 기지는 일상적 체험을 통해 얻어질 때 생동감과 더불어 친근감을 느끼게 되며 곤욕스런 일상생활의 난관을 극복하는 중에 감동적인 쾌감을 맛보게 된다.

죽은 아버지의 유산을 독차지한 누이에게서 빼앗긴 재산을 아들이 되찾을 때 아이들의 원님놀이에서 문제해결의 방법을 깨우쳤다든지 생활이 어려워 아들을 남에게 주었는데 양부가 열심히 공부시켜 원님이 되자 생부가 뻔뻔스럽게 애비노릇를 하려 드니 곡식을 파종할 때 실수로 남의 땅에 뿌린 경우를 상정하여 남의 땅에 씨를 뿌린 자와, 자기 땅에 뿌려진 곡식을 기른 자 중에서 곡식의 임자가 누구냐는 논리로써 명쾌하게 시비를 가린 판단도 슬기롭다.

나이 든 노인을 고려장시키는 악습을 바꾸게 된 설화는 왜놈의 농간에 곤욕을 치를 뻔 하다가 늙은 아버지의 지혜로 위기를 모면한 뒤에야 비로소 잘못을 깨닫게 된 것도 노인의 경험을 통해 축적된 지혜의 가치성을 각성시키고 있다.

중국 천자가 은으로 다리를 놓으라는 터무니없는 요구를 줄에 물을 뿌려 얼음을 만들어 은빛 색깔이 나게 해서 난관을 극복한 것은 민족적 자존심을 보여주고자 함이며 후처로 삼고자 세 여자를 시험할 때 아버지의 함자가 쓰인 방석에 앉지 않고 음식 중 소금을 제일 귀하게 여기며 몸을 따뜻하게 보호해 주는 목화꽃을 가장 아름답게 여기고 사람에게 가장 따뜻한 것은 부모의 사랑이라 대답한 처녀를 배필로 삼은 것도 여자의 인품을 슬기롭게 판별하는 기지가 잘 나타나 있다.

맺음말

위에서 삼척지역의 설화를 살펴보았다.

삼척지역은 강원도 동남부에 위치하고 있다. 원래 이곳은 실직국이었으나 신라 지증왕 이후로는 신라의 영역으로 굳어졌다. 그리고 위치상 변두리에 자리잡고 있기에 외적의 잦은 약탈에 시달렸고 지형이 험난하여 홍수가 나면 오십천 물이 바다로 빠져나가는 정라동 바닷가 일대는 조수와 마주쳐 큰 수해가 발생하였다.

삼척지역 서쪽 등성이는 가파롭게 치솟은 백두대간인데 이 등줄기가 급박하게 동해쪽으로 기울어지면서 올망졸망한 산 봉우리를 만든다. 이 산봉우리 밑으로 실낱같은 물줄기가 여기서 마주치고 저기서 어울리면서 냇물을 불려나가다 보니 이 곳에 농토가 별로 없고 산악이 대부분이기에 임산자원만이 풍부하다. 이 곳은 워낙 산악지대라 교통이 불편하였기에 외지와의 교류가 단절되어 전통적 의식이 비교적 잘 유지되어 있다. 게다가 인구가 적기에 연대의식이 강하고 유행의 영향을 덜 받았기에 이 지역 나름의 전통의식의 축적이 견고하다.

심척지역의 설화의 경향은 대체로 다음과 같다.

암석설화는 해안가 암석이나 바닷속의 암석에 나타나 있지만 바다속 암석은 어업에, 해안가 암석은 불교에 관련되어 있다. 산악지대의 암석설화는 산신과 관련되어 있으며 지명설화는 공양왕, 육백장군, 지형, 이적과 일화에 관련되어 있다.

이 지역은 성황설화가 많은데 해안지역에서는 풍어에 관한 해신당 성황
설화의 영향을 받아 각종 성황설화가 파생된 것으로 보이며 산악지대에서
도 산신계 성황설화가 자주 보이는데 이는 효도와 열녀에 대한 인륜적 선
행을 보여주고 있다.

풍수설화는 목조와 관련된 준경묘, 영경묘설화가 대표적인데 이는 이성
계가 부친상을 당했을 때 겪었던 설화와 유사하면서도 적잖은 차이점을 보
여주고 있다. 따라서 이성계의 설화를 바탕으로 지역적 특성과 설화적 흥
미성을 가미시켜 준경묘 설화가 형성되었고 이것이 삼척지역의 풍수설화
에 대한 영향을 끼치지 않았나 한다.

인물설화는 역사적 인물로 오백 년 영화가 끝나고 비극적 운명을 마친
공양왕, 팔자가 사나와 덧없이 인생을 마친 박복한 처녀 정랑이 비극적 인
물이라면, 임진왜란시 큰 공을 세우고도 크게 인정받지 못한 박걸남의 용
맹성과 공적 이야기도 있으며, 이 지역에 흉년이 들자 가난한 백성을 구휼
한 황희 정승, 바닷물의 폐해를 비를 세워 퇴치한 허목에 관한 설화는 목민
관으로서 지역주민의 흠모를 오랫동안 받을 수 있었던 인물들이며, 이 밖
에 이승휴, 박문수, 정철, 사명당, 소대성, 유충렬 등 많은 인물이 등장하고
있다.

불교설화는 이곳에 신라 때부터 암자, 사찰이 세워졌고, 유명한 고승도
연관을 맺었기에 설화가 많다. 천은사, 신흥사, 영은사, 죽장사, 궁방사, 동
대사, 호대사 등은 불교에 대한 일상적 친근감과 보호의식을 증대시킨 계
기가 되었으니 물고기를 구워먹은 중이 천벌을 받고 물속에 미륵불을 빠뜨
렸다가 가뭄을 자초한 설화는 얼마나 주민에게 불교사상이 뿌리 박혀 있었
는지 여실히 보여준다.

동물설화는 어업에 관계되는 것은 별로 없고 어종 수도 몇이 되지 않은

반면 범에 관한 것이 압도적으로 많다. 그런데 호랑이는 간혹 효자나 열녀를 돕는 존재로 나타나기도 하지만 대체로 인간에 재앙을 끼치거나 어리석고 아둔한 역할을 보여주고 있어 조소의 대상이 된다.

해학설화는 오륜중 형제간 우애에 있어 인색한 형의 탐욕적 행위고발, 음탕한 중을 골탕먹이거나 문자 좋아하는 사람이 당한 재앙, 무식한 뱃사공이 오히려 중국사신을 희롱한 설화는 민족적 자존심을 해학적으로 드러내고 있다. 기지설화로 어른들도 해결하지 못하는 문제를 어린 아이들이 놀이를 통해 해결했으며 파종시 잘못 뿌린 씨앗 임자에 대한 규명을 통해 자식양육의 책임성을 경각시킨 교훈성을 각성시키고 있다.

삼척지역 설화는 이 지역의 주민이 대대로 지녀온 아름답고 착한 정서를 설화에 담아 후대를 교화시켰고 후대는 이를 이어받아 다시금 그 교훈을 가슴속에 다지면서 살아왔기에 인심좋고 풍요로운 삼척을 이룩 할 수 있었다.

삼척지역 설화편

1. 못된 형이 받은 응보

옛날 어느 곳에 형과 동생이 살았는데 형은 잘 살고 동생은 못 살았대. 동생은 못 살았지만 어머니를 제가 모시고 다른 동생과 함께 살았대.

그런데 동생은 하도 먹을 것이 없으니까 형네 집에 가서 일을 해주었는데 식사 때가 되니까 밥을 주거던. 그런데 동생은 제가 먹을 밥을 조금만 먹고 나머지는 꼭꼭 싸놓더래. 배가 고파 죽겠지만 어머니가 굶고 있을 걸 생각하니 먹을 마음이 없어 그걸 어머께 갖다 드리려고 안 먹은 거야. 먹지 않고 싸 놓으니까 형이

"왜 너는 밥을 안 먹나?"

하고 묻거던.

"어머니에게 갖다 드리려고 안 먹소."

그 말을 들은 형은

"네가 배가 고프면 일을 어찌 하겠나? 어머니 줄 건 따로 줄 테니 걱정 말고 다 먹어라."

이러니 동생이 그 말을 딱 믿고 냉큼 밥을 다 먹어버렸어.

그날 일을 다 해주고 집에 오려니까 싸 놓았던 밥을 주길래 가지고 산 등성이를 넘어 오는데 뭔 냄새가 나서 그걸 열어보니 그게 밥이 아니라 개똥이더래. 그제서야 형한테 속은 줄 알고 땅을 치며

"내가 그 밥을 괜히 먹었구나. 오늘 밤에 어머니가 얼마나 배가 고프실까?"

이러면서 통곡을 하자 바위 밑에서 무슨 짐승이 그 말을 입내(흉내) 내거던.

"내가 그 밥을 괜히 먹었구나. 오늘 밤에 어머니가 얼마나 배가 고프실까?"

이러니 이상해서 그 밑을 살펴보니까 남생이가 그러고 있더래. 동생이 그 남생이를 잡아가지고 와서 다음날 장터로 나가

"말하는 남생이를 구경하시오."

이랬대. 그러자 이 놈이 그대로 흉내를 내니까 사람들이 그걸 구경하면서 돈을 던져주니 이 돈이 쌓이고 쌓여 부자가 되었대.

이 소문을 듣고 형이 동생을 찾아와서

"너는 어떻게 해서 부자가 되었나?"

그러니 사실대로 얘기를 했다. 그러니까 그 못된 형이

"그 남생이를 나에게 달라. 나도 돈을 좀 벌어야겠다."

이러면서 억지로 그 놈을 뺏어가지고 장에 나가서

"말하는 남생이를 구경하시오."

하면서 큰 소리로 사람들을 모았대. 그런데 아무리 말을 시켜도 남생이가 아무 말도 하지 않으니 사람들이

"이 멀쩡한 놈이 실없이 바쁜 사람을 불러놓고 거짓말을 하네."

하며 두들겨 패니 형이 화가 나서 그만 남생이를 밟아 죽였어.

이 소식을 들은 동생은 죽여 내팽개친 남생이를 주워가지고 정성껏 묻어주었대. 무덤을 잘 만들어 주었어.

조사일자 : 1995. 11. 25.
제보자 : 박일량 (80세, 여, 당저동)

2. 여자 복이 터진 남자

옛날에 삼형제가 있었는데 형은 동생들 뒷바라지를 하느라고 글을 못 배우고 동생들은 글을 배웠단 말이야. 그런데 글을 배운 동생들은 글을 못 배운 형을 우습게 알고 마치 종을 대하듯 한다 이기야. 과거시험을 본다 하면서 으쓱대며 형과 형수를 무시하니 보다 못해 아내가 남편한테

"여보 당신도 이젠 공부를 하시오. 아무리 애써 동생들의 뒷바라지를 해 봤자 저렇게 우리를 무시하니 어디 억울해 살겠소?"

하더래. 그러니 남편이

"내 나이가 벌써 30살이 넘었는데 이제 무슨 공부를 하겠소? 그리고 내가 공부를 하면 집안 일은 누가 하겠소."

이러면서 망설이자 아내는

"집안 일은 내가 알아서 할 테니까 어느 절이든 찾아가서 안심하고 3년간 공부를 하시오. 그러다가 3년이 되는 해 섣달 그믐날까지는 꼭 돌아오시오."

하고 간청을 했단 말이야. 그러니 남편은 집을 떠나 절에 찾아가서 스님한테

"저는 공부를 하려고 찾아왔으니 글을 가르쳐 주세요."

하고 청하니 스님은 먼저 참을 인(忍) 자를 가르쳐 주면서

"이 글자부터 마음에 깊이 새긴 뒤에 글을 가르쳐 주겠으니 꼭 외우시오."

그래 그 글자부터 가슴에 새기고 공부를 시작한 게야.

그 사람은 3년간 열심히 공부를 하니 점점 자신감이 생기더래. 그러던 어느 날 스님이 그 사람을 부르더니

"여기서 공부한 지가 벌써 3년이 다 되었소. 그만하면 되었으니 이젠 가보시오."

한단 말이야. 그래 짐을 싸들고 절을 나서서 오다가 뒤돌아 보니 절이 문득 없어졌더래.

절을 떠난 지 며칠만에 밤이 깊어서야 집에 와보니 아내가 뒷곁에 정한 수 한 그릇과 촛불을 켜놓고

"이 양반보고 오늘까지 집에 돌아오라 했는데 아직도 오시지 않으니 무슨 일이 생겼는지 걱정입니다. 신령님. 부디 남편이 무사히 돌아오도록 보살펴 주시오."

하며 빌고 있단 말이야. 그런데 아내를 놀래주려고 이걸 못 본 척하고 방에 들어와 보니 아랫목에 이불이 깔려있고 머리를 빡빡 깎은 웬 놈이 이불 속에 누워 자고 있는 게야. 그걸 본 남편이 화가 머리끝까지 치받쳐

'이게 웬 놈이야? 당장 발길로 머리통을 짓밟아 버릴까?'

이런 생각이 울컥 치밀었지만 스님이 가르쳐 준 대로 참을 인 자를 생각하고 꾹 참았거던. 그때 아내가 남편이 방에 들어온 것을 보고 반가워서

"아니, 언제 들어 오셨소?"

하며 반가워 하더래. 그렇지만 남편은 가슴속에 치미는 분노를 꾹 참으며

"그동안 어떻게 지냈소? 퍽 고생이 많았지요?"

좋은 말로 위로하는 척하면서도 이불을 뒤집어쓰고 누워있는 사람을 힐끔 힐끔 훔쳐보자 아내도 남편의 속마음을 눈치채고서

"언니. 어서 일어나시오. 바깥어른이 오셨소."

이러니 그 사람이 이불을 밀치고 일어나길래 자세히 보니 머리를 깎은 사람이 바로 아내의 언니인 게야. 언니는 시집을 가지 않았는데 아내가 먼저 시집을 온 뒤 부모가 한꺼번에 죽자 처녀 혼자 살 수 없을 게 아닌가? 그러니 머리를 깎고 보살이 되었는데 이곳을 지나다가 동생인 아내를 보고 가려고 찾아왔던 게야. 마침 그날 집에 와서 피곤하니까 이불 속에 누워 있다가 깜박 잠이 들었단 말이야. 그런데 남편이 이런 사연을 까맣게 몰랐거던. 머리를 깎은 웬 사람이 이불 속에 누어 자는 것을 보고 외간 남자와 아내가 불륜을 저지른 줄 오해하여 하마터면 이 사람을 잡을 뻔 하였는데 스님이 가르쳐 준 참을 인 자 덕분에 살인을 면한 거야.

그런데 얼마 후 나라에서 과거를 본다고 하니 남편은 자기도 과거를 보러 가겠다는 게야. 그래 과거를 보러 떠나는데 아내가

"과거를 치르러 다녀오는 동안 어려운 일이 많을 것이니 항상 조심하시오."

이러면서 당부를 하더래.

이 사람이 과거를 치르러 가는데 길에서 아는 선비를 만났어. 그 선비는 문벌이 좋은 양반집 아들이라 글을 많이 배웠거던. 그 선비가 이 사람을 보자

"자네 지금 어디 가는가?"

하고 묻는단 말이야.

"과거를 보러 한양에 올라가는 길이오."

이 말을 들은 선비는 참 기가 막힌단 말이야. 이 사람이 절에 가서 공부

를 한 줄을 선비는 모르니까 가소롭기 짝이 없을 게 아닌가? 과거를 아무나 보나? 저런 무식한 사람이 과거를 치르러 간다 하니

"자네는 여기에 있다가 뒤에 오게."

이러면서 떨쳐버리고 가려 하니 이 사람이 매달리는 거야.

"과거가 얼마 안 남았다고 하는데 지금 가야 할 게 아닌가? 그러지 말고 같이 가세."

이 사람이 같이 가겠다고 매달리니까 선비는 귀찮단 말이야. 이 사람을 어찌 떨쳐버리고 갈까 생각하고 있는데 저 쪽에 어떤 아주머니가 있단 말이야. 그걸 보자 선비는 꾀를 내어

"저기 저 아주머니한테 가서 희롱을 하고 온다면 데리고 가겠네."

이랬어. 이 사람이 생각해보니 참 더럽고 아니꼽거던. 그런데 선비는 배운 게 많지만 자기는 배운 게 적으니 별 수 없단 말이야. 그러니 어쩔 수 없이 그 아주머니한테 갔대. 가서 이 사람이

"아주머니. 지나가는 사람인데 궁금한 게 있어 그러니 좀 알려 주시오."

하니 아주머니가

"뭐가 그리 궁금하시오?"

하고 묻거던. 그러니 자리, 왜 방바닥에 깔고 자는 자리를 가리키며

"저건 무어라 합니까?"

하니

"자리라고 합니다."

이런단 말이야. 그러자 이 사람이 고개를 갸우뚱 하며

"그래요? 그런데 이걸 이웃 사람들은 자리라 하지 않고 하던 자리라 하던데요?"

이러고 나서 또 그 옆에 있던 가새(가위)를 가리키며

"이것은 무엇이라 합니까?"

이러니

"그건 하구세끼라 합니다."

이러더래. 그러면서 이 사람은 그 아주머니 모르게 얼른 그 가위를 자리 밑에 숨겨놓고 왔어. 그러니 선비가

"그 아주머니를 희롱했나?"

하고 묻거던.

"그렇소."

"그렇다면 그 아주머니 말을 들어봐야 하겠구만."

선비가 아주머니한테 확인을 하겠다고 하고 있는데 그 아주머니가 헐레벌떡 쫓아 왔더래.

"저 양반한테 물어볼 말이 있어 왔소. 당신이 아까 그 하구세끼 가져갔소?"

가위라 하면 될 것을 하구세끼라 하니 선비가 듣기에 좀 그렇거던.

"아, 그것 말이오? 그건 하던 자리 밑을 살펴보시오."

이러니 아주머니가 돌아갔어. 그런데 선비가 생각해보니 이 사람이 그 아주머니와 분명히 무슨 짓을 한 것 같으니 할 수 없이 데리고 갔어.

그래 또 얼마를 갔는데 가다보니 목화밭에서 나이 든 여자와 젊은 여자가 일을 하더래. 이걸 보자 그 선비가 또

"저기 목화밭에 있는 젊은 여자와 입을 맞추고 오면 데리고 가겠네."

이런단 말이야. 그러니 별 수 있나? 여자가 일하는 목화밭으로 가서

"죄송합니다. 제 눈에 뭐가 들어가서 그러니 그걸 좀 꺼내주시오."

하며 눈을 비비며 사정을 하니 나이 든 여자가 이 사람 눈을 벌리고 보았지만 뭐가 보이나? 아무것도 안 보이니까 딸한테

"야. 나는 눈이 어두워서 그런지 잘 보이지 않으니 네가 좀 보거라."
이러니 딸이 얼굴을 이 사람의 눈에 가까이 대고 눈 속을 들여다보자 이
사람이 얼른 얼굴에 입을 맞추어 버렸대. 이걸 본 선비는 더 이상 아무 소
리 못하고 이 사람을 데리고 갔어. 이래 한양까지 오긴 왔는데 그 선비가
이 사람한테 골탕을 먹여야겠단 말이야. 또 꾀를 내어

"자네 시험 칠 때 필묵이 있어야 하는데 그걸 가져왔나?"
하고 묻는단 말이야.

"새 것을 사서 쓰려고 그냥 왔소."

"과거시험에 쓸 필묵은 아무 것이나 사서 쓰면 안되네. 반드시 코가 비
뚤어진 사람한테 사서 써야 하니 그런 사람을 찾아 보게."

이 사람이 아무 것도 모르니까 이렇게 속이니 이 사람이 속을 게 아닌
가? 과거 치를 날짜가 내일 모레인데 필묵을 사지 못하였으니 마음이 조급
해져 부지런히 코가 비뚤어진 사람을 찾아 다녔대. 그러다가 우연히 어떤
사람을 만났대. 그런데 그 사람이 누구냐 하면 공교롭게도 시험관이었어.
시험관이 시험을 앞두고 거리를 둘러보러 나왔다가 이 사람을 만난 게야.
그런데 이 사람은 그런 줄도 모르고 그 사람한테

"저는 과거시험을 보러 온 사람입니다. 코가 비뚤어진 사람을 만나 필묵
을 사야 한다는데 그런 사람을 만날 수 없으니 어디를 가야 그 사람을 만
날 수 있겠소? 시험이 바로 내일인데 아직도 필묵을 사지 못했으니 큰일이
오."
이리 사정을 하니 시험관이 이상할 게 아닌가? 그래 이 사람한테 자세히
그 사연을 들어보니 같이 온 선비가 참 고약한 게야. 그런데 이 사람이 참
순박해 보이니까 그건 아무 것이나 사서 써도 된다고 알려준 뒤 종이에 몇
자를 써주면서

"이 글이 필요할 데가 있을 테니까 잘 외워 두시오."

이리 알려주고 가더래. 그래 아무도 없을 때 종이를 펼쳐보니 <북두칠성 삼사점> 이라 씌어 있거던.

이튿날 시험장에 가서 과거시험을 치르는데 어제 그 사람의 글이 생각나 북두칠성 삼사점이란 말을 넣어 글을 쓰고 나오니 시험관이 보더니 오늘 과거는 이제 끝이라 이게야.

그래 이 사람이 장원을 해서 어사가 되어 내려오는데 올라갈 때 처녀와 입을 맞추었던 그 목화밭에 오니 두 여자가 칼을 들고 나와서 기다리고 있다가

"당신이 그때 입을 맞추었기에 우리 딸의 혼사길이 막혔으니 딸을 데려가든지, 데려가기 싫으면 차라리 목을 베고 가시오."

이러니 어쩌겠나? 할 수 없이 집에 데리고 와 아내한테 자초지종을 다 말하니 아내가

"내 그럴 줄 알았소."

하면서 데려온 그 딸은 후처로 삼아 잘 살았다 이게야.

조사일자 : 1997. 4. 27.

제보자 : 이종국 (75세, 남, 당저동)

3. 오십천과 육바위

황지에는 태백산이 있고 삼척에는 두타산이 있는데 이 산에는 다 산신이 있단 말이야. 통리재를 넘어가면 장성으로 가는 길이 있는데 근처에 연

못이 있어. 그런데 옛날에는 거기에 연못이 없었는데 뒤에 생겨났다고 하거던. 그런데 그게 유래가 있어.

아주 옛날에 태백산 산신과 두타산 산신이 있었는데 한쪽은 암산[女山]이고 한쪽은 숫산[男山]이었대. 그런데 한번은 두 신이 이곳에 와서 공구(공기)놀이를 했대. 공구놀이를 할 때 남자는 저쪽을 향하고 여자는 동해쪽을 향해 앉아 있었대. 남자가 돌멩이를 깔아놓고 앉아 있었는데 여자가 생각해 보니 앉을 자리가 마땅치 않으니까 공구돌을 공중에 휙 집어던져 버렸대. 그리고는 그 자리에 쭈그리고 앉아 오줌을 누웠는데 이 때 오줌에 패어 연못이 생겼다고 해. 그리고 이 오줌이 흘러 내려와 오십천이 되었고, 그 오줌이 흘러 내려올 때 흙탕물이 되었기에 먹물 같은 탄광물이 되었다 이게야.

그때 공기돌 여섯 개를 공중에 던지자 그 알이 떨어져 바위가 여섯 개가 생겼다고 한단 말이야. 그게 어떤 바위인가 하면 삼척에 있는 삼척바위가 되었고, 또 하장에 올라가면 잘바위가 있어. 그리고 두타산 줄기인 댓재에 부딪쳐 굴러 내려오다가 용지바위가 되었고 오십천 쪽으로 날아오다가 떨어져 생긴 것이 진진바위래. 삼척면, 그러니까 옛날 삼척읍에 떨어진 게 군바위이고 하나는 근덕쪽으로 날아와 문바위가 되었고, 그리고 상전바위, 윗 상(上) 자, 밭 전(田) 자, 상전바위가 되었다는 거야.

신선이 깔고 앉았던 바위는 철광이 됐어. 그 바위가 철암인데 돌에 철분이 들어 있으니까 그 돌을 깨서 철을 만든단 말이야. 그래 남자 선신이 깔고 앉아서 철암이 되고 여자 신선이 오줌을 누워 연못이 생기고 오십천이 생겼으며 공구돌을 집어던져 여섯 개의 바위가 되었다고 해서 육바위가 되었다 해. 또 오십천이란 말은 여기서부터 흐르는 물이 삼척까지 흘러가는데 개울을 건너려면 다리를 놓아야 되거던. 이 다리가 모두 50개나 되었다고 해서 오십천이라 했다는 말도 있어.

그 뒤 두 산신은 서로 헤어져 하나는 두타산 산신이 되고, 하나는 태백산 산신이 되었다고 한단 말이야. 그래서 이 곳 사람들은 산신령한테 빌려면 두타산에 가기도 하고 태백산에도 가거던. 치성을 드릴 때도 그렇고 산멕이를 할 때도 그런단 말이야.

오십천에 흐르는 물은 여자 신선이 눈 오줌이니까 그 물이 흙탕물이란 말이야. 그러니 사람들이

"이 물은 오줌이어서 물이 탁한 게다."

이랬단 말이야. 그런데 물이 탁하면 뭐가 되나? 막걸리란 술은 탁한 술이거던. 그래 이 물 때문에 주막이 생겨났단 말이야. 그리고 물이 흐르면 시냇가에 자갈이 떠내려오고 모래가 생겨나지. 그러니 어떤 사람이

"술은 남자가 마시지만 이 모래나 자갈은 무엇에 쓰나?"

이러니까 다른 사람이

"술만 먹고는 어찌 살 수가 있나? 이 모래와 자갈로 여자가 밥을 지으면 남자와 여자가 다 먹을 수 있지."

이랬단 말이야. 모래와 자갈이 쌀처럼 희니까 그게 쌀이라 이게야. 그래 훗날에

"오십천 이 물만 같으면 평생 우리 아버지를 먹여 살리겠다."

"오십천이 백모래가 쌀만 같으면 평생동안 우리 아버지 친구들을 대접하겠다."

이런 말이 생겨났다고 해.

조사일자 : 1997. 4. 27.

제보자 : 이종국 (75세, 남, 당저동)

4. 이승과 저승을 맡은 형제

옛날에 하늘에서 옥황상제가 살았는데 하루는 꿈을 꾸었단 말이야. 그런데 꿈에 보니 해와 달이 환히 보이더래. 그러니 내가 쌍둥이 형제를 낳겠구나, 이렇게 해몽을 했단 말이야.

그 뒤에 아이를 낳아줄 여자를 물색했거던. 그런데 보니까 총명부인이 있단 말이야. 그러니 옥황상제가 속으로 생각하기를

'이 여자를 부인으로 삼으면 되겠구나.'

이리 생각하고 구름을 타고 땅에 내려와 총명부인과 함께 살았단 말이야. 그래 얼마쯤 사는데 부인이 아이를 배었단 말이야. 그런데 생각해 보니 하늘을 비워놓은 지 오래 되었거던. 그래 하늘로 올라가려 하니 부인이 대성통곡을 하면서

"올라가신 뒤 아이를 낳으면 그 아이가 아버지를 찾을 게 아니오? 그러면 당신을 만날 방도가 있어야 될 게 아니오?"

이랬어. 이 말을 들은 옥황상제는

"참, 그렇군. 이걸 줄 테니 뒤에 아이를 낳으면 담장 밑에 심으시오."

이러면서 박씨 두 개를 주더라네. 그리고 나서 하늘로 올라가더래.

옥황상제가 하늘로 올라간 지 얼마 뒤에 부인이 아이를 낳았는데 과연 쌍둥이라. 그래 큰 아들을 대별이라 하고 작은 아들을 소별이라 이름을 지었어. 그러니 대왕별, 소왕별이지. 이 두 아들에게 공부를 시켰어.

이 쌍둥이 아들이 공부도 하고 친구들과 놀기도 하다가 하루는 어머니한테

"저희들은 왜 아버지가 없소? 친구들이 애비없는 자식이라고 놀려대니 속이 상해 죽겠습니다."

이런단 말이야. 그러자 어머니가

"너희들 아버지는 하늘에 계시는데 그분이 바로 옥황상제님이시다."
이리 알려주었대.

옥황상제가 하늘로 오르면서 총명부인에게 아이를 낳게 되면 박씨 두 개를 담밑에 심으라고 했기에 그대로 했거던. 그런데 아이를 낳았을 때 심었던 박씨에서 줄기가 나오더니 하늘 높이 쭉쭉 뻗어 올라 갔대래. 그러자 쌍둥이 아이들은

"아버지를 만나보러 가겠소."
하고 그 박 줄기를 타고 하늘로 올라갔어.

두 아들이 하늘에 올라가 보니 옥황상제는 할 일이 너무 많아 어쩔 줄을 모르다가 쌍둥이 자식을 보자 무척 반가워하며

"내가 하늘을 다스리는 일이 바빠 정신을 차릴 수가 없구나. 그러니 너희들이 나를 좀 도와주어야겠다. 너희들이 다시 땅에 내려가 하나는 이승을 다스리고 하나는 저승을 다스리거라."
이렇게 부탁을 하더래. 그러니 땅에 내려와 가지고 대왕별은 이승을 맡고 소왕별은 저승을 맡았단 말이야. 그런데 소왕별이 저승에 가보니 안됐다 이게야. 밤마다 귀신들이 울부짖으니 귀가 따가와서 견딜 수 없단 말이야. 그래 대왕별을 찾아와서

"형님. 우리가 내기를 해 가지고 이기는 쪽이 이승을 맡고 지는 쪽이 저승을 맡도록 합시다."
이러니 형이

"그럼 그렇게 하자."
응낙하더래. 그래 내기를 했는데 그게 무슨 내기였느냐 하면 꽃을 가꾸는 내기였어. 둘이 꽃을 가꾸어 꽃이 잘 핀 쪽이 이승을 맡고 잘못 핀 쪽이 저승을 맡기로 한 게야. 둘이서 꽃을 가꾸다가 동생이

"꽃이 피는 동안에 우리는 잠이나 잡시다."

이래 둘이서 누웠단 말이야. 그런데 형이 자는 동안 동생은 자지를 않으면서도 자는 척하고 있다가 자기가 가꾸던 꽃을 잘 핀 형의 꽃과 몰래 바꾸어 놓았단 말이야. 그렇지만 형은 동생이 꽃을 바꾼 줄을 뻔히 알면서도 모르는 척하고 동생한테

"네 꽃이 더 잘 피었으니 내가 저승을 맡을 테니 너는 이승을 맡아서 잘 다스려라."

이러고 저승으로 떠났어.

동생은 이승을 맡아서 다스려 보니 이건 아주 복잡하기 짝이 없거던. 낮엔 해가 두 개나 있으니 낮에는 너무 덥고 밤엔 달이 없으니 너무 추우며, 낮에는 눈을 뜨기가 힘들게 눈이 부시고 밤에는 칠흑 같이 어두우니 도저히 견딜 수 없단 말이야. 아무리 참으려 해도 견딜 수 없으니 동생은 형을 찾아가서 사죄를 했단 말이야.

"형님. 사실은 꽃 가꾸기 내기를 할 때 제가 형님을 속였습니다. 그래 속임수를 써 이승을 맡았는데 이승을 다스리려 하니 힘이 너무 들어서 도저히 감당할 수가 없습니다. 그러니 형님이 이승을 맡아 주시오. 저는 저승을 맡겠습니다."

이러면서 다시 바꾸자고 했어. 그러자 형이

"걱정할 거 없다. 이제부터 이승도 좋아질 것이니 네가 계속 이승을 맡아라."

이리 말하면서 가지고 온 화살을 쏘아 해를 맞히니 화살을 맞은 해가 갑자기 빛이 희미해져 달이 되면서 해를 피해 밤에 뜨더래. 이리 되자 낮에 두 개나 되던 해가 하나가 되니 햇빛이 덜 뜨겁고 밤엔 달이 뜨니 어둡던 밤이 밝아져 눈에 안보이던 물건이 보이고 춥던 기운은 훨씬 따뜻해져 살기

가 좋더래. 그래 낮은 덜 더웁고 밤은 덜 추우며, 낮은 덜 밝고 밤은 덜 어두워지니 사람도 살기 좋고 초목도 무성하여 세상이 아주 좋아졌단 말이야. 이래 형이

"이만하면 네가 살만 할 테니 아무 생각 말고 이승이나 잘 다스려라." 하면서 저승으로 가더래.

이래서 대왕별은 저승을 맡고 소왕별은 이승을 맡게 되었대.

조사일자 : 1997. 4. 27.
제보자 : 최수남 (76세, 남, 당저동)

5. 두꺼비의 보은

이건 아주 옛날 이야기인데 어느 집에서 어머니하고 딸이 살았거던. 모녀가 밭에 나가 농사를 지어먹고 살았대. 그런데 아버지가 죽을 때 남겨놓은 재산이 별로 없고 또 여자 둘이서 농사를 지어 가지고 살자 하니 집안 형편이 아주 어려웠대.

그러던 어느 날 비가 와서 일을 하러 나가지 못하고 있는데 두꺼비가 부엌으로 들어 오더래. 두꺼비란 놈이 형상은 흉칙하지만 몹시 배가 고파 보이니까 딸이 불쌍해서 제 밥을 덜어서 두꺼비한테 주었대. 그랬더니 두꺼비가 냉큼 다 먹고 나서 나가려 하지 않더래. 그러니 어쩌겠나? 딸은 끼니 때마다 제 밥을 덜어서 그 두꺼비한테 계속 주니 아예 부뚜막에 척 자리를 잡고 가지 않더래. 몇 달 동안 이렇게 얻어먹으니 두꺼비가 꽤 자라서 이젠 딸이 먹을 밥이 모자라더래. 그렇지만 딸은 두꺼비와 정이 들어 저는 배가

고파도 꼬박꼬박 두꺼비를 먹여 살렸대.

그런데 그 마을에 재앙이 있었대. 마을 뒤쪽에 굴이 있는데 굴속에서 괴
상한 짐승이 살면서 해마다 마을 사람을 잡아먹었대. 매년 처녀 한 명을
제물로 바쳐야지 그렇지 않으면 마을을 온통 뒤흔들어 놓으니 사람을 바친
게야. 그런데 이제 이 집 딸인 간난이를 바칠 차례가 되었단 말이야. 제물
로 희생될 차례가 된 간난이는 제가 죽는 것보다 어머니만 홀로 남겨두고
죽어야 할 처지라 더욱 한탄스러웠지만 어쩔 도리가 없단 말이야.

드디어 제를 올릴 날이 되자 마을 사람들은 음식을 준비한 뒤 간난이를
데리고 가자 두꺼비가 따라나서는 게야. 굴 앞에 간 마을 사람들은 제사를
지낸 뒤 음식과 간난이를 남겨놓고 돌아왔대. 그러자 괴물의 울음소리가
동굴 속에서 들려오니 간난이는 그만 까무라졌어. 그 괴물은 천 년 묵은
지네였는데 이 놈이 나와 간난이를 잡아가려 하니 옆에 있던 두꺼비가 달
려들어 싸움이 벌어진 게야. 지네와 두꺼비가 서로 독을 뿜어대며 싸우다
가 모두 상대편의 독을 받아 두 놈이 다 죽어버렸대.

다음날 마을 사람들이 어찌 되었나 하고 궁금하니까 굴속에 찾아가 보
니 간난이는 아직도 실신해 누워있고 지네와 두꺼비는 죽어 있거던. 그러
니 간난이는 집으로 다시 데려오고 두꺼비는 고마워서 양지바른 곳에 정성
껏 묻어주었대.

그 뒤로 이 마을은 평화롭게 잘 살았대.

조사일자 : 1997. 4. 27.
제보자 : 최수남 (76세, 남, 당저동)

6. 고사를 등한히 한 아내의 죽음

노곡 마을에서는 성황당에 고사를 지내는 풍습이 있어. 이 고사를 지내려면 정결하고 정성스런 마음으로 제물을 준비한 뒤 온 정성을 다해 고사를 지내야 해.

이 마을에 어느 부부가 살았는데 고사 전날에 남편이 이웃 마을 사람들과 놀러 갔대. 다음날 새벽에 고사를 지내야 하니까 아내한테 제물을 준비하도록 시키고 나서 자기는 사람들과 함께 길을 떠났는데 구경을 하면서 술을 마시며 놀다가 술에 취해 깜박 잠이 들었대. 그런데 꿈에 어떤 고약한 놈이 자기 아내의 머리채를 끌더니 마당에 있는 백마의 꼬리에 맨 뒤 백마를 타고 가니 아내가 질질 끌려가더래. 그걸 본 이 사람이 소리를 지르며 쫓아갔지만 들은 척도 않고 산골로 간단 말이야. 그러다가 이 사람이 퍼뜩 깨어보니 자기가 꿈을 꾼 게야. 이미 새벽이 되었으니 고사를 지낼 시간이 지났단 말이야.

꿈을 깨자 남편이 깜짝 놀라서 허둥지둥 집으로 달려와 보니 아내가 보이지 않고 제물이 여기저기 팽개쳐져 있거던. 그러니 이건 틀림없이 무슨 일이 벌어진 게다 생각하고 날이 밝자 마을 젊은이들을 모아서 같이 산골로 아내를 찾으러 들어갔단 말이야. 가보니 호랑이가 자기 아내를 잡아먹고 머리는 바위 위에 올려 놓았더래.

그러니 이 사람은 고사를 지내지 않은 탓으로 아내를 잃은 재앙을 받은 게야.

조사일자 : 1997. 4. 27.
제보자 : 최수남 (76세, 남, 당저동)

7. 오성과 한음

오성 이항복(1556~1618)은 한음 이덕형(1566~1645)보다 10살이나 더 먹었지만 친한 친구로 둘 다 아주 장난이 심했대.

어느 날 오성이 한음의 집에 놀러왔는데, 한음은 마침 멀리 가서 집에 없더래. 그런데 한음의 아버지가 정자를 지어 놓고 오성이한테 정자의 현판을 지어 달라고 부탁을 하더래. 그러니 오성이

"감히 제가 어찌 현판을 짓겠습니까?"

하고 사양을 하자

"내가 자네의 뛰어난 재주를 잘 알고 있으니 좀 써주게."

이러면서 거듭 청한단 말이야. 그런데 오성이 본래 짓궂잖나? 그러니 못 이기는 체하고 맑을 청(淸), 푸를 청(靑)자를 써서 청청정(淸靑亭)이라 지어 주었더래.

얼마 후 한음이 집에 돌아와 보니 오성이 장난을 쳐 놓았단 말이야. 우리나라 북쪽에 사는 사람들은 꿀을 '청'이라 한단 말이야. 그러니 청청정이라 하면 꿀꿀이니 이건 돼지 정자라 이런 뜻이거던. 그래 한음이 아버지한테

"아버지 이 현판을 오성이 지었지요?"

하고 물었단 말이야.

"그렇다."

"이 현판은 그 놈이 장난을 친 게요."

"그게 무슨 소리냐?"

"청이란 '꿀'을 말하지 않소? 그러니 '청청'이란 말은 곧 '꿀꿀'이니 꿀꿀이 정자란 돼지가 우는 소리니까 그게 욕이 아니고 뭐겠소?"

이리 말한 뒤 오성이한테 가서 한바탕 싸웠대.

또 오성이가 마을 여자들을 골탕먹인 이야기가 있어.

어느 날 담장이 터진 틈으로 집안을 훔쳐보니 어느 처녀가 머리를 감고 있더래. 이걸 본 오성이가 담을 넘어가 그 여자의 젖을 주무르고 도망을 쳤단 말이야.

그 뒤 마을 여자들이 모여서 화전놀이를 갔거던. 그러자 오성이 호랑이 가죽을 뒤집어쓰고 화전놀이를 하는 여자들 앞에 가서

"너희들 중 남자의 살을 본 사람은 옷고름을 풀고 남의 남자와 살이 닿은 여자는 옷고름의 절반을 잘라라. 그렇지 않으면 잡아먹겠다."

그러니 여자들이 기겁을 하며 어떤 여자는 옷고름을 풀고, 어떤 여자는 옷고름을 반쯤 자르고 이러더래. 그런데 자기가 젖을 주무른 여자도 옷고름을 반쯤 잘랐단 말이야.

오성은 뒤에 자기가 젖을 주물렀던 여자와 혼인을 했는데 가끔 옷고름을 또 잘라 보라고 장난을 치더라는 게야.

오성은 이처럼 장난꾸러기였대.

조사일자 : 2001. 3. 30.
제보자 : 신영희 (82세, 여, 당저동)

8. 삼 정승의 사위

어느 양반집 아이가 열서너 살이 되었는데 집에 있기 싫으니까 돈을 훔쳐 가지고 도망을 쳤어. 얼마를 도망치다가 앞을 못 보는 봉사를 만나자 사주를 보았대. 그랬더니 봉사점쟁이가

"너는 18살이 되면 호랑이한테 물려갈 팔자이다."

이러더래. 그러니 아이가 마음이 꺼림칙해서

"그렇다면 호환을 면할 무슨 방법이 없겠습니까?"

이리 물으니까

"있기는 한데 그게 좀 힘든다. 삼 정승 딸의 몸을 허락 받아야 살 수 있다."

이리 방법을 알려 주더래. 그렇지만 한 정승 딸의 몸을 허락받기도 까마아득한데 세 정승의 딸을 어찌 접할 수 있느냐 이거야. 걱정이 이만저만이 아니니 그 점쟁이한테 무조건 매달렸어.

"이왕이면 정승의 딸의 몸을 허락받을 방법까지 알려주시오."

자꾸 사정을 하니 그 점쟁이가

"정 그렇다면 저자거리로 가거라. 그러면 팥죽 파는 아주머니가 있을 테니 그걸 사먹고 나서 무조건 어머니를 대하듯 매달리면 무슨 수가 있을지 모르겠다."

이러더래.

이 아이는 그 점쟁이 말대로 저자로 가서 팥죽을 사먹고 나서 그 아주머니한테 어머니처럼 모실 테니 제발 그 집에서 살게 해달라고 매달리니 그 아주머니가 마침 딸 하나만 있고 아들이 없으니까 허락을 하더래. 그래 집에 가니 마침 아버지의 제사를 지내러 온 딸이 누구냐고 묻는단 말이야. 그러니 아주머니가

"이 아이는 너한테는 말을 안했다만 너를 낳기 전에 잃어버렸던 네 오빠다. 오늘 저자거리에서 우연히 만났기에 데려왔다."

이렇게 둘러대니 딸이 꼬박 속더래.

이 아주머니의 딸은 김정승 집 딸의 몸종으로 있었대. 이 아이는 제가

18세가 되면 호환을 당할 운수이니까 정승의 딸을 만나 액운을 면할 방법을 상의할 테니 소개를 시켜 달라고 졸랐단 말이야. 이 아이가 자꾸만 이러니 인정상 거절할 수가 없거던. 그러니 아주머니가 커다란 치마를 만들어 딸한테 입힌 뒤 떡 99덩어리를 만든 뒤 그 아이를 치마 속에 감추고 그 집에 들어가라고 시키더래. 그래 제 아버지 제사를 지낸 뒤 어머니가 만들어준 커다란 치마 속에 그 아이를 숨긴 뒤 들어가는데 집을 지키는 거위가 쫓아와 짖으니 떡을 던져 주었거던. 그러니 거위가 떡을 받아먹느라고 정신을 쏟는 틈에 문 안으로 들어가고 또 거위를 만나면 그렇게 해서 정승의 딸이 거처하는 후원까지 들어갔어.

  김정승의 딸이 거처하는 별당은 후원에 있는 연못 가운데 있는데 배를 타고 건너가야 한단 말이야. 거기까지 데려다 주면서 팥죽 장수 아주머니의 딸은

  "이제 나는 모르겠으니 재주껏 하시오."

하고 다시 건너오니 이 아이는 별당 안으로 들어간 게야. 그때 김정승 딸은 책을 보고 있다가 웬 아이가 이 깊숙한 곳까지 들어온 것을 보자 깜짝 놀랐단 말이야.

  이 아이는 김정승 딸한테 자기의 사정을 털어놓았대. 삼 정승 딸과 관계를 맺지 않으면 호환을 당하게 되니 제발 도와달라고 간절히 사정을 하니 김정승 딸이

  "이건 목숨이 달린 일이니 어찌 차마 거절하겠소?"

하며 몸을 허락했단 말이야. 그런데 이 김정승 딸은 가끔 이정승, 박정승 딸과 같이 이 방에서 글공부를 했거던. 마침 그날이 공부하러 오는 날이었대. 그때 밖에서 이정승, 박정승 딸이 오는 소리가 들리니까 김정승 딸이 그 아이를 병풍 뒤에 숨기더래.

두 정승의 딸이 방안에 들어와 보니 김정승의 딸의 얼굴에 수심이 차 있거던.

"언니의 얼굴을 보니 근심이 있는 것 같은데 왜 그러오?"

두 정승의 딸은 김정승의 딸이 나이가 많으니까 언니라 불렀단 말이야.

"어젯밤 꿈에 웬 총각이 와서 자기가 호환을 면하려면 정승의 딸의 몸을 허락 받아야 한다면서 사정하는 것을 거절했는데 지금 생각해 보니 그게 마음에 걸려 그래."

김정승의 딸은 이렇게 말을 하며 두 정승의 딸의 눈치를 살피더래. 그러자 두 정승의 딸이

"언니는 너무 했소. 사람의 목숨이 얼마나 중한데 박절하게 그랬소? 우리라면 그 남자의 청을 받아드려 목숨을 구해 주었겠소."

이런단 말이야. 그 말을 들은 김정승 딸이

"정말 너희가 그럴 수 있겠나?"

하고 다짐을 받더래.

"그렇고 말고요. 그 총각 신세가 너무 딱하니 우선 목숨부터 살려야 하지 않겠소."

이 말을 들은 김정승 딸은

"내가 잠시 다녀올 데가 있어 나갔다 올 테니 너희는 여기서 책이나 보고 있게."

하고 나가더래. 그런데 병풍 뒤에 숨어 있던 아이는 세 처녀들이 나누는 말을 다 들었거던. 그래 김정승 딸이 밖으로 나가자 병풍을 밀치고 나가서

"김정승 딸이 말하던 사람이 바로 나요. 그러니 제발 제 목숨을 구해 주시오."

이러니 별 수 있나? 이정승, 박정승 딸이 몸을 허락해서 결국 삼 정승의

딸과 몸을 섞은 게야.

그 뒤로 이 아이는 김정승 딸의 별당에 있는 다락 속에 숨어서 얼마를 지내는데 18살이 된 거야. 그러자 갑자기 벼락이 떨어지듯 큰 소리가 들리며 호랑이가 나타나

"오늘은 그동안 기다렸던 내 밥을 먹으러 왔으니 어서 내 놓아라."

하며 날뛴단 말이야. 그 아이를 잡아먹겠다 이거야. 그러자 김정승 딸이

"네가 감히 어디라고 여기에 와서 소란을 떠느냐? 어림없는 소리 말고 대신 개를 줄 테니 그거나 가지고 썩 가거라."

이러니 그 사나운 범이 꼼짝을 못하고 슬슬 개를 물고 도망치더래. 그래 목숨을 건졌단 말이야.

그런 뒤 과거시험이 있자 김정승 딸이 이 아이한테 글을 써주면서

"이 글을 잘 외워 가지고 과거 시험장으로 나가시오."

이래 시험장에 갔더니 시험문제와 딱 맞는 글귀라. 그대로 써내니 급제가 된 게야.

그런데 김정승, 이정승, 박정승은 딸이 혼기가 되었으니까 사위를 고르려는데 과거시험에 합격한 이 아이가 마음에 드니 서로 제 사위를 삼으려 한단 말이야. 세 정승이 서로 이 아이를 차지하려 하는데 서로 양보를 않으니

"우리 딸들이 각각 밥상을 차려놓은 뒤 이 아이가 먹는 밥상으로 사위를 삼도록 합시다."

이리 합의를 한 게야. 김정승, 이정승, 박정승이 딸에게 각각 밥상을 차려 놓게 하고 이 아이가 먹는 밥상을 차린 정승의 딸과 혼사를 시키자고 한 게야. 그랬더니 이 아이가 큰 그릇을 달라고 하더니 세 밥상에 놓인 밥을 그릇 한 곳에 담아서 먹는단 말이야. 그러니 이걸 어찌 하겠나? 삼 정승이

어쩔 수 없이 모두 이 아이한테 시집을 보낸 게야.

이래서 김정승, 이정승, 박정승 딸 세 여자를 부인으로 삼았는데 세 여자가 모두 아들을 낳아 부귀를 누리며 살았대.

조사일자 : 2001. 3. 24.
제보자 : 신영희 (82세, 여, 당저동)

9. 옥황상제 딸 지네의 도움

옛날에 영감하고 할멈하고 아들 셋 이렇게 다섯 식구가 사는데 집안 형편이 너무 어려우니까 할멈이 마을에 나가 밥을 얻어다가 먹고 살았대. 그런데 밥을 얻어 와서 영감하고 아들한테 주고 나면 항상 할멈이 먹을 밥이 없는 게야. 그래 할멈은 늘 굶으니까 하루는 할아버지가 부시 쌈지를, 옛날에는 성냥이 없으니까 불을 붙이려면 부싯돌을 썼거던. 그 부싯돌을 넣는 게 부시 쌈지야. 부시 쌈지를 내주며

"할멈. 여기에다 내 이름을 새겨주게."

이러더래. 그러니 할멈이

"왜 쌈지에 이름을 새겨달라 하시우?"

물었단 말이야. 그랬더니 할아버지가

"내가 나가서 오랫동안 정처없이 돌아다니다가 혹 죽게 되면 못 알아 볼지도 모를 게야. 그리 되면 부시 쌈지에 쓴 이름을 봐야 나를 알아 볼 수 있지 않겠나?"

이러더래. 그래 부시 쌈지에다가 이름을 새겨 주니까 그걸 가지고 집을 나

가더래.

그래 영감이 얼마큼 길을 가고 있는데 갑자기 천둥이 치고 번개가 치며 장대비가 쏟아지더래. 그런데 마침 옆에 성황당이 있으니까 그리로 들어갔대. 들어가 보니 웬 여자가 먼저 와 있는데 아주 예쁜 여자란 말이야. 그 여자가 먼저 들어와 있다가 비가 그치자 나가더래. 그러니 영감이 그 여자를 따라갔대. 그랬더니 어느 부잣집으로 들어간단 말이야. 영감이 그 집에 들어가 보니 다른 남자가 사랑방에서 신을 삼고 있더래. 그런데 영감이 들어오니까 그 남자가

"저 여자는 천 년 묵은 지네니 담배를 빨아 그 연기를 저 여자 얼굴에 내 뿜으면 저 여자를 죽일 수 있소. 그렇게 해야 영감이 살지 저 지네를 안 죽이면 당신이 죽게 되오."
이러더래.

영감이 생각해 보니 저런 예쁜 여자를 차마 죽일 수 없단 말이야. 내가 죽더라도 죽일 수 없다고 담배 연기를 끝내 뿜지 않았대. 그러다가 밤이 되니까 잠을 자러 들어가는데 남자와 여자가 각각 다른 방으로 들어갔단 말이야. 그런데 밤중에 영감이 여자가 천 년 묵은 지네라고 하던 남자의 말이 사실인지 궁금해서 몰래 문구멍으로 들여다보니 그 여자가 옷을 벗고 잠을 자는데 그게 지네더래. 그래 남자 방도 엿보았더니 아니, 이건 천 년 묵은 이심이인 게야.

이걸 보자 영감은 놀라 자던 방에서 나와 가슴을 졸이며 밤을 새웠대.

아침이 되자 남자와 여자가 싸우는데 좀처럼 승부가 나지 않는 게야. 남자와 여자가 이심이와 지네로 변해 가지고 서로 죽이려고 치고 받고 하는데 아주 요란하단 말이야. 그렇게 싸우면서 남자가, 그렇니까 이심이가

"어서 담배연기를 저 여자 얼굴에 내뿜으시오."

하고 재촉했지만 어찌 차마 그러겠나? 영감은 겁에 질려 도망치지도 못하고 있다가 기절을 해버렸대.

한참 후에 정신을 차려보니 그때까지 이심이와 지네가 싸우다가 지쳐
"점심이나 먹고 다시 싸우자."
이러면서 쉬자고 하더래. 그래 쉬는데 이심이가 영감한테 와서 왜 자기가 시키는 대로 하지 않았느냐고 화를 내더래. 그렇지만 영감은 도저히 그 지네를 죽일 수 없는 게야.

점심을 먹은 뒤 또 싸움이 시작되었는데 지네가 이심이의 뒷덜미를 콱 물으니 이심이가 당했어. 그러니 지네가 이심이를 잡은 게야. 그리고 나서 영감한테
"저 못된 이심이가 나를 죽이라고 영감한테 부탁했는데도 나를 죽이지 않은 것을 내가 다 아오. 그러니 정말 참으로 고맙소. 우리 하루를 살아도 같이 삽시다."
이래서 같이 살았단 말이야.

그래 영감이 지네와 같이 사는데 이 지네가 알고 보니 옥황상제의 딸이야. 하늘에서 내려와 목욕을 하다가 나뭇꾼한테 옷을 빼앗기자 하늘로 올라가지 못하고 지네가 된 거란 말이야. 옷을 빼앗긴 벌을 받아 지네가 된 게지. 천 년 동안 지네로 살다가 이 영감과 인연을 맺고 살게 된 것이야. 그러다가 하루는 영감보고
"이제 영감님 집으로 갑시다."
이래 이 여자와 같이 자기 집으로 돌아와 보니 옛날에 살던 집은 온데 간데 없고 아주 좋은 집이 있더래. 그래 이상하게 생각하면서도 그 집으로 가 보았더니 자기 부인하고 아이들이 살고 있는데 아주 잘 살더래. 그런데 영감이 집을 떠난 지 수십 년이 되었는지라 할멈이 자기를 알아보지 못하

니 할멈한테

"예전에 이 곳에 마태라는 사람이 살았는데 어찌 되었소?"

하고 물었대. 바로 자기 이름이 마태였단 말이야. 이건 할멈이 자기를 알아보나 보려고 일부러 그렇게 물은 게야.

"그 사람은 제 남편인데 집을 떠난 지 수십 년이 되었소. 어디서 돈을 벌었는지 집에 많을 돈을 보내주어 이렇게 잘 사는데 영감은 아직껏 소식이 없으니 죽었는지 살았는지 모르겠소."

할멈이 이리 말하면서 영감의 얼굴을 보니 살이 쪄 외모는 달라졌어도 아무래도 남편 모습과 비슷한 데가 있단 말이야. 그러니 물을 뜨러 가는 척하고 부엌으로 가서 아들을 불러 영감의 부시 쌈지를 훔쳐오라 했단 말이야.

아들이 영감보고 자기 집에서 며칠 쉬고 가라고 붙잡아 놓은 뒤 밤에 벗어 놓은 영감의 옷 주머니에서 부시 쌈지를 훔쳐 할멈한테 갖다 주니 그 주머니에 자기가 새겨 놓았던 영감의 이름이 있는 게야. 그래 남편인 줄 알았단 말이야. 그러니 할멈이 아들들을 불러 놓고

"내가 너희들을 낳긴 했지만 가난해서 끼니도 제대로 못 먹였는데 저 여자가 재물을 우리 집에 보내주어 우리 집이 잘 살게 된 것이니 저 여자를 너희 작은 어머니로 모시고 사는 게 어떻겠느냐?"

이래서 같이 살았대.

조사일자 : 2001. 4. 5.
제보자 : 신영희 (82세. 여. 당저동)

10. 문자 쓰는 선비의 봉변

그전에 아주 문자를 좋아하던 사람 얘기가 있어.

어떤 사람이 있었는데 문자를 쓰지 않으면 말을 못해. 그런데 어느 날 호랑이가 와서 이 사람의 장인을 물어가려 하자 뭐라 하는가 하니

"전산(前山) 대호(大虎)가 출래(出來)하야 아지장(我之丈)을 식(食)하려 하니 유창자(有槍者)는 지창(持槍)하고 유도자(有刀者)는 지도래(持刀來) 하시오."

이리 소리를 질렀거던. 그런데 동네 사람들이 아무도 안 나오니 장인이 호환을 당했단 말이야. 이 사람이 화가 나 관가에 가서

"장인이 호환을 당할 때 구해 달라고 아무리 소리를 쳐도 누구 한 사람 나와서 구해주지 않으니 세상에 이렇게 고약한 인심이 도대체 어디에 있단 말이요?"

하고 하소연을 했단 말이야. 그러니 포졸이 이 사람을 데리고 그 마을에 와서

"이 사람 장인이 호랑이한테 물려갈 때 구원을 청했는데도 아무도 나와서 구원을 해 주지 않았다고 하는데 왜들 그랬느냐?"

하고 추궁을 했거던. 그러자 마을 사람들이

"우리도 저 사람이 '전산 대호가 출래하야 아지장을 식하려 하니 유창자는 지창하고 유도자는 지도래하시오' 하는 소리를 듣긴 했지만 그게 도대체 무슨 소린지 알 수가 없어서 나가지 않은 게요"

이러더래. 앞 산의 호랑이가 와서 우리 장인을 물어가려 하니 창이 있는 사람이나 칼이 있는 사람은 그걸 듣고 어서 나오시오 이런 말인데 문자를 쓰니 무식한 사람들이 무슨 말인지 알아들을 수 없었단 말이야. 그 말을 들은 포졸은 오히려 이 사람의 궁둥이를 걷어차며

"알고 보니 이건 네 잘못이구나. 앞으로 또 문자를 쓰겠느냐?"

하니 이 사람은 손을 휘휘 저으면서

"차후엔 불언문자(不言文字) 하오리다."

하며 달아나더래. 이후로는 문자를 쓰지 않겠다는 말을 또 문자로 쓰더라 이게야.

조사일자 : 2001. 3. 30.
제보자 : 권찬희 (71세, 여, 성내동)

11. 개과천선한 아들

그 전에 한 부잣집에 아들이 있었는데 아무리 타일러도 바른 길로 가지 않고 빗나가 강도질을 한단 말이야. 그러니 아버지가 항상 걱정을 했대.

이 아들이 어느 날 잿말랭이를 넘어오다가 마침 소를 팔아가지고 오는 사람을 만났더래. 그 사람은 어머니가 갑자기 죽으니까 장사를 지낼 돈이 없어 장에 가서 소를 팔아가지고 장사를 지낼 비용을 마련해 오는 길이었단 말이야. 이 사람의 수중에 소를 판 돈이 있는 줄 알고 칼을 쑥 내밀며

"그 소 판 돈을 다 내놓아라."

하고 당장 찌를 듯이 겁박을 하니 이 사람이 사정을 하더래.

"어머니가 돌아가셔 장례를 치르어야겠는데 수중에 돈 한 푼 없어 소를 팔아 오는 길이니 제발 사정을 좀 보아주시오."

"그건 네 사정이고 나는 무슨 돈이든 돈만 있으면 되니까 잔소리 말고 썩 내놓지 않으면 이 칼로 네 목을 치겠다."

이래 윽박지르고 있는데 마침 포졸이 지나가다가 보니 아무래도 이 사

람들 사이가 수상쩍어 보이거던. 그래

"너희들은 왜서 시비를 하고 있느냐?"

하니 돈을 빼앗긴 사람이 사실대로 말을 하면 당장 그 놈이 잡혀갈 게 아
닌가? 그러니 얼른 둘러대어

"제가 이 사람한테 빚이 좀 있는데 갑자기 어머님이 돌아가셔서 장례비
를 마련하느라고 소를 팔아 가지고 오다가 만났소. 그런데 돈을 갚으라고
조르길래 제가 사정을 좀 보아달라고 사정을 하는 중입니다."

이랬거던. 그 말을 듣자 포졸은

"이 사람아. 자네도 부모가 있으면 이 사람 사정을 좀 생각해 주게. 부모
가 돌아가셨다니 사정이 딱하지 않나? 그 돈은 나중에 받게."

하며 간곡히 권유하고 지나가더래.

포졸이 가자 그 놈은 하마터면 잡혀갈 뻔 했는데 그 사람이 말을 잘 해
주어 위기를 모면했으니 얼마나 고맙겠나? 그래 개과천선을 해 가지고 엎
드려 절하면서

"나를 살려주어 참으로 고맙소. 제발 우리 집으로 같이 갑시다."

하고 청했단 말이야. 그래 집에 가니 아버지가 아들이 또 못된 짓을 한 줄
로 짐작하고

"이놈. 이번엔 무슨 짓을 저질렀느냐? 썩 나가거라."

하며 문전에 얼씬거리지도 못하게 호령을 하니 아들이 무릎을 꿇으며

"아버지. 오늘부터는 개과천선해 가지고 나쁜 짓을 안 할 테니까 용서해
주십시오."

이렇게 빈단 말이야. 그런데 그 옆에 웬 사람이 서있는 것을 보고

"옆에 데리고 온 놈은 뭐 하는 놈이냐?"

같이 못된 짓을 하는 놈인 줄 알고 묻더래. 그러니 아들은 제가 저질렀던

일을 쭉 말하고

"이 사람은 저를 살려 준 은인입니다. 사실대로 포졸한테 고했으면 저는 잡혀가서 큰 고생을 했을 겁니다."

이러니 아버지는 이 사람이 얼마나 고맙겠나? 아무리 나쁜 짓을 해도 자식은 자식인데 자식이 잡혀가게 된 것을 모면하게 해 주고 또 그렇게 고치려고 해도 되지 않던 강도짓을 안하도록 개과천선시켰으니 너무 고마워 극진히 대접하며 많은 돈을 주더래. 그러면서

"어서 가서 어머니 장례를 후히 지내게. 그리고 어려운 일이 생기면 언제든지 찾아오게. 내가 도와주겠네."

이러더래.

그래 자비심을 베풀면 큰 행운이 돌아온다 이게야.

조사일자 : 2001. 3. 30.

제보자 : 권찬희 (71세, 여, 성내동)

12. 일이삼사(一二三四) 염불

옛날에 깊은 산 속에 살던 중이 시골 부자집으로 시주를 얻으러 갔대. 그런데 그 집에 가보니 그 집 처녀의 몸종이 있는데 참 이쁘거던. 이 몸종이 쌀을 떠가지고 시주를 하니까 이 놈이 껄드름해가지고 일이삼사를 넣어 염불을 하기를

"일에 이성 삼오 사절이

사대부댁 마나님께 오기 감사하오나

육례(六禮) 갖추나 안 갖추나

치레 하거나 안 하거나

팔자에 있거나 없거나

구벅구벅 좋이 지내보세"

이러니 그 집 마나님이 들으니 중놈의 심뽀가 괘씸하거던. 그러니 그 말을
받아서

"일놈아 이놈아 삼살부처를 모시고

사생결단 하올 적에 오륜을 모르더냐.

육환장 눌러집고 칠부장삼 걸쳐입고

팔도강산 떠돌며 구하는 게 십(씹)이더냐"

이러니 이 중놈이 그만 가슴이 덜컹 내려앉아 바랑이 떨어지는지 불알이
떨어지는지 모르고 허겁지겁 내빼더래.

조사일자 : 2001. 3. 30.
제보자 : 권찬희 (71세, 여, 성내동)

13. 부지런한 심밤중

이 마을에 심씨 성을 가진 사람이 있었대.

그런데 어느날 밤 달빛이 아주 환하게 비쳐 마치 대낮같이 밝았었대. 그
러니 잠을 자던 심씨가 문득 잠에서 깨었다가 밖이 낮처럼 밝으니까 날이
샌 줄 알고 호미를 들고 밭을 매러 나갔대.

그런데 밤 늦게까지 바느질을 하던 며느리가 일하러 나가는 시아버지를

보았지만 원래 부지런한 시아버니의 성품을 잘 아는지라 못 본 척 할 수밖에 없었대.

그 밤이 지나고 아침이 되자 며느리는 시아버지의 아침밥을 지어가지고 밭으로 나갔단 말이야. 그런데 어찌 된 일인지 밭에 가보니 시아버지의 모습은 보이지 않고 풀도 그대로 있는 것이 아닌가. 그러니 며느리는 의아해 하며 찾아보니 시아버지는 저 쪽에 있는 남의 밭을 열심히 매고 있더래.

얼마 후 밭을 다 매고 일어나 손에 묻은 흙을 털던 시아버지는 며느리가 밥을 이고 와 저 쪽에 서있는 것을 보고서는 그때서야 자신이 지금까지 매고 있던 밭이 자기 밭이 아닌 것을 깨닫고는

'아차, 내가 밤새껏 남의 밭을 매었구나.'

하고 후회를 하였대.

그 후로 이런 사실을 알게 된 마을 사람들은 심씨를 심밤중이라고 불렀다고 해.

조사일자 : 1995. 4. 29.

제보자 : 김준용 (69세, 남, 정라동)

14. 응징받은 벼락바위

봉황산의 북쪽에 있는 승병산에 벼락바위가 있어. 호대사의 중들이 벼락을 맞아 죽은 곳이라 하여 붙여진 이름이지.

봉황산 북쪽에 동대지라는 연못이 있고 동대지 서북쪽 골짜기에 가사곡이 있거던. 이 곳에는 예전에 호대사란 절이 있었다고 하는데 그 터가 지금

의 정라국민학교 자리이지.

호대사의 중들은 항상 동대지 연못가에 있는 우물에서 쌀을 씻었다고
해. 그러면 쌀뜨물을 먹기 위해 잉어들이 이 곳으로 몰려오곤 했대. 매일
잉어들이 쌀뜨물을 먹으러 오니 이 절의 중들과 잉어는 아주 친해졌대.

그런데 하루는 중들이 그 잉어가 먹고 싶으니까 몇 마리를 잡았단 말이
야. 그리고 바위틈에 숨어서 잡은 잉어들을 불에 굽기 시작하자 갑자기
벼락소리와 함께 산이 무너지면서 중들은 쏟아지는 흙과 돌에 깔려 죽었다
고 해.

지금 그 바위밑에는 마을이 있는데 그 마을을 벼락바위 마을이라고 부
르지.

조사일자 : 1995. 4. 29.
제보자 : 이규성 (71세, 남, 정하동)

15. 담력이 큰 총각의 결혼

옛날에 어떤 집에 딸이 하나 있었대요. 그런데 그 여자는 담이 큰 남자
에게 시집을 가겠다고 고집을 부리다가 그만 혼기를 놓쳐버렸대요. 그러니
할 수 없이 신랑을 구하는 방문(榜文)을 써 붙였대요.

그러자 이웃 마을에 사는 이씨, 김씨, 최씨 성을 가진 총각 셋이서 그
방문을 보고 그 집에 찾아갔대요.

처음엔 이씨 총각이 찾아가서 별당에 달린 줄을 당기고 들어갔대요. 들
어가 보니 별당을 아주 으리으리하게 지어 놓았으니 좋아서 저녁밥을 먹고

는 잠을 자려고 이부자리 속으로 들어갔대요. 그런데 얼핏 잠이 들었다가 이상한 기운에 눈을 떠보니 하얀 소복을 입은 여자가 머리를 풀어 산발을 하고 들어오더래요. 이걸 본 이씨 총각이 너무 놀라서 옷도 못 입고 줄행랑을 쳐 밖으로 나오니 김씨 총각이 왜 그러느냐고 묻더래요. 이씨 총각은 너무 놀라서

"자네도 들어가 보면 알 테니 어서 들어가 보게."

라고 말을 하며 꽁무니가 빠지게 도망을 치더래요.

김씨 총각은 그걸 보자 마음이 좀 켕기기는 했지만 뭐 대단한 일이랴 싶어 들어갔다가 여자가 또 그런 꼴로 나타나니 혼비백산해서 도망쳐 나왔거던요.

그런데 최씨 총각은 아주 담력이 있는 사람이라 도대체 뭐가 있길래 그렇게 놀라나 하고 궁금했지만 태연하게 들어가서 자리에 누워 자는 척 하고 있으니 웬 여자가 들어와서는 칼을 들고 자기를 내려다보고 있더래요. 그러더니 그 칼을 자기의 목에 들이대려다가 갑자기 밖으로 뛰어나가더래요. 그러니 최씨 총각도 벌떡 일어나 그 여자의 뒤를 따라갔는데 그 여자는 산 속으로 들어가서 아이 무덤을 파더니 그 시체를 꺼내 가지고 먹더래요. 그래 최씨 총각도 달려들어 자기도 같이 먹자고 하니 그 여자가

"나는 400년 동안 당신 같은 담력이 큰 남자가 나타나기를 기다렸소. 그만 했으면 됐으니 우리 같이 삽시다."

이래 부부가 되어 살았대요.

그런데 이상해서 다음날 최씨 총각이 아이 무덤을 찾아가 보니 그건 아이 시체가 아니라 동자삼이더래요.

조사일자 : 1999. 11. 15.

제보자 : 신순갑 (86세, 여, 정상동)

16. 물에 빠진 미륵보살

삼척엔 봉황산이 있거던. 이 산을 멀리서 바라보면 코끼리 같이 보여서 코끼리산이라고도 하지. 이 산에는 미륵 모양의 돌부처가 있는데 이 미륵에 얽힌 다음과 같은 전설이 전하고 있어.

어느 전쟁터에서 싸우다 다친 병사들이 이 곳으로 왔었는데 이 곳에 있던 미륵보살을 보자 서로 힘자랑을 하느라고 여러 명이 달려들어 강물 속에 밀어 넣었대. 그러자 갑자기 맑은 하늘에서 번개와 천둥이 쳐서 이에 놀란 병사들은 모두 도망치고 말았대.

이런 일이 있은 뒤부터 이 고장엔 비가 오지 않아 강물이 마르고 곡식은 여물기도 전에 말라 죽어갔으며 가축들도 물을 먹지 못하니 죽어갔단 말이야. 아무리 샘을 찾아다녀도 물이 나오지 않고 논과 밭은 거북이 등처럼 쩍쩍 갈라졌대.

그러던 어느날 이 곳 촌장의 꿈에 미륵보살이 나타나서

"이 재앙은 나를 물에 빠뜨렸기 때문에 당하는 재앙이니라."

이러더래. 이 말을 듣자 촌장이 미륵보살 앞에 엎드려

"저희가 잘못했으니 제발 재앙에서 벗어날 방법을 가르쳐 주십시오."

이리 애원을 했단 말이야. 그러니 보살이 감동해서 이리 알려주더래.

"마음이 선량한 사람 50명이 나를 들리올리면 올릴 수 있느니라."

잠에서 깬 촌장은 마을 어른들과 의논하여 심성이 착한 인부 50명을 뽑아서 정성껏 꼰 새끼줄로 미륵보살을 묶어 들어올려 제 자리에 안치했대. 그러자 하늘에서 천둥소리가 들리며 그처럼 기다리던 비가 쏟아지기 시작하더래. 이에 감동한 촌장과 마을 사람들은 정성껏 미륵불을 깨끗이 씻어 코끼리산에 모셨다고 해.

조사일자 : 1995. 4. 29.
제보자 : 지덕수 (82세, 남, 정라상동 건너불)

17. 퇴조비의 분실 소동

이 마을은 옛날부터 홍수와 해일이 일어나서 읍내가 물난리를 겪는 것이 상례였대.

이러니 이곳에서는 잦은 홍수와 해일이 두통거리였는데 삼척부사로 부임한 허목 선생이 1662년(현종 3년)에 삼척포(정라 만리도→현재 방파제의 중간지점에 해당됨)에다 척주동해비를 세웠더니 그로부터 조수의 피해가 없어졌다고 한단 말이야. 이러한 연고로 이 고장 사람들은 이 비를 퇴조비(退潮碑)라고 불렀으며 이 비의 탁본을 집에 간직하면 온갖 잡귀가 범접하지 못한다고 믿어왔어.

그런데 이 퇴조비가 1898년 봄 어느날 한밤중에 홀연히 없어졌다고 하는 소문이 퍼져 이 마을 뿐 아니라 인근 마을까지 대소동이 일어났대. 퇴조

비가 이유없이 사라진 것은 곧 큰 재난이 있을 징조라 하여 사람들은 짐을 챙겨 산으로 피했거던. 또 설상가상으로 삼화사에 보관된 비결책에 무술년 2월 10일 자시에 동해 바다가 끓어 오른다는 글귀가 기록되어 있다는 소문까지 퍼지니 그 혼란스러움은 이루 말할 수가 없었대.

이 소문은 순식간에 영동 일대에 퍼져 강릉에서도 피난을 가는 사람들이 속출했대.

그래 소문이 흉흉해지니 당시 강릉부사로 있던 정헌시(鄭憲時)라는 사람이 삼척에 관리를 보내 퇴조비가 건재하고 있음을 확인한 후 그것이 헛소문이라는 사실을 백성들에게 알려 겨우 혼란을 진정시켰다고 해.

조사일자 : 1995. 4. 29.
제보자 : 지덕수 (82세, 남, 정라상동 건너불)

18. 향불로 퇴치한 모기 귀신

그게 도계에서 산을 넘자면 큰 고개가 있거던. 그 고개는 혼자서는 못 넘어. 혼자 넘다가는 사람이 그만 쥐도 새도 모르게 없어져 버린단 말이야.

그 고개 입구에 주막집이 있었대. 거기서 사람들이 모여 가지고 그 고개를 넘어가는데 옛날에는 지금처럼 큰 길이 없고 그저 토끼길이지 뭐.

고개 너머에 있는 한 마을의 어떤 집에서 제삿날이 돌아왔는데 공교롭게도 피울 향(香)이 없단 말이야. 그러니 손자가 삼척 장에 가서 향을 사가지고 오다가 이 주막집까지 왔는데 벌써 해가 너물너물(뉘엿뉘엿) 지려 하더래.

그렇지만 손자는 그 날 밤에 제사를 지내야 하니까 저녁밥만 먹고 가려 하니까 주모가

"날이 벌써 어두어지는데 그 고개가 험하니 오늘밤 자고 가시오"
하면서 만류를 하더래. 그런데 그날 밤에 제사를 지내야 하니 자고 갈 수 있나?

"전 오늘 꼭 가야 합니다."

"그 고개는 사람들이 모여 가지고 넘어야 하는데 혼자 넘다가 변을 당하게 되면 어쩌려고 그러시오?"

"그래도 오늘밤에 제사를 지내야 하니 가야만 합니다."

저녁을 먹자마자 길을 나서서 가는데 도중에 옷을 뒤집어 쓴 여자가 나타나더니

"나도 급한 일이 있어 고개를 넘어야 하니 같이 갑시다."
하고 따라나서더래.

그래 같이 가는데 그 고개에 큰 느티나무가 있었어. 고개 위를 넘어가는데 길이 하도 험난하니 엎어지고 넘어지고 하면서 갔지. 느티나무 밑을 지나면 대나무 밭이 있었거던. 대나무 밭을 지나가는데 그 여자가 대나무 뿌리에 걸렸는지 벌렁 넘어지더래. 그러더니 발목이 다쳤는지 일어나지 못하고 낑낑대기만 하니

"그렇게 앉아 있기만 하면 언제 가겠소? 어서 일어나 갑시다."

하고 재촉을 했지만 여자는 계속 일어날 수 없다고 하더래. 그러니 이 사람이

"그럼 제가 업고 갈 테니 제 등에 업히시오."

이랬대. 그래 업고 가는데 얼마쯤 가니까 그 여자가

"저 집이 우리 집이요."

이러길래 보니까 아주 번듯한 기와집이더래. 그 집 대문 앞에 가서 그 여자를 내려놓고 가려 하니까 여자가

"저를 업고 여기까지 오시느라고 수고를 하셨는데 그냥 가시면 되겠습니까? 약주라도 한 잔 드시고 가십시오."

하며 들어가자고 하더래. 너무 늦었으니까 그냥 가겠다고 사양을 해도 잠시만 들렀다가 가라고 자꾸 붙잡으니 할 수 없이 들어 갔더래. 잠시 후에 술상을 차려 왔는데 푸짐한 음식상이거던. 그래 딱 한 잔 마셨는데 그만 정신을 잃었대. 술에 취해서 잠이 들자 갑자기 꿈에 오늘밤 제사지낼 할아버지가 나타나서 문을 확 열더니,

"네가 여기서 이렇게 잠을 자고 있으면 어떻게 하느냐? 빨리 정신을 차리지 않으면 너는 죽는다. 어서 네가 가지고 있는 향에 불을 붙여라."

이런단 말이야. 이 말을 들은 손자가 번쩍 정신을 차리며 일어나서 향에 불을 붙이려 하는데 밖에서 칼을 갈고 물을 끓이고 야단이 났더래.

"물이 다 끓었으니까 이제 저놈을 물에 집어 넣으면 되겠다."

밖에서 놈들이 법석을 떠니 이 사람이 향에 불을 붙였대. 그랬더니 향불 냄새를 맡은 놈들이 오금을 쓰지 못하고 빌빌거리더래. 향불은 잡귀를 쫓느라고 피운단 말이야. 향 연기를 쏘이면 잡귀들이 맥을 쓰지 못하거던.

그런데 이 사람 집에서는 밤이 저물었는데도 향을 사러간 사람이 오지 않는단 말이야. 그러니 걱정이 되어서 식구들이 횃불을 들고 찾아 나선 거

야. 아무래도 그 험한 고개에서 변고가 생긴 것 같아 거기까지 갔더니 근처에 있는 대나무 밭에서 가느다랗게 불이 비친단 말이야. 그래 가까이 가보니 손자가 얼굴이 핼쑥해 가지고 향불을 켜 들고 서 있고 그 옆에는 커다란 모기가 바둥거리고 있더래. 그러니 그 여자가 모기야. 모기가 이 사람을 잡아먹으려고 여자가 되어 가지고 이 사람을 유혹한 게야.

그래 식구들이 손자를 업고 집에 데려갔는데 집에 가서도 한참을 정신을 차리지 못하더래. 모기가 여자 귀신으로 변해가지고 그 사람을 해치려 했는데 향불 때문에 뜻을 이루지 못했단 말이야.

조사일자 : 1998. 10. 25.
제보자 : 박월동 (76세, 여, 정상동)

19. 삼치로 변한 구렁이

옛날 한 고을에 부자가 살았는데 어느 날 그 집에 구렁이가 나왔더래. 그 집에서 마침 마구를 치고 있는데 구렁이가 나오니까 마구를 치고 있던 쇠스랑으로 그만 그 구렁이를 콱 찍었더니 구렁이가 죽더래. 그런데 죽은 뒤에 보니까 구렁이가 삼치가 되어 있더래.

그전에는 생선장수가 지게에 어물을 지고 다니며 팔았거던. 몇 가지 생선를 지고 다니며 팔았는데 그날 아침나절에 생선 장수가 와서

"삼치 사시오, 삼치 사시오."

이러니 주인 마님이 나와서 보니 삼치가 크고 좋거던. 그래 삼치를 샀더니 영감이 그 삼치를 보고

"그놈, 살이 많이 쪘다. 그걸 푹푹 끓여 먹으면 맛이 참 좋겠구나."

이랬는데 낮에 그만 마구를 치다가 구렁이를 죽였더니 삼치가 되는 것을 보자 정이 뚝 떨어져서

"저걸 모두 내다 버려라."

이리 소리를 질렀단 말이야. 그러니 마님이 영감이 시키니 그걸 먹을 수 있나? 그걸 갖다가 길가에 버렸더니 얼마 뒤에 거기서 딸기 줄기가 나와 자라더니 딸기가 맺히더래. 그 딸기를 사매(蛇莓) 딸기라고도 하고, 잠매(蠶莓) 딸기라고 했는데 그게 뱀 딸기야. 길가에 뱀딸기가 있잖아? 조그맣고 빨간색 딸기인데 간혹 윗쪽이 하얀 것도 있단 말이야.

조사일자 : 1998. 10. 25.
제보자 : 박월동 (76세, 여, 정상동)

20. 양자강의 은(銀)다리

옛날에 중국을 대국이라 했는데 대국 천자가 조선을 집어먹고 싶단 말이야. 그래 어떻게 조선을 집어먹을까 곰곰히 생각을 하다가 하루는 사신을 조선 임금한테 보내서

"양자강에 다리를 놓고 싶으니 조선의 은을 모두 가져다가 다리를 놓아라. 그렇게 하지 않으면 조선을 우리 땅으로 만들겠다."

이랬단 말이야.

우리나라 임금이 이 말을 들으니 이건 기가 막힐 일이란 말이야. 우리나라에 양자강 다리를 놓을 만큼 은이 없단 말이야. 은으로 만든 동고리(동

곳), 비녀를 다 모아도 그게 얼마나 되겠나? 그러니 임금은 생각할수록 기가 막혀 죽을 지경이야. 이래 끙끙 앓고 있으니 신하가 물었어.

"상감마마. 도대체 무슨 근심이 있습니까?"

이러니 임금이 그러한 사실을 털어놓으면서

"중국 천자의 명령이 이러하니 온 나라의 은을 다 모아봤자 마대 몇 자루도 채우지를 못할 터인데 어찌 다리를 놓는단 말이냐? 그러니 이젠 꼼짝 없이 중국한테 당하게 되었구나."

한숨만 푹푹 쉬더래. 이 말을 들은 신하가 생각해 보니 이건 참 큰 걱정거리란 말이야. 집에 돌아와 밥을 먹지 못하고 걱정만 하니까 십여 세가 된 아들이

"아버님. 무슨 걱정이 있길래 진지도 잡수시지 않고 걱정만 하십니까?"

이런단 말이야.

"너는 알 필요가 없다."

그러면서 들은 척도 하지 않더래. 그런데 아들이 다음날 또 서당에 갔다 오니 역시 아버지가 점심을 안 드셨거던.

"도대체 무슨 일이 생긴 겁니까?"

아들이 궁금해서 물었지만 역시 끙끙 앓기만 할 뿐 말을 않는 게야. 그런데 또 다음날에도 역시 그러하니 아들이 묻더래.

"무엇 때문에 며칠이나 점심도 잡수지 않고 그러시는지 말씀해 주세요."

이러니 아버지가 할 수 없이 이리 말을 하더래.

"네가 안다고 무슨 소용이 있겠느냐? 이젠 우리나라가 꼼짝없이 중국한 테 나라를 빼앗기게 생겼다."

"아니 그게 무슨 말씀입니까?"

"세상에 이리 기가 막힌 일이 있느냐? 중국 천자가 양자강에 은으로 다

리를 놓지 않으면 우리나라를 저희가 차지하겠다고 했느니라."

그러면서 중국 천자의 명령을 알려주니까 이 말을 들은 아들이

"아버지. 뭘 그런 걸 가지고 걱정을 그리 하십니까?"

이렇게 큰 소리를 치거던. 그리고 나서 해결할 방법이 있으니까 걱정 말고 어서 점심을 드시라 이게야. 그러면 제가 그 방도를 알려주겠다고 큰 소리를 치니 아버지가 가소롭기 짝이 없지만 원체 굶어서 시장하니까 밥을 먹더래. 아버지가 밥그릇을 다 비우자 아들이

"아버님. 사람들을 시켜 산에 가서 칡덩굴을 있는 대로 가져 오게 하세요."

그러니 아들이 시키는 대로 칡덩굴을 가져오라고 시켰어. 그래 칡덩굴을 가져오니 여러 사람들한테 그걸 짊어지게 해가지고 양자강으로 갔어. 가서는 강 이쪽저쪽에 말뚝을 박고 칡덩굴로 얽어매게 한 뒤, 중간중간에 돌을 매달으니 칡덩굴이 물에 잠겼단 말이야. 그런데 겨울이 되니 양자강물이 얼마나 춥나? 추운 바람이 모질게 부니 칡넝굴에 묻은 물이 얼음이 될 게 아닌가? 밤새껏 얼어붙은 칡덩굴에 매단 돌을 떼어내고 양쪽 끝에서 힘껏 잡아당기니 다리가 되었는데 얼음이 칡덩굴에 매달렸으니 햇빛에 은백색으로 보인단 말이야.

"아버지 이만하면 은으로 만든 다리같지 않습니까?"

그래 사람들 시켜 중국천자한테 은다리를 놓았으니 와서 보라고 했어. 이 말을 들은 중국 천자는

"제 놈들이 무슨 은이 그리 많아 다리를 놓았겠느냐?"

이러면서 와보니 양자강에 다리가 놓였는데 은빛이 번쩍거린단 말이야. 이걸 보자 천자가 깜짝 놀라더래. 그러면서

"아. 조선엔 어디서 은이 그렇게 많이 있었길래 이렇게 다리를 놓았단

말인가? 앞으로는 우리가 조선을 간섭하지 않을 테니 그리 알라."

이렇게 다짐을 하더래. 그런데 천자는 그 다리가 은으로 만든 다리가 아닌 줄을 알긴 알았지만 이건 조선 사람이 머리가 하도 영리해서 이런 꾀를 낸 줄 알고 있었단 말이야. 그래 속으로 결코 조선 사람을 함부로 다룰 수 없으니 차라리 간섭을 하지 말고 그대로 내버려두는 것이 오히려 속이 편하겠다고 생각을 한 게야.

우리나라 사람들은 이렇게 옛날부터 머리가 좋았대. 중국 사람들이 우리나라가 땅덩어리가 작고 사람도 많지 않으니까 우리를 얕보았다가 큰 코를 다친 일이 한두 번이 아니야.

조사일자 : 1998. 10. 25.
제보자 : 김월래 (77세, 여, 정상동)

21. 슬기로운 처녀

옛날에 젊은 정승이 있었는데 그 부인이 아이를 둘을 낳은 뒤 죽었대. 그러니 이웃 사람들이 장가를 가라고 했지만 듣지 않고 몇 년동안 그대로 살았대. 그러다 하루는 어린 자식들이 자는 것을 보니 참 안 됐거던. 그러니까

'아무래도 장가를 가야 할까 보다.'

이렇게 마음을 고쳐 먹었어. 어린 애를 키우려면 아무래도 에미가 있어야 하겠으니 다시 장가를 가기로 했지. 그 말이 떨어지자 주변에서

"김정승의 딸이 있고 이정승의 딸이 있고 박대감의 딸도 있는데 어느 처녀가 마음에 듭니까?"

하고 물으니까

"내가 직접 보고 정할 테니까 모두들 데리고 오게."

이러니 처녀 셋을 데리고 왔어. 그러니까

"방석 세 개를 가져오너라."

해가지고 세 여자 아버지의 이름을 방석 위에 쓴 뒤에 세 처녀한테 각자 자기 아버지 이름을 쓴 방석에 앉으라고 하더래. 그러자 두 처녀는 방석에 앉는데 한 처녀는 방석에 앉지 않고 옆으로 밀어 놓으며 방바닥에 앉더래. 이 정승이

"처녀는 왜 방석을 깔고 앉지 않는고?"

하고 물으니까 그 처녀는

"방석 위에 아버지 함자(銜字)가 씌여 있는데 제가 어찌 그걸 깔고 앉겠습니까?"

이러더라네.

삼시 후에 성승이 또 묻기를

"무슨 음식이 제일 맛이 있는고?"

하니까 한 처녀는

"저는 대추를 넣은 찰떡이 제일 맛있습니다."

하고 다른 처녀는

"저는 군밤에 꿀을 발라먹는 게 제일 맛있습니다."

하는데 그 처녀는

"예, 저는 소금이 제일 맛있습니다."

하더래. 음식에 소금을 넣으면 간을 맞출 수 있으니까 맛이 나지, 소금을 안 넣으면 맛이 없다 이기야.

그러자 정승이 또 물었대.

"꽃 중에 무슨 꽃이 제일 예쁜고?"

그러니 두 처녀가

"목단 꽃이 제일 예쁩니다."

"철쭉 꽃이 제일 예쁩니다."

이러는데 그 처녀는

"저는 목화꽃이 제일 예쁩니다."

하더래. 그러니 그 처녀에게 다시 물었거던.

"왜 그 꽃이 예쁜고?"

"다른 꽃들은 남색 꽃도 피고 분홍 꽃도 피고 노랑 꽃도 피어 아름답지만 그 꽃이 한번 피었다가 시들면 그만입니다. 다른 꽃들은 피었다가 시들면 금방 없어지지만 목화 꽃은 시들면 몽우리가 맺힙니다. 그리고 며칠이 지나면 다시 하얀 꽃이 피는데 이렇게 하얀 꽃이 피어서 예쁘고 그 꽃이 굳어져 된 솜뭉치를 틀면 구름 같아서 예쁘고, 그것을 옷과 이불속에 넣으면 사람의 몸을 따뜻이 해 주니 좋습니다."

이렇게 대답하니 그 처녀가 마음에 쏙 든단 말이야. 그런데 잠시 후에 또 묻더래.

"사람에게 무엇이 제일 따뜻하겠는고?"

그러니 두 처녀는

"새 솜으로 이불을 만들면 제일 따뜻합니다."

"털 옷을 입으면 제일 따뜻합니다."

이러는데 그 처녀는

"부모의 사랑이 가장 따뜻합니다."

이러니 정승이 속으로

'옳지. 이 처녀가 아이들의 새 어미가 되면 제가 낳은 자식이 아니더라

도 따뜻하게 보호해 줄 게 틀림 없겠구나.'

이리 생각하고 그 처녀한테 새 장가를 들었대.

조사일자 : 1995. 11. 21.

제보자 : 이정숙 (72세, 여, 남양동)

22. 고려장을 없앤 까닭

옛날에 궁글장이란 게 있었어. 노인이 70살이 되면 생일날에 음식을 잘 차려 대접을 하고 나서 아들이 업거나 지게에 짊어지고 산 위에 올라가서 내려놓고 몸을 묶어서 저 아래로 밀어뜨린대. 그러면 몸뚱이가 산아래 골짜기로 굴러 내려가 쿵하는 소리가 난대. 그런 소리가 들리면 그날 상사가 잘 되었다고 한대. 상시를 치르고 집에 가면 동네 사람들이

"이 사람아. 오늘 어떻던가?"

이리 물을 때

"쿵 하고 소리가 났소."

이러면 상사가 잘 되었다 이런대. 쿵 하는 소리가 나면 대번에 죽은 게니까 잘 되었다 하고 그런 소리가 안 들리면 밑으로 굴러 떨어지다가 나무 등걸이나 바위에 걸려 금방 죽지 않고 부대끼다가 죽었을 테니까 안 되었다 이랬거던. 이래 죽으면 사람 썪는 냄새가 30리 밖까지 풍겼고 까마귀 떼들이 몰려들어 죽은 사람의 몸뚱이를 파먹었다 이게야.

그런데 사람이 이렇게 죽으면 아주 안좋거던. 그래서 노인이 나이가 많이 들면 땅을 미리 파놓고 그 안에 노인을 들여놓는대. 그 속에 물그릇을

넣어놓고 매일 밥을 밀어 넣는데 밥그릇이 비어져 있으면 아직 살아있는 게고 밥이 그대로 있으면 죽은 줄 알고 흙으로 덮어 묻어주었대. 이걸 고려장이라 했어.

그런데 한번은 이런 일이 있었다는 게야.

어느 고을에 원님이 있었는데 나이가 70이 되니 고려장을 당하게 되었거던. 그런데 이 원님은 아들을 늦게 낳아서 이십여세밖에 안되었단 말이야. 그래 나이가 늙으니까 아들한테 원님 자리를 넘겨준 뒤 고려장을 당하게 되었거던. 이 노인이 그 구덩이 속에 갇혀 있는데 한 달간이나 시간이 지나도록 죽지 않는단 말이야.

이 때 왜놈들이 이 고을에 땅을 빼앗으러 왔대. 나이가 어린 원님이 고을을 다스리고 있다니까 왜놈들이 생각하기를

'사또가 나이가 어리니 제가 무엇을 알겠는가? 내기를 하자고 해서 고을을 빼앗아야지.'

이래 얏보고 이 고을에 와서 내기를 하자고 윽박지르니 그 어린 원님이 어쩔 수 없이 응했단 말이야. 왜놈이 똑같은 소 두 마리를 데리고 와서

"이 두 소 중에서 어떤 소가 에미이고 어떤 소가 새끼인지 알아 맞추지 못하면 이 고을 땅을 내 놓으시오."

이러는 게야. 그런데 어린 원님이 보니까 크기도 같고 머리도 같고 생김새도 같으니 도대체 알 수 있어야지. 그러니 아무래도 아버지한테 가서 물어보아야겠다 생각하고 왜놈의 우두머리한테

"좋소. 그런데 이미 해도 다 지고 날이 곧 어두워질 텐데 오늘밤은 편안히 쉬시오. 내일 아침에 대답을 하겠소."

이러면서 그날 밤 편안하게 숙소를 마련해주고 좋은 술에 푸짐한 안주로 대접을 하니 왜놈이 아주 좋아하며

"그럼 그렇게 합시다."

하고 쾌히 응락을 하더래.

그날 밤에 어린 원님이 아버지한테 가서

"아버님 주무십니까?"

하니 아버지는 아직 자지 않고 있더래.

"아직 안 잔다. 그런데 오늘 너한테 무슨 일이 있길래 이렇게 어두운 밤에 찾아 왔느냐?"

아버지는 한 밤중에 아들이 이곳을 찾아왔으니 아무래도 예감이 이상한지 묻더래.

"네. 오늘 왜놈 우두머리가 똑같이 생긴 소 두 마리를 가지고 와서 어느 소가 에미이고 어느 소가 새끼인지 알아맞추라 합니다. 그런데 알아맞추지 못하면 이 고을 땅을 저희들한테 내놓으라고 하니 제가 어떻게 해야 알아맞추겠습니까?"

이 말을 들은 아버지는

"그건 참 쉬운 문제로구나."

하니 어린 원님이

"아니 이게 쉽다니 무슨 말씀입니까?"

이랬단 말이야.

"만약 시문을 지으라 했더라면 어쩔 뻔 했느냐? 이런 문제라면 걱정할 게 없다. 가서 빗자루를 가지고 소의 등을 슬슬 문질러라. 그러면 소가 등이 가려울 것이 아니냐? 그러면 에미는 새끼의 등을 핥아 줄 테지만 새끼는 에미의 등을 핥아주지 않을 것이다. 그걸 보면 어떤 소가 에미이고 어떤 소가 새끼인지 금방 알 수 있을 것이다."

이렇게 알려주더래. 그 말을 들은 어린 원님은 알려준 대로 했더니 에미

소는 새끼의 등을 마구 핥아주는데 새끼는 에미 등을 핥을 생각을 아예 않는 게야. 그래 다음 날 아침이 되자

"이 소가 에미이고 저 소가 새끼요."

이래 맞추니 왜놈들이 아무 말 못하고 그냥 갔대.

그런데 얼마 후에 아무래도 억울한지 이번엔 똑같은 말 두 마리를 끌고 와서 지난 번처럼 또 내기를 건단 말이야. 그러니 어린 원님이 또 아버지를 찾아가서 물으니

"저녁에 죽을 굶겼다가 아침에 말죽을 맛있게 끓여가지고 말 한 마리에 한 바가지씩만 주어라. 그러면 에미는 죽을 먹다가 남겨 놓을 것이고 새끼는 제 죽을 다 먹고 에미 죽까지 더 먹으려 할 테니 그걸 보면 에미와 새끼를 알아 맞출 수 있을 게다."

이리 알려주더래. 죽이 모자라니까 새끼는 제 것을 다 먹고 에미 죽까지 넘보지만 에미는 배가 고파도 새끼를 더 먹이려고 죽 그릇을 밀어준단 말이야. 그래 새끼와 에미를 알아보고

"이 놈이 어미고 저놈이 새끼인 게 분명하오."

이리 알아 맞추니 이번에도 왜놈들이 진 게야. 그러니 왜놈은 고을 원님이 나이가 어리니까 얏보고 고을 땅을 빼앗으러 왔지만 도저히 당할 수 없으니까

"아무래도 우리가 당할 수 없겠으니 다시는 내기를 하러 오지 않겠소."

하면서 가더래.

그런 일이 있은 뒤 어린 고을 원님이 생각해보니 저는 고을의 원이지만 나이 많은 아버지의 지혜를 도저히 따라갈 수 없단 말이야. 비록 나이가 많아 노망은 들었지만 젊은 사람이 아무리 머리가 똑똑해도 나이가 많은 사람의 경륜을 도저히 따라갈 수 없음을 깨닫고 다시는 노인을 고려장시키

지 못하게 했대. 그래 고려장이 없어졌다는 말이 있어.

조사일자 : 2001. 3. 24.

제보자 : 이정수 (82세, 여, 남양동)

23. 묘 쓰고 부자된 아이

이건 묘에 얽힌 이야기야.

오십천 줄기를 타고 올라가면 동산이라는 동네가 있는데 그 뒤로 묘가 있었지. 그 묘를 지키던 사람이 그러니까 묘지기가 있었어.

하루는 이 마을 어른이 볼 일이 있어 출타하였다가 돌아오는데 나이가 열살쯤 된 아이를 길에서 만났대. 걸뱅이(거지)는 아닌 것 같은데 집이 어디냐고 물으니 모른다고 한단 말이야. 그래 마을 아이들한테

"이 아이가 뉘 집 아이인지 아느냐?"

물어보았지만 모두 모르겠다 이게야. 그러니 할아버지가 이 아이를 데려다 가 소를 키우는 일을 맡기면 좋겠다 싶어 집으로 데려왔대.

이 아이를 집에 데려와 몸을 씻기려고 옷을 벗겨보니 옷 속에 생년월일 과 성씨를 쓴 헝겊이 나왔는데 나이는 아홉 살이고 성씨는 전주 이씨(李氏) 더래.

이 아이를 집에 두고 소를 키우는 일을 시켰더니 애가 부지런해서 일을 잘 하더래. 이 아이가 자라서 혼례를 치를 나이가 되자 이 마을 가난한 집 딸한테 장가를 보냈대. 웬체 부지런하게 일을 잘 하니까 여자 집에서 사위 를 삼았는데 가난한 처가집까지 먹여 살렸단 말이야.

이렇게 몇 해를 사는 동안 아들을 낳았는데 얼마 되지 않아 아내가 죽더래. 이 아들이 자라서 스무 살이 되니 아버지를 먹여 살렸는데 그 아버지도 얼마 후에 죽어 버렸대. 그런데 이 아이도 일을 잘 하니 할아버지가 계속 데리고 있으면서 일을 시키고 싶은데 제 아버지 장사를 치르고 나면 어디로 가버리지 않을까 걱정이 된단 말이야. 그래 그 아이한테

"네 아버지 장례는 3일장으로 할라나?"

하니까

"아닙니다."

이러더래.

"그러면 5일장을 지낼라나?"

"아버지 묘 자리를 제가 직접 찾은 뒤에 장례를 치르겠습니다."

이 아이가 시체를 집에 두고 제 아버지 묘 자리를 찾는다고 나가서 돌아다니다가 며칠만에 돌아오더니

"묘 자리를 찾았으니 내일 장례를 치르겠습니다."

이러더래.

이 아이가 며칠동안 아들이 아버지의 묘자리를 찾아 헤매고 있을 때 웬 중이 지나 가길래 얼른 바위 밑에 숨어 중의 거동을 살펴보니까 이 중이 지팡이를 땅에 콱 꽂고 앉아 쉬면서

"이 자리는 참 좋은 명당이로구나. 여기다 묘를 쓰면 아들이 금방 장가를 가게 되고 30리까지 땅이 생길 운수로구나. 그런데 하관할 때 모자를 쓴 여자가 지나가 줘야 할 텐데 이게 문제로군."

이런단 말이야. 이 말을 듣고 아들이 옳다구나 하고 묘를 거기다 쓰려고 작정했던 게야.

그래 장례를 치르는데 아버지의 관을 짜서 시신을 넣고 그 자리에 가서

하관을 하려고 했단 말이야. 그런데 모자를 쓴 여자가 지나가지 않으니 하관을 않고 꾸물거리는 게야. 그러니 사람들이

"자. 어서 하관을 하자."

이러면서 재촉을 하자

"조금만 더 있다가 합시다."

자꾸 미루는데 벌써 해가 지려 하거던. 그런데 저 아래로 어떤 아주머니가 장에 가서 솥뚜껑을 사가지고 머리에 이고 지나가고 있으니 그제서야

"이제 모실 시간이 되었으니 어서 하관합시다."

이래 하관을 했단 말이야. 아주머니가 솥뚜껑을 머리에 이고 가니 이건 모자를 쓴 셈이란 말이야. 그리고 나서는

"저는 이 무덤을 손질하고 갈 테니 먼저들 내려가시오."

사람들을 보낸 뒤 아무래도 이 땅 임자의 허락을 받지 않고 무덤을 썼으니까 시비를 당할 것 같아 마을 뒷길로 내려오는 척 하다가 그 길로 도망을 쳤대.

밤새도록 남쪽을 향해 걷다보니 날이 새더래. 그래 어떤 집에 가서 아침을 얻어먹고 또 얼마쯤 가다가 점심을 얻어먹고 이러면서 며칠을 갔더니 부산까지 왔더래. 그런데 저녁때쯤 되니 비가 오기 시작한단 말이야. 그러니 좀 잘 사는 집에 들어가 하룻밤 신세를 지자고 사정하니까 집 주인이 허락하더래. 그 집에 들어가 비에 젖은 옷을 벗어 빗물을 짜다 보니 볏단이 온 마당에 뒹굴고 있단 말이야. 이걸 본 이 아이가

"벼에 비를 맞히다니 이러면 안되지 않소? 제가 비를 맞더라도 볏가리를 쌓아 놓겠소."

비에 젖은 옷을 다시 입고 마당으로 나가 볏단을 차곡차곡 쌓는데 농사일을 늘 해왔으니까 척척 잘 한단 말이야. 세 개나 되는 볏가리를 금방 만들

더래. 그러니 주인은 이 사람이 너무 고마우니까 저녁밥을 잘 차려 준단 말이야. 그러면서

"젊은 이는 어디 사나?"

이리 물으니

"저는 사정이 있어 집을 나와 돌아다니는데 별로 갈 곳도 없이 그냥 떠돌아 다닙니다."

이 말을 듣자 주인은 반가워서

"그렇다면 우리 집에서 농사일이나 거들면서 같이 사는 게 어떠한가?"

하니 반갑고 말고지 뭐. 그래 그 집에 눌러앉아 살면서 농사일을 거들어 주는데 원래 농사일만 해왔고 원래 부지런하니까 무슨 일이건 척척 잘 한단 말이야.

주인은 며칠동안 이 아이가 하는 일을 유심히 살펴보더니

"나는 자식이 없고 딸 하나만 있으니 아예 우리 집 데릴 사위가 되어 같이 사는 것이 어떠한가?"

사위를 삼고 싶어한단 말이야. 이래서 아버지 장사지낸 지 며칠만에 이 집 사위가 된 게야.

그런데 이 주인은 이 근처 30리 안의 땅을 모든 땅을 가진 아주 큰 부자였단 말이야.

며칠 후 혼인을 치른 뒤 새 사위를 데리고 이곳 저곳에 있는 논밭을 구경시키면서

"내가 죽은 뒤 이 논밭을 가지고 내 딸과 의좋게 살게."

이래 그 집에 장가를 들었기에 큰 부자가 되어 평생을 잘 살았다고 해.

조사일자 : 2001. 4. 5.

제보자 : 이정수 (82세. 여. 남양동)

24. 소금장수와 도깨비 방망이

한번은 어느 소금장수가 소금을 팔러 다니다가 어떤 집에 들어갔더니 그 집주인이 장에 갔다 오다가 호랑이한테 물려 죽었더래. 그런데 그 집 안주인이 남편의 시체를 산에 묻으러 가면서

"이곳은 외진 곳이어서 장례를 치르어 줄 사람이 없으니 나하고 같이 산에 가서 시체를 묻어 주겠소, 아니면 집을 지켜 주겠소?"

그러니 소금장수는 시체가 무서우니까 집을 지켜 주겠다고 했대.

그 여자는 산에 가서 남편의 장사를 치르고 와서 집에 불을 질러 달라고 하더래. 소금 장수는 그 여자의 말대로 불을 질러 주었더니 방에 들어가 문을 꽁꽁 걸어 잠그고 불에 타 죽었대. 그러니 고생만 하고 소금을 못 팔았지.

그런 일이 있은 뒤 그 소금장수가 다른 마을에 갔더니 갑자기 호랑이가 나타나 마을 사람들을 해치더래. 그러니 마을 사람들이 도망을 치고 소금장수도 도망을 치다가 숨이 차니까 깨끔나무 밑에서 쉬고 있는데 깨끔이 뚝 떨어지니 이걸 주으면서

"이건 우리 할아버지께 갖다 드려야지."

이랬대. 그런데 또 떨어지니 이걸 주웠어.

"이건 우리 아버지한테 갖다 드려야지."

그러고 있는데 또 떨어진단 말이야.

"이건 내가 먹어야겠다."

이래 깨끔을 주워 주머니 속에 넣고 오다가 날이 저무니 빈 집에 들어가 잠을 자는데 한밤중에 어디서 도깨비들이 우루루 몰려나오더니 방망이를 꺼내 두드리면서

"금 나와라, 뚝딱. 은 나와라, 뚝딱. 밥 나와라, 뚝딱."

이러자 금이 나오고 은이 나오고 밥이 나온단 말이야. 이걸 본 소금장수가 저도 배가 고프니 주머니 속에서 깨끔이 하나를 꺼내 씹으니 우두둑 소리가 났단 말이야. 이 소리를 듣자 도깨비들이

"이게 무슨 소리야? 필경 사나운 짐승이 우리들을 잡으러 왔나보다. 어서 도망을 치자."

이러면서 방망이를 내동댕이치고 도망을 치거던. 소금장수는 얼른 이 방망이를 주워 가지고 도망을 쳐 집에 와서

"금 나와라, 뚝딱. 은 나와라, 뚝딱."

이리 두드리니 금이 나오고 은이 나오니 금방 부자가 되었대.

그런데 이 소문을 들은 이웃 사람이 저도 그 깨끔나무 밑에 가서 깨끔을 주우면서

"이건 내가 먹어야지."

또 떨어지니

"이건 아버지한테 드려야지."

또 떨어지니

"이건 할아버지한테 드려야지."

이랬대. 그러면서 그걸 주머니에 넣어 가지고 빈 집에 찾아가 도깨비가 오기를 기다렸대. 그러자 도깨비들이 와서 놀고 있으니 이 때다 싶어 깨끔이를 깨무니 그 소리를 들은 도깨비들이 우루루 몰려와서

"지난 번에 방망이를 훔쳐간 놈이 뭘 또 가져가려고 왔느냐? 당장 그 때 가져간 그 방망이를 내 놓아라."

하면서 마구 두들겨 패어도 내놓지 않으니까 방망이 숨긴 곳을 찾으려고 이 사람 온몸을 뒤지다가 사타구니 사이에 길죽한 것이 매달려 있으니까

"이놈이 방망이를 줄궈가지고 여기에 숨겨 놓았구나."

하면서 모두들 달려들어 그걸 힘껏 잡아당기니 그 물건이 쭉 늘어나 버렸대.

조사일자 : 2001. 3. 24.
제보자 : 맹소미 (90세, 여, 남양동)

25. 불씨 잘 지켜 얻은 산삼

옛날에 여자가 시집을 가면 그 집 불씨를 잘 지켜야 했거던.

그런데 어떤 여자가 5대째나 불씨를 안 꺼뜨린 집에 시집을 갔는데 정성을 다 했는데도 어느날 불씨를 꺼뜨려버렸대. 그러니 얼마나 민망한지 쩔쩔 매고 있는데 시아버지가 이 꼴을 보고 안스러우니까 부싯돌을 쳐서 불씨를 다시 만들어 주더래.

그런데 다음날 일어나 보니 또 불씨가 꺼졌거던. 전날 밤에 아주 조심해서 불씨를 묻어놓았는데 또 꺼져버렸으니 참 기가 막힐 게 아니야? 그러니 시아버지가 또 불씨를 만들어 주었어.

며느리는 아무리 생각해도 불씨가 왜 꺼지는지 모르겠으니까 그날 밤엔 밤새껏 잠을 자지 않고 불씨를 지켰대. 그랬더니 한밤중에 웬 동자가 오더니 불씨를 꺼버리고 가는 게야. 이걸 본 며느리는 비로소 불씨가 꺼진 이유를 알고 명주실을 바늘에 꿰어 불씨를 끄고 나가는 동자의 옷자락 끝에 꿰어 놓았단 말이야.

이튿날 날이 새자 남편을 깨워 같이 그 명주실 끝을 따라갔대. 그랬더니 명주실이 산 속으로 뻗어 있거던. 그러니 계속 따라갔단 말이야. 산 속 깊이까지 와보니 그 명주 실 끝이 땅속에 들어갔길래 그래 그 곳을 파보니 산삼 뿌리에 바늘이 꽂혀 있는 게야. 그런데 몇 백 년된 아주 좋은 산삼이더래.

5대째 불씨를 안 꺼뜨리면 산삼을 얻는다는 말이 있어.

예전에 여자가 시집을 오게 되면 불씨를 절대로 꺼뜨려서는 안 된단 말이야.

조사일자 : 2001. 3. 24.
제보자 : 김채옥 (77세, 여, 마평동)

26. 다시 찾은 어머니

옛날에 양반이 어디를 갈 때는 말을 타고 다녔거던.

한번은 어느 양반이 아내와 아주 어린 아들을 데리고 험한 산길을 가고 있었대. 그런데 이들은 외진 곳에서 그만 화적떼를 만나게 되었단 말이야. 화적들은 돈을 다 빼앗고 양반을 죽인 뒤 부인하고 자식을 끌고 갔대. 그런데 아내는 꾀를 내어 화적을 속인 뒤 도망을 쳤어. 그러나 험한 산길을 빠져 나오느라고 얼마나 힘이 들었던지 치마끈으로 목을 매어 죽어 버리고 싶은 생각이 들었지만 자식이 불쌍해서 이를 악물고 참았대. 기진맥진한 몸으로 도망을 치다가 요행히 절을 지나게 되자 그 절로 들어가서 그 절에서 살게 해달라고 사정을 하니까 스님이

"절에서는 어머니와 어린 아이 모자 두 사람을 같이 머물게 할 수 없으니 아이는 버리고 오시오."

하더래. 그러니 어미가

"이렇게 어린 아이를 어떻게 버린단 말이오?"

하고 애원을 하였지만 절에 들어오려면 세속의 연분을 끊어야 하니 두 모자를 같이 절대로 받을 수 없다는 거야.

"길에다 아이를 버리면 반드시 돌보아주는 사람이 있을 테니 걱정을 말고 버려도 됩니다."

그러니 어미는 다소 마음이 놓여 스님의 말대로 길에 버리면서 아이의 성명과 생년월일, 그리고 마을 이름을 백지에 쓴 뒤 자기 머리에 꽂힌 비녀를 빼어가지고 비녀와 함께 꼭꼭 쌓아 아이의 손에 묶어 놓았대. 그리고 나서 길 옆 숲속에 숨어 있으니까 어떤 사람이 길을 지나가더니 아이를 보고 냉큼 안고 데려가더래. 그런데 그 사람은 바로 화적떼의 두목이었거던. 이 두목이 며칠간 어디에 다녀오다가 아이를 보자 그 아이가 바로 제 부하들이 아이의 아비를 죽여 거리에 떠돌게 된 아이인 줄 모르고 저는 자식이 없으니까 욕심을 내어 데려다 양아들을 삼고 키웠어.

그 아이가 점점 자라면서 보니까 아버지가 아무래도 생부가 아닌 것 같거던. 그래 유모를 꼬여 슬쩍 물어보니 자기 짐작이 맞다 이거야.

어느 날 아버지가 화적질을 나간 틈에 궤짝을 뒤져보니 비녀를 쌓은 종이에 적힌 글이 나오거던. 그래 제 신분을 알고 도망쳐 나와 가지고 어미의 행방을 추적해서 결국 절에서 어머니를 만나 어렸을 때 헤어진 사연을 다 알게 되었대. 그래 관가에 화적떼를 고발하여 원수를 갚고 어미와 함께 살았대.

조사일자 : 1995. 4. 22.

제보자 : 박간난 (65세, 여, 미로면 내미로)

27. 탐욕스런 종놈의 응징

옛날에 일가 친척이 없는 어느 대감이 어린 아들을 남겨 놓고 죽었어. 죽으면서 자기집 종에게

"야를 잘 키워달라. 그 대신 재산의 반은 네가 가져라."

하고 부탁을 한 거라. 그런 뒤 대감이 죽었는데 이놈의 종이 주인의 재산에 욕심이 생겨서 한밤중에 어린 게 자는데 타죽으라고 집에 불을 질러버렸어. 그런데 어린 애가 자고 있는데 꿈에 아버지가 나타나서

"야, 큰일났다. 빨리 일어나 도망을 쳐라. 네가 도망갈 길은 수채구멍밖에 없으니 그곳으로 어서 빠져 나가라."

이렇게 알려주더래. 왜 수채구멍이라고 담장 밑으로 더러운 물이 나가는 구멍이 있잖아?

아이가 놀라서 깨어보니 벌써 불길이 방안까지 붙어 활활 타오르고 있고 연기가 자욱해서 아예 아무것도 보이지 않더래. 그러나 제가 살고 있는 집이니까 수채구멍이 있는 곳을 잘 알고 있으니 더듬더듬 찾아서 밖으로 기어 나왔어. 그런데 종은 밤중에 연기가 자욱해서 아무것도 안 보이니까 아이가 그대로 죽은 줄 알고 재산을 훔쳐가지고 멀리 도망을 쳤단 말이야.

집은 온통 불에 타버렸고 재산은 종이 다 가져갔으니 아이는 이제 걸뱅이가 됐지. 그렇지만 양반집 아들이니 아버지 친구들이 이 집에서 데려다 밥을 먹이며 공부를 시키고, 다음에는 저 집에서 데려다 또 그렇게 해주고 이렇게 한 집에서 한 달씩 얹혀 살면서 서당에 다녔어. 그런데 아이는 아버지가 죽으면서 시킨 대로 항상 허리에 족보를 꼭 차고 있었거던.

이 아이가 열 여덟 살이 되자 그 못된 종을 찾아 원수를 갚아야겠다고 결심을 하고 사방으로 돌아다녔지. 이곳저곳 돌아다니다가 어느 곳에 가니 아, 이 종놈이 거기에 살고 있는 거라. 아이는 옷을 빨아입지도 않고 헤지

면 깁고 또 기워 입으니 거지나 입는 누더기 옷이지. 목욕도 하지 않아서 때꾹이 줄줄 흐르니까 상걸뱅이지 뭐. 배가 고파서 죽겠는데 어느 집 부엌에서 밥을 짓는 냄새가 구수하게 나니 뱃속에서 회가 동하는 기라. 그러니 저도 모르게 부엌에 들어가 아궁이에서 불을 쬐었대. 마침 이 때 그 집 여자가 뒤꼍에 있는 우물에 가서 물을 길어가지고 부엌으로 들어오다가

"야야. 니 어디서 왔노?"

이리 물었거던.

"나는 집도 없고 갈 곳도 없소. 여기저기 얻어먹으며 다니오."

그러니까 그 여자가

"그러면 우리 집에서 아무 일이나 하면서 같이 사는 게 어떠냐?"

그 아이가 옛주인의 아들인 줄은 꿈에도 모르고 그러거던. 아이는 그렇지 않아도 얻어먹고 다니기가 힘이 드니까 그 집에 머물러 있고 싶은데 같이 살자고 하니 좀 좋겠나? 그래 같이 살게 되었는데 그 집 여자는 아이가 참 착해 보이니까 남편을 졸라 결국 사위를 삼았대. 아이보다 딸이 나이가 대여섯 살이나 어리지만 아이를 참하게 보아 혼인을 허락한 거지.

이래 부부가 되어 살긴 하지만 딸이 나이가 너무 어리니까 뭐 말이 부부지 여자노릇을 별로 할 줄 아나? 그러니까 옛날 민며느리같은 거 뭐 그런 셈이지. 그래도 부부니까 같은 방에서 지내는데 딸이 가만히 보니까 항상 허리춤에 뭔 책같은 걸 단단히 졸라매고 허리에 맨 끈을 풀지 않는단 말이야. 그게 뭐냐고 물어도 대꾸를 않고 만져보려 하면 절대로 못 만지게 하니까 무척 궁금하지 않겠나? 딸은 아무리 생각해도 이상하니까 어느날 이걸 부모한테 말했어. 그런데 이 말을 듣자 아버지가 깜짝 놀라면서 얼굴색이 변하더래. 이 사위가 아무래도 보기에 낯설지 않단 말이야. 자기는 원래 종놈 신분인데 아이를 죽이고 재산까지 훔쳐 이곳에서 양반행세를 했으니 혹

시 이 사위가 옛날 주인집 아들이라면 이제 다 들통이 날 게 아닌가. 그러니 큰일이 났단 말이야. 죽은 줄로만 알았는데 아이가 살아있다면 좀 큰일인 게야. 이놈이 살아있으면 안되니 탄로가 나기 전에 죽여야겠다 이 말이야. 그러니 가슴이 바작바작 타서

'이 놈을 잡아야겠다. 한밤중에 아무도 모르게 요놈을 죽여 흔적조차 없애야겠다.'

이렇게 중얼거리며 안절부절 못하는 것을 보자 딸은 아무래도 아버지의 태도가 심상치 않으니 후회를 했어.

'내가 괜히 그런 말을 했구나. 아무래도 아버지가 남편을 죽이려는가 보다.'

그러나 이미 엎질러진 물이 아닌가. 괜한 말을 해서 남편의 목숨을 끊어지게 하였으니 차라리 남편 대신 내가 죽어야 옳지 않겠느냐는 생각이 들었지. 그래 그 날밤 잠자리에 들 때 장농속에 깊이 넣어둔 새 옷을 꺼내 놓으면서

"오늘밤에 아버지가 당신을 죽이려고 들어올 텐데 내가 당신 대신 죽을 테니 아무리 화가 나더라도 우리 부모는 죽이지 말아 주시오."

이렇게 당부했대. 그리고 나서 옛날에는 남자는 상투를 틀지 않나? 남편의 상투를 풀어 여자처럼 머리를 만들고 자기는 머리를 올려 틀어서 상투를 만드니 남자와 여자가 머리모양이 서로 반대가 된 거라. 그런 모양을 하고 잠자리에 들었어.

그날밤 삼경쯤 되었을 때 아버지가 칼을 들고 들어오더니 손으로 머리를 더듬어 상투가 잡히니까 그게 사위인 줄 알고 칼로 목을 쳤어. 자기 딸을 사위인 줄 잘못 알고 잡아버렸어.

그러자 잠이 깬 남편은 놀라서 소리도 못 지르고 벌벌 떨다가 장인이 나

가니까 아내가 시킨 대로 얼른 그 여자 옷으로 갈아입고 뒷문으로 도망을 쳤어. 한참동안 도망을 치다 보니 강이 나오거던. 이 강을 건너야겠으니 뱃사공을 찾아가서 사정을 했대. 그런데 한밤중에 여자가 강을 건너게 해 달라고 하니 사공이 이 사람을 귀신으로 알았는지 건네주지 않거던. 그러니 꾀를 내어

"나는 아무 대감집 며느리인데 친정부모가 위독해서 급히 가야 하니 어서 배로 건너주오."

하니까 그제야 건네주는 기라. 그래 강을 건너 오니까 마음이 좀 놓였어. 강을 건넜지만 어디가 어딘지 지리를 알아야지. 그런데 긴장이 좀 풀리니까 졸리더래. 그래 캄캄해서 길이 안 보이니까 강가에서 하체를 물속에 담근 채 깜박 잠이 들었어.

그런데 이 마을 사람이 잠을 자는데 꿈에 강에서 용이, 청룡이 물속에서 마구 꿈틀거리거던. 용이 저렇게 물속에서 구비치니 참 이상하단 말이야. 꿈을 깬 이 사람이 종을 불러가지고

"강가 아랫쪽에 가봐라. 물속에서 용이 꿈틀거리니 무슨 일이 있는지 보고 오너라."

하니까 종들이 가보니 웬 여자가 하체를 물에 담근 채 졸고 있는 거라. 그걸 보자 종들이 그 사람을 집으로 데리고 왔어.

한편 그 놈이 사위를 죽인다고 목을 쳐서 죽인 뒤 날이 새자 가보니 이건 사위가 아니라 자기 딸을 잡았네. 그러니 기가 막힐 노릇이 아닌가? 잡으려는 사위는 못 잡고 엉뚱하게 제 딸을 죽였으니 이놈이 화가 머리끝까지 치밀어 마구 날뛰더래. 사위가 도망칠 길은 그 길밖에 없으니까 강쪽으로 와서 강을 건너 집집마다 뒤지는 거라. 그래도 나오지 않으니까 이 집까지 온 거야. 그런데 이 집 며느리는 얼마전에 남편이 죽은 과부였는데 시아

버지가 데려오게 한 이 여자의 사정이 아무래도 급박한 것을 눈치채고

"저 여자를 제 방에서 쉬게 하겠소."

하고 자기 방에 데려 갔어.

양반노릇을 하는 그 종놈은 사위를 못 잡으면 이젠 자기의 죄와 신분이 들통나 죽게 되니까 미친 듯이 날뛰는 기라. 여기저기 뒤져도 안 보이니까 이 집 안주인한테

"며느리방을 좀 보여 주시오."

하고 요구하더래.

"거기는 며느리 방이니까 내가 들어가라 들어가지 마라 못하오."

이렇게 거절을 했지만 이놈이 미친 듯이 날뛰는 서슬에 시어머니도 막을 수 없으니까 결국 할 수 없이 허락을 했대. 그런데 며느리가 이놈이 숨겨놓은 제 방까지 보자고 하니 큰일 났거던. 그러니 일부러 화가 잔뜩 난 척 종을 부르는 게야.

"애들아. 가마를 가져 오너라. 저 사람이 내 방까지 보자고 하니 창피해 못 견디겠다. 이 꼴을 내 눈으로 직접 보느니 차라리 친정에 가야겠다."

그러니 시아버지가 가마를 대주지 안 대주겠어? 가마를 대니 그 사람을 치마속에 숨겨서 가마속으로 들어가 친정으로 가는 척하며 도피를 시켰어. 그래 그 사람을 살려 주었거던.

이렇게 그 집 며느리의 도움을 입어 목숨을 구한 그 사람은 한양에 올라가 몇 년간 열심히 공부를 해가지고 과거시험에 붙어 벼슬을 했어.

그 뒤에 그 사람은 감사가 되어가지고 내려와서 그 종놈을 잡아 원수를 갚았대. 그리고 저를 살려준 그 과부 며느리와 혼인을 해서 잘 살았대.

조사일자 : 1996. 10. 30.

제보자 : 김화자 (66세, 여, 미로면 내미로)

28. 처녀 도와준 박문수

내 그럼 박문수 얘기를 해 볼까?

박문수 어사라 하면 하도 유명하니까 누구나 다 알지 뭐.

박문수가 어느날 아침에 밖으로 나왔단 말이야. 그러자 어떤 노인이 오더니

"자네가 박문수이지?"

이러더래. 그러니

"네, 제가 박문수입니다."

하고 대답을 하니까

"자네 나랑 같이 주막에 가서 해장이나 한 잔 하세."

그러면서 앞서 가더래. 박문수라 하면 하도 유명하니까 아무리 나이가 많은 사람이라도 '예, 예' 하는데 '자네'라 부르고 해장을 하러 가자고 하니 뜻밖이거던.

"예, 갑시다."

그래 주막까지 따라가니 술을 시키는 게야.

"주모. 술 한 되 주게."

그 노인은 막걸리를 혼자서 다 먹고 나더니

"술값은 자네가 내게."

술값을 내라 하는데 박문수는 수중에 있는 돈이라고는 겨우 막걸리 한 되 값도 안 됐대.

"돈이 좀 모자랍니다."

돈이 없으니까 술값을 낼 수 있나? 못 내겠다고 하니 노인이

"이 집 뒷 마당가에 있는 나무밑을 파보게. 그러면 돈이 나올 게야."

라고 하기에 거기를 팠더니 과연 돈이 있어서 술값을 치르었어.

술값을 내고 박문수가 생각해보니 자기보고 '자네'라 하고 술은 제가 먹고 술값은 자기보고 갚으라 하고 돈이 모자라자 돈이 있는 곳을 알려주니 아무리 생각해 보아도 이상하거던. 이 노인이 아무래도 이상하니 따라가 봐야겠다고 마음먹고 졸졸 따라갔어. 그런데 아무리 가도 쉬지 않고 밥도 안먹고 그저 가기만 하더래. 그래도 박문수는 이 노인을 놓치지 않으려고 계속 따라가는데 해가 뉘엿뉘엿할 무렵이 되니까 큰 바위위로 올라가면서

"이 사람아. 여기서 좀 쉬어가세."

하고 앉더래. 그래 쉬는데 몸이 피곤하고 배도 고프니까 그만 잠이 들었어. 그래 얼마나 잤는지 푹 자고 일어나보니 날이 벌써 어두워서 사방이 안 보이고 노인도 없어졌더래. 사방을 둘러봐도 캄캄해서 도대체 어디인지 분간을 못하겠단 말이야. 그런데 저쪽에서 무슨 불빛이 비치더래. 짐승의 눈빛은 아니고 분명 사람인 것 같은데 이쪽으로 점점 가까이 오더래. 누군가 하고 자세히 보니까 어떤 처녀가 음식을 이고 와서 바위 아래에 차려놓고 비는 기야.

"산신님. 우리 아버지를 살려주시오. 내일이 마지막날인 100일째가 되는 날이니 제발 제 소원을 들어주십시오."

그렇지만 박문수는 처녀가 비는 소리가 귀에 들리나? 배가 고파 죽을 지경이니 우선 저 음식부터 먹고 보자고 뛰쳐나가니 처녀가 그만 기절을 해버렸어. 난데없이 외간 남자가 불쑥 튀어나와 100일간 기도를 드리던 음식을 먹으려고 덤비니 어찌 안 놀라겠나?

박문수는 우선 배가 고파 죽겠으니까 음식을 집어먹고 나서

"뭔 사연이 있길래 아버지를 살려 달라고 비시오?"

하고 묻는단 말이야. 그러니까 처녀가 겨우 가슴을 가라앉히고 말하기를

"아버지가 관에서 세금받는 일을 하는데 못된 이방이 그 돈을 착복하고

죄를 몽땅 우리 아버지한테 뒤집어 씌워 지금 감옥에 갇혀 있소. 그런데 아버지가 대신 그 돈을 내일까지 못 갚으면 죽게 되니까 살려달라고 빌고 있소."

하고 사연을 털어놓더래. 자기가 축낸 돈을 갚으라니 돈이 있나 뭐가 있나? 못 갚으니까 죽게 되니 딸이 이곳에 와서 신령님께 빌었던 거야.

처녀에게서 사연을 들은 박문수는 이튿날 관아에 가서 죽게 된 그 사람을 살려놓았어. 돈을 착복한 놈을 잡아서 해결해야지 엉뚱하게 동료한테 책임을 씌워 억울하게 죽게 하면 되나?

처녀의 정성이 갸륵하니까 박문수를 데려 오려고 산신령이 노인으로 변해서 그 곳으로 어사를 데려온 거야. 그러니 처녀의 정성이 산신령을 움직여 그 소원을 이루어 준 셈이야.

조사일자 : 1996. 10. 30.

제보자 : 김화자 (66세, 여, 미로면 내미로)

29. 호랑이 타고 다닌 박걸남

임진왜란이 일어났을 때 일이래. 그 때 걸(杰) 자, 남(男) 자, 박걸남이라 장사가 있었는데 이 사람이 얼마나 용맹했던지 호랑이를 붙잡아 타고 다녔다고 한단 말이야.

그 분은 원래 무식하지만 마음씨는 참 착했대. 어머니와 둘이 살면서 먹을 게 없으니까 산에 가서 나무를 해다가 장에 가서 팔아 가지고 쌀을 사왔는데 한번은 쌀을 사오다가 불량배를 만나서 다 뺏겨버렸대. 그 사람이 힘으로는 이겨낼 수 있지만 마음씨가 좋다보니 실은 쌀을 주어버린 게야. 그리고 나서 생각해보니 아무래도 이 불량배들의 나쁜 짓을 고쳐 주어야겠단 말이야. 그래 밤중에 그들이 사는 마을에 가서 고기를 잡는 배를 모조리 끌어다 산 위에 올려놓고 왔더래.

이튿날 이 사람들이 배를 타고 바다에 가서 고기를 잡으려 가보니 배가 모조리 없어졌더래. 그래 이상해서 찾아보니 산꼭대기에 있는 게야. 그제서야 그게 자기들이 쌀을 빼앗은 박걸남의 소행인 줄 알고 찾아와서

"어제는 우리가 참 잘못했네. 다시는 그런 짓을 하지 않을 테니 용서해 주게."

손이 발이 되도록 싹싹 비니까 그제야 그 배들을 끌어다 주더래.

임진왜란이 일어나자 박걸남이 백 근짜리 철퇴를 들고 왜놈들의 배들을 혼자서 다 쳐부셨대. 이 소문이 임금님 귀에까지 들어가니 임금이 병조판서로 임명한다는 임명장을 신하를 시켜 보냈거던.

그 무렵에 박걸남이 왜놈과 싸우다가 죽었어. 그런데 죽으면서 유언하기를

"내가 죽더라도 절대로 일 주일간 소문을 내지 말고 곡(哭) 소리를 내서도 안된다."

이랬거던. 그래 죽었는데 임금님께서는 그 사실을 전혀 알지 못 했으니까 교지(敎旨)를 만들어 신하를 시켜 보내왔단 말이야. 만약 죽은 줄 임금이 알았더라면 병조판서 임명을 하지 않았을 게 아닌가? 그러니 병조판서가 될 줄 미리 알고 자기가 죽었다는 소문을 못 내게 한 게야.

그리고 박걸남이 죽기 전의 일인데 사또가 부르니 호랑이를 붙잡아 칡덩굴로 끈을 만들어가지고 매서 타고 가다가 주막에 들러 술 한 말을 마시고 가서 관청 앞에 호랑이를 매어놓고 사또를 만났대. 박걸남이 호랑이를

타고 가니 이걸 본 사람들이 모두 놀라 정신 없이 달아나더래.

조사일자 : 2001. 3. 30.

제보자 : 박석희 (70세. 남. 미로면 내미로리)

30. 수난 겪은 천은사

천은사는 미로면 내미로 두타산 동쪽에 있는데 이 절에 관해 전해 오는 말이 있지. 그게 뭔가 하면 이 절은 그전에 폐허가 되어 가시덤불, 칡덩굴 속에 세 번 들어갔다 나왔고 화재도 세 번이나 당하여 중건을 한 뒤 평안해졌다는 게야.

그런데 첫 번째는 어느 포수가 사슴을 잡으려고 이 가시덤불을 찾아가 뒤져보니 산척(山尺), 산쟁이라고 산을 재는 자인데 그게 있더라 이게야. 그래 사슴는 못 잡고 산척을 얻었거던. 그래 가시덤불, 칡덩굴을 싹 치우고 그 자리에다 다시 절을 지었다고 해.

그리고 두 번째는 이렇단 말이야.

언젠가 절이 폐찰이 되자 건물이 허물어진 자리에 잡초가 우거지고 가시덤불, 칡덩굴이 무성했거던. 그때 있었던 일이라고 해.

어느 스님이 삼척 포교사에 와서 하루 밤을 묵었는데 그날 밤 꿈에 빨간 장삼을 입은 중이 법당 안으로 들어오더래. 꿈에서 깬 스님은 너무도 이상해서 꿈에 본 그 절에 올라가 보니 화재가 나서 절이 모두 불타 버렸더래. 깡그리 불타버린 잿더미를 뒤져보니 불상이 바위 밑에 묻혀 있더래. 그래 불상을 꺼내 옮기려 하니 전혀 움직이지 않는단 말이야. 아무리 끌어도 불

상이 움직이지 않으니 스님이 불상의 뺨을 어루만지면서

"제발 일어나던지 업히던지 해야 내가 잘 모시지 어찌 하라 이러십니까?"

하니 그제야 움직여서 업어다 옮겨놓고 절을 다시 지었다 해.

천은사는 원래 이름이 백련대였는데 간장암이라 했다가 흑악사로 바뀌었으며 고종 때 와서 천은사로 된 게야. 그리고 이승휴가 제왕운기라는 책을 간장암에서 지었다고 해.

조선왕조 고종 때 일인데 활기에 있는 목조의 선조 무덤을 중수할 때 이절에서 많은 지원을 해 주었기에 나라에서 상을 내려 주었대.

조사일자 : 2001. 3. 30.

제보자 : 박석희 (70세. 남. 미로면 내미로리)

31. 이성계를 욕한 농부

조선 왕조를 세운 이성계가 아직 나라를 세우기 전에, 그러니까 고려 말기에 무관으로 있었는데 그 지위가 아주 높았거던. 지위가 높은 장수이니 부하가 많이 있었단 말이야.

그 때 북쪽 지방에서 여진족이 심심하면 귀찮게 구니까 임금이 이성계한테 여진족을 치라고 명령을 하니 군사를 이끌고 갔단 말이야.

그래 길을 가고 있는데 어느 노인이 길가에서 밭을 갈면서 소한테

"이성계보다 더 못한 이 미련한 소야."

이런면서 욕을 한단 말이야.

이 말을 듣자 이성계는 별 이상한 노인도 다 있구나 하는 생각이 들어 그 노인을 불러 물었단 말이야.

"방금 듣자하니 이성계가 미련하다 하던데 그게 무슨 소리냐?"

그러니 그 노인이

"아. 그건 이성계가 지금 당장 왕위에 오르면 되는데 겨우 여진족이나 치러 가니 그게 미련한 짓이 아니고 무어란 말이요?"

이러더래.

이 말을 듣자 이성계는 자기를 욕하는 노인한테 화를 낼 수도 없고 벌을 줄 수도 없단 말이야. 그래 아무 소리도 못했대.

조사일자 : 2001. 3. 30.

제보자 : 박석희 (70세. 남. 미로면 내미로리)

32. 시아버지 체면 살린 며느리

그 전에 이곳에 백정이 살았대. 소나 잡는 백정이니 상놈이란 말이야. 이 사람은 상놈이니까 사람들한테 멸시를 받았지만 원래 수단이 좋아서 돈은 많이 벌었지. 그렇지만 이 백정은 사람들한테 멸시를 당하니까 이게 가슴에 한이 되어 훈장을 몰래 찾아가 글을 배웠단 말이야. 그래 얼마쯤 글을 깨우치자 이 곳 사람들은 자기의 천한 신분을 뻔히 아니까 이곳을 떠나 충청도로 갔어.

충청도에 와서는 돈이 많으니까 토지도 사고 집도 짓고 해가지고 양반 행세를 했단 말이야. 이 사람이 재산도 많고 학식도 있고 허우대도 좋고 인물도 훤하니 모두들 양반인 줄 알았단 말이야.

그런데 아들이 자라 성년이 되니 혼인을 시켜야겠거던. 그래 멀찍이 경상도에 사는 양반집 규수와 혼인을 시켰대.

혼인을 치른 뒤 얼마 후에 백정은 아들과 며느리를 데리고 사돈네 집으로 갔거던. 사돈은 딸의 시아버지가 왔으니 좋은 음식에 좋은 술을 내놓으며 대접을 하니 시아버지는 너무 좋아서 독한 술을 마구 마셨대. 그러다가 너무 취해버리니 양반인 체하던 체면을 깜빡 잊어버리고 본래 백정짓을 할 때 버릇이 그대로 나타나는 게야. 황소를 잡을 때는 단번에 세차게 힘껏 후려쳐야 한다는 둥 이런 말만 늘어놓으니 필경 친정아버지가 사돈이 양반이 아니라 백정인 줄 눈치를 챘거던. 그러니 기가 막히단 말이야. 저런 백정 집안에 딸을 주었으니 이제 망했거던. 밤새껏 잠이 오지 않아 끙끙대다가 날이 새자 딸을 불러가지고

"내가 너한테 큰 잘못을 저질렀으니 어쩌면 좋단 말이냐?"

이러니 딸을 엊저녁에 시아버지가 친정아버지한테 하던 말을 저도 들었는지라 아버지의 말뜻을 다 알면서도 일부러 모르는 체하고

"아버지. 그게 무슨 말씀이오?"

시치미를 떼며 묻더래. 그러나 친정아버지는 딸이 정말 모르는 줄 알고

"내가 엊저녁에 말을 들어보니 네 시아버지는 양반이 아니라 백정이더라. 전혀 그런 줄도 모르고 너를 그런 집에 시집을 보냈으니 이 일을 어쩌면 좋으냐?"

이러니 딸은 오히려 큰 소리로

"아버지. 그런 말은 아예 하시지 마세요. 시집에 가보니 우물 정(井) 자 모양으로 고래 등처럼 집을 지었고 후원에는 넓은 연못이 아름다울 뿐더러 그 옆에는 기이한 화초가 우거지고 잉어가 연못 속에서 헤엄을 치고 있으니 시집은 정승판서 집보다 더 좋아요."

이렇게 그럴 듯하게 거짓말을 했단 말이야. 며느리가 어찌나 크게 말을 하는지 사랑방에서 자던 시아버지가 잠이 깨어 그 소리를 들으니 정신이 번쩍 든다 이게야. 자기집은 볼품없는 일(一) 자 집이요, 연못은 커녕 웅덩이도 없고, 기이한 화초가 아니라 흔해 빠진 꽃나무 몇 그루가 있을 뿐인데 며느리가 엉뚱하게 부풀려 허풍을 쳤으니 양심이 찔려 간담이 떨린단 말이야. 그런데 며느리가 한 수 더 떠서 이런단 말이야.

"그 뿐만 아니라 가끔 내노라 하는 양반들이 찾아와 시아버지와 담소도 하고 시도 읊고 이런답니다."

이 말을 들은 시아버지는 가슴이 철렁 내려앉아 더 있을 수가 없으니 아들이고 며느리고 생각할 겨를이 없어 급한 일을 깜박 잊었다고 핑계를 댄 뒤에 도망치듯 집으로 돌아온 게야. 집에 오자마자 대궐같은 집을 짓고 별당 앞에 연못을 파고 잉어를 집어넣고 기이한 화초를 구해다가 심느라고 날마다 법석을 떨더래. 그러고 있는데 친정 사돈한테서 며칠날 집구경을 하러 오겠다고 기별이 온 게야. 그러니 시아버지가 당황해서

"그 날은 사또님과 같이 유람을 다녀오기로 되어 있는데 아마 여러 달 거기서 머물게 되니까 만날 수 없으니 미안하지만 뒤에 오시오."

하고 거짓말을 했단 말이야. 아직 준비가 되어 있지 않으니 지금 집에 오면 들통이 날 수밖에 없단 말이거던. 그래 핑계를 대어 사돈을 오지 못하게 했어. 그러자 몇 달 후에 또 오겠다는 기별이 오니 이번에는

"지금 전라도 지방에 왜놈들이 몰려와서 약탈을 하는데 나랏님께서 하필 저한테 거기에 내려가서 그 놈들을 회유하라 하기에 내려가야 하니 뒷날 오시도록 했으면 좋겠소."

또 이리 거짓말로 날짜를 미루었어. 그래 놓고 연못을 파고 부지런히 화초를 가꾸고 잉어를 키우고 정자를 짓고 해서 겨우 일을 다 마치자

"이젠 나라의 일도 다 끝이 나서 좀 한가하니 언제든지 오십시오."

이리 기별을 하니 얼마 후에 사돈이 왔어.

딸의 집에 도착해 보니 과연 딸의 말과 같이 집이 으리으리 하거던. 때가 마침 녹음방초승화시(綠陰芳草勝花時)라 정원에는 푸른 빛이 우거지고 향기로운 꽃이 활짝 피었는데 사돈이 정자에 앉아 연못 속에 노니는 잉어를 굽어보며 술잔을 기울이고 있으니 흡사 신선이라. 그 옆에서 사위도 연못에 낚시 줄을 늘이고 있다가 큰 잉어가 낚시에 물리니 낚시줄이 땡겨졌다 늘어졌다 한단 말이야. 이걸 본 시아버지가 술을 마시다가 아들한테 큰소리로

"그 놈이 크긴 크다. 황소 같은 놈이로구나. 단번에 힘껏 후려쳐라. 황소 같은 놈이니 힘껏 확 후려쳐라."

이런단 말이야. 이 말을 들은 친정아버지는 속으로

'아하, 그때 사돈이 술이 취해 잉어 잡는 말을 그리 한 줄 모르고 내가 백정으로 잘못 오해했구나.'

이러면서 오히려 민망해 하더래.

친정아버지가 돌아간 뒤 며느리가 시집 식구들을 모두 모이라 하더니
"제가 처음 시집을 왔을 때 바로 우리 집안이 원래 양반이 아니라 상민
인 줄 알았습니다. 그렇지만 일단 여자가 시집을 왔으니 어쩔 수 없지 않겠
습니까? 그래 아버님을 들으시라고 일부러 큰 소리로 그런 말을 한 겁니다.
대접의 물을 한번 땅에 쏟으면 다시 주워 담을 수 없듯이 한번 입밖에 나
온 말은 다시 거두어들일 수 없으니 앞으로는 입 조심하며 삽시다."
이러니 모두들 머리를 끄덕이더래.

사람이 세상을 살아가면서 한번 들은 말은 절대로 머릿속에서 지워지지
않는단 말이야. 그러니 언제나 말조심을 해야 한다 이 말이야.

조사일자 : 2001. 4. 13.
제보자 : 박준현 (70세. 남. 미로면 내미로)

33. 두타산 산신제

저기 두타산성에 궁예가 천제(天祭)를 지낸 곳이 있어. 그런데 그 뒤로
천제를 지내기도 하고 안 지내기도 하고 이랬단 말이야. 그러자 괴변이 생
겨 화재가 나고 살인사건이 나고 소도 죽고 가축도 죽고 이러는 게야. 그러
더니 무지개가 떴는데 참 이상하단 말이야. 무지개는 아침이면 서쪽에 뜨
고 저녁때면 동쪽에 뜨는 것인데 아침인데도 동쪽에 뜨니 아무래도 이게
참 이상하단 말이거던.

이것을 본 사람들이

"이건 아무래도 흉조 같으니 무지개가 떴던 곳에 가서 천제를 지내자."
이래가지고 이곳에 천제를 지내게 되었다는 게야. 그래 무지개가 뜬 곳이 설파산이야. 눈 설(雪) 자에 씨 뿌릴 파(播) 자, 산은 눈이 온 것처럼 하얗고 비가 올 때 거기가 제일 먼저 안개가 끼거던.

산 밑에 가면 물이 나오는데 물 맛이 아주 좋았지. 거기서 무지개가 떴단 말이야. 그래 그 물이 나오는 곳에서 천제를 지내는 게야.

10년에 한번씩 천제를 지내는데 제주는 천제를 지내는 장소의 옆에 땅을 파 가지고 담가놓지. 그리고 제물은 소를 잡아 생우를 쓴단 말이야. 섬기는 신은 상제지신, 칠성지신, 지왕지신을 모시는데 상제지신은 하늘에 있는 상제를 모시는 것이고, 칠성지신은 모든 인간의 운명을 칠성님이 좌우하기에 모신단 말이야. 그리고 지왕지신은 온갖 곡식과 채소는 말할 것도 없고 만물이 땅에서 생겨난다고 해서 이 신을 모시는데 모시는 날짜는 망종(芒種)날이거던.

이 때는 보리가 익으며 벼를 심는단 말이야. 망종때 보면 북두칠성 옆에 북극성이 있는데 전라도에서는 남극성이 보인다는 말이 있어. 망종 날 한밤중이 되면 남극성과 북극성이 딱 마주친다는 게야. 그래서 밤 12시에 천제를 지낸단 말이야.

조사일자 : 2001. 4. 13.
제보자 : 박준현 (70세. 남. 미로면 내미로)

34. 정승이 된 세 쌍둥이

옛날 한 양반이 있었는데 나이가 많으니 죽을 때가 멀지 않았거던. 그래 자기가 죽으면 묻힐 자리를 찾으려고 풍수쟁이를 데리고 이 산 저 산으로 찾아다녔대. 며칠 동안 산 속을 뒤지고 다니는데 한 곳에 이르자 풍수쟁이가

"여기다 묘를 쓰면 삼 형제가 죽겠지만 그 대신 삼 정승이 나겠소."
한단 말이야. 이 양반이 생각해 보니 삼 형제가 죽는다는 말은 알아듣겠는데 삼 정승이 난다는 말이 도대체 무슨 말인지 알아들을 수가 있어야지. 그렇지만 삼 정승이 난다니까 그 말이 귀에 박히거던. 그래 자기가 죽게 되면 여기다 묻혀야겠다고 마음을 정했대.

얼마 뒤에 그 양반이 아들을 셋을 불러다 놓고

"내가 죽으면 어디에 땅을 보아 놓았으니까 꼭 거기다 묻어야 한다. 그리고 관을 묻은 뒤 횟가루를 뿌리거라."
이렇게 단단히 당부를 하더래. 그런 일이 있은 지 얼마 뒤에 아버지가 죽었거던. 그러니 아들들이 아버지의 유언대로 그 곳에 장사를 지내는데 아무도 파묘를 못하도록 시신을 덮은 흙에 횟가루를 뿌렸어. 시체를 덮을 때 흙에 횟가루를 섞으면 흙이 아주 단단히 굳어 버리니까 다시 팔 수가 없대.

그런데 장사를 지낸 뒤 큰아들이 집에 오자마자 갑자기 죽어버리더래. 아이 하나도 낳지 못하고 죽어버린 게야. 그리고 또 얼마 후에 둘째 아들도 자식을 낳지 못한 채 죽어버렸다 이 말이야. 그래 자식 둘이 아들 하나 없이 죽어버리니 이젠 셋째 아들만 남았거던. 셋째 아들은 아직 장가도 들지 않았대. 과부 형수 둘이서 날품팔이를 해서 겨우 먹고 사는데 계속해서 초상을 세 차례나 치르다 보니 빚을 많이 졌단 말이야. 그래 걱정을 하다가 큰 형수, 작은 형수가 겨우 마련해 준 돈을 가지고 빚쟁이를 피해 피신을 했어. 막내가 도망을 치는데 달리 갈 곳이 있나? 그러니

'에라 모르겠다. 이왕 도망을 다닐 바에야 한양 구경이나 한번 해 보자.'

이렇게 마음을 먹고 길을 떠났어. 그런데 막상 한양에 올라오니 형수들이 마련해 준 몇 푼 안되는 노잣돈이 다 떨어졌더래. 수중에 귀 떨어진 엽전 한 잎 남아있지 않으니 아무 집에나 가서 얻어먹어야겠다고 작정하고 대가집을 찾아갔대. 마침 근처에 고래등같이 큰 집이 있는데 그 집 딸이 내일 시집을 간다고 잔치음식을 만들며 법석이더래. 돈이 없으니 그 집에 찾아가서 음식을 얻어먹고 잘 데가 없으니 그 집 마굿간에 숨어 들어가 잠을 잤단 말이야.

주인집 대감이 저녁에 잠을 자다가 소피를 보러 밖에 나와보니 마굿간에서 서기가 비친단 말이야. 그러니 이상해서 가보니 웬 거지같은 녀석이 잠을 자고 있거던. 서기가 비치면 장래 큰 인물이 태어날 징조란 말이야. 그런데 그 사내녀석한테서 서기가 비치니 좀 이상할 게 아니야? 그래 그 아이를 보고

"웬 놈이 주인 허락도 없이 남의 집에 들어와 자느냐?"

하고 물었단 말이야.

"저는 시골에 살고 있는데 한양 구경을 하러 왔다가 노자가 떨어져서 주인 허락도 없이 여기서 자려고 염치없이 들어왔습니다."

이 말을 들은 대감은

"그렇다면 이 집을 나가 왼쪽으로 가면 조그만 집이 있을 테니 그 집으로 가거라. 그 집에 할머니가 살고 있으니 내가 보내서 왔다 하면 하룻밤 재워줄 것이다."

이래 보낸 기라. 그런데 그 할머니는 이 대가집 딸의 유모였단 말이야. 이 아이는 대감이 시킨 대로 그 집으로 찾아갔어. 그런데 할머니는 자기가 젖을 먹여 키운 대가집 딸이 내일이면 남의 집으로 시집을 가니까 헤어지기

전에 얼굴이나 보려고 대감 집에 갔더래. 그러니 이 아이가 밖에서 불러도 대답을 할 리가 있나?

이 아이는 아무리 기다려도 대답이 없으니까 아마 할머니가 자기가 젖을 먹여 키운 대감딸을 만나러 간 줄 짐작하고 그냥 방으로 들어가서 기다리다가 깜박 잠이 들었대. 대감의 허락을 이미 받았고 할머니도 없으니 안심하고 누워 있다가 피로가 몰려오니 깜박 잠이 든 거야.

그런데 대감딸은 내일이면 시집을 갈 터인데 그 동안 자기를 돌봐준 유모가 생각이 나서 유모가 자기 집에 온 줄도 모르고 하직 인사를 나누려고 그 집에 찾아왔대. 와서 유모를 불러도 대답이 없으니 아마 잠이 깊이 들었나보다 생각하고 문을 열고 들어와 손을 더듬어 할머니를 깨우려 하는데 이 아이가 손을 잡으니 이게 할머니인 줄 알고 끌어안으니 이 아이도 마주 안아버린 게야. 그래 남녀가 서로 끌어 안다보니 혈기가 솟구쳐 그만 일을 저질러 버렸대.

일을 치르자 마자 그 아이가 갑자기 죽어버렸네. 양기가 너무 치받쳐 급사를 한 게야. 그런데 유모가 돌아와 보니 자기 집에서 웬 아이가 죽어있고 그 옆에서는 대감의 딸이 넋이 빠져 있거던. 그러니 대감한테 달려가 이를 알리자 대감이 남의 눈을 피해 이 집에 와서 죽은 아이의 몸을 뒤져보니 주소가 나온단 말이야. 그러니 아무도 모르게 하인을 시켜 관을 구해다가 이 아이를 넣어 짊어지게 해서 그 집으로 돌려보내면서 딸아이를 딸려보냈단 말이야. 대감은 죽은 아이가 마굿간에서 잘 때 서기가 비치는 것을 보았으니까 딸을 딸려보낸 게야. 그리고 나서는 집안 사람들에게

"간밤에 호랑이가 와서 이 집 딸을 물어갔다."
이렇게 거짓 소문을 퍼뜨렸대.

송장을 따라간 대감의 딸이 남자의 집에 당도하니 그 날이 마침 죽은 큰

아들의 3년상이 되는 날이더래. 그런데 웬 관이 들어오고 여자가 뒤따라오니 얼마나 놀랄 일인가? 그런데 이 집 식구들이 막내 아들이 죽은 사연을 듣자

"아이고, 하느님도 무심하오. 이제 우리 집안은 문을 닫게 되었구나."

하고 온 마을이 떠나가도록 통곡을 하더래. 그런데 한 달 두 달이 지나니 대가집 딸의 배가 점점 불러 오르더래. 그래 방아 찧는 일을 시켰더니 너무 배가 불러 일을 못한단 말이야. 그러니 바느질 일을 시켰대. 이래 10달이 되니 이 여자가 애를 낳더래. 그런데 아이가 나오면서 '응애'하고 우니 큰 며느리가

"이 애를 내가 키워야겠다."

하고 끌어안고 나가더래. 그런데 조금 있다가 또 아이가 나오니 둘째 며느리가

"이 애는 내가 키워야겠다."

하고 냉큼 안고 나가더래. 그리고 나서 또 세 번째로 아이가 나오니 이 아이는 대감 딸이 키운 게야.

이래 대감 딸이 아들 세 쌍둥이를 낳았는데 여자 셋이 하나씩 나누어 가지고 길렀어. 그런데 나이가 칠 팔세가 되니 서당에 보냈단 말이야. 셋이 서당에 다니면서 공부를 하는데 다른 아이들이 애비 없는 후레자식이라고 놀려댄단 말이야. 이 말을 들은 아들들이 집에 와서

"우리 아버지는 어디에 있소?"

하고 묻거던. 그러니 여자들이

"너희 아버지는 돌아가셨다."

이랬대. 그랬더니

"그럼 아버지 묘가 어디에 있소?"

이리 물으니 알려주니까 죽은 아버지 무덤에 가서 슬피 울더래. 그런데 서당에 다녀와서는 아이들이 자꾸 놀려대며 때린다고 하소연을 하니 어머니가 들을 때 얼마나 가슴이 아프겠나? 그런데 어느 날엔 아이들이 때리고 놀려대니 서당에 가지 않겠다고 고집을 피우더래. 그러니 대감의 딸이

"그렇다면 너희들은 무엇을 하고 싶으냐?"

물으니 세 아이가 약속이나 한 듯이

"한양이나 한번 구경하고 싶으니 제발 보내 주시오."

사정을 하더래. 그러니 여자들이 모아 둔 돈을 모두 꺼내고 남겨둔 곡식을 모두 팔아서 세 아이한테 주며

"한양에 가서 아무개 대감의 집에 찾아가거라."

이리 시키더래. 그래 한양으로 떠났거던.

세 아이가 한양에 올라와 구경을 하다가 대감의 집에 찾아가

"우리가 들으니 이 집이 아무개 대감댁이라고 해서 대감을 찾아뵈오러 왔소. 지금 대감님이 집에 계시오?"

이러니 종이 마당을 쓸다가 보니 웬 콩까래 같은 애놈들이 그런단 말이야. 종이 기가 막혀서 빗자루로 세 아이를 두드리며 쫓아내려 했지만 아이들이 순순히 물러나지 않으니 소란할 게 아닌가? 밖이 떠들석하니 대감이 웬 일인가 하여 밖으로 나왔어.

"너희들은 왜 여기 와서 소란을 떠느냐?"

"대감님. 이 세 놈이 몰려와 대감님 명자(名字)를 함부로 부르길래 내쫓아도 말을 듣지 않습니다."

이 말을 들은 대감이 묻더래.

"너희들은 어디서 왔느냐?"

"예, 강원도 아무 곳에서 왔는데 어머니가 대감님을 찾아뵈오라 해서 왔

습니다."

막내 동생이 이랬단 말이야. 대감이 이상한 생각이 들어 손으로 딸을 내보낸 햇수를 헤아려보더니

"너희들은 지금 몇 살이냐?"

하고 묻더래.

"예, 열 네살입니다."

그 말을 들은 대감은 아이들을 사랑방으로 들여보내라 해서 자초지종 사연을 들어보니 이게 자기 외손자들이라. 참 신기한 일이라 생각하고 집에 두고 잘 대접을 하면서 서당에 보내 열심히 공부를 시켰더니 세 아이가 모두 영특해서 차례로 모두 정승이 되었더래.

그러니 그 풍수쟁이의 말대로 아들 셋은 바로 죽었지만 막내아들의 핏줄에서 태어난 세 쌍둥이가 정승을 한 게야.

조사일자 : 1997. 4. 27.
제보자 : 김화자 (67세, 여, 미로면 내미로)

35. 귀신의 복수

이건 박문수 어사에 관한 이야기야.

박문수가 과거를 보러 가는데 어느 마을을 지나다 보니 초록댕이가 돌담에 앉아서 쉬고 있더래. 쉬고 있다가 박문수를 보더니

"댁은 어디로 가는 길입니까?"

이리 묻는단 말이야.

"과거시험을 보러 갑니다."

이렇게 대답을 하니 그 초록댕이가

"과거시험은 이미 끝났습니다."

과거시험이 벌써 지났다고 한단 말이야. 그러니 박문수가 이 사람이 누군지 궁금하거던.

"당신은 어데서 사는 사람이오?"

"저는 물 속에서 삽니다."

박문수가 초록댕이를 자세히 살펴보니 머리가 풀어져 있더래. 그러니 참 이상하단 말이야. 물속에 산다면 물귀신이 아닌가? 그래 다시 물었대.

"과거가 벌써 끝났다면 이번 시험의 운(韻)자가 무엇이었습니까?"

그랬더니 뭔 자 뭔 자가 나왔다고 하면서도 끝에 있는 한 자는 가르쳐 주지 않더래.

그런데 마침 그 때 가마가 오더래. 흰색 휘장을 친 가마가 지나가니 그 초록댕이와 박문수가 함께 그 가마를 따라갔단 말이야. 그래 얼마쯤 가다가 가마 속을 드려다 보았더니 젊은 여자가 타고 있는데 눈에 살기를 띠고 있더래. 박문수가 그 가마를 따라가자 아주 대궐같이 큰 집으로 들어간단 말이야. 그러니 하인보고 가마를 탄 여자가 누구냐고 물으니

"이집 며느리인데 친정에 갔다가 옵니다."

이러더래.

"친정에 갔다 오는 여자가 왜 백가마를 탔단 말이냐?"

젊은 여자가 이런 가마를 타고 다니니 이상해서 물었단 말이야. 그랬더니 하인이

"이 댁 신랑이 호랑이한테 물려갔는지 갑자기 밤에 없어진 뒤로 부인이 저렇게 상복을 입고 저런 가마를 타고 다닌다오."

라고 대답하더래.

그날 벌써 날이 저무니 박문수는 이 집 주인인 진사한테 하룻밤만 자고 가게 해달라고 청하니 허락을 해서 그 초록댕이와 그 날밤 같이 자게 되었대. 그런데 초록댕이가 자꾸만 이런 얘기, 저런 얘기를 하니 잠을 잘 수가 있나? 며칠동안 길을 걷다보니 피곤해서 잠을 잤으면 하는데 계속 말을 시키는 게야. 그래 밤 늦게까지 잠을 자지 못하다가 한밤중쯤 소피를 보러 나와보니 저 쪽 별당 쪽에서 무슨 소리가 들린단 말이야. 별당 옆에는 연못이 있는데 그 연못에 조그만 배가 있고 맞은 편에는 담장이 있는데 웬 사내놈이 담장을 넘어 배를 타고 별당에 숨어 들어와 상복을 입은 여자와 주거니 받거니 무슨 말을 하거던. 그래 몰래 숨어서 자세히 엿들어보니 그 남자가 그 여자의 남편을 죽인 게야. 그 남자는 여자가 시집오기 전에 가까이 지내던 사람인데 여자가 시집을 가버리니 여자를 못 잊어 이곳 서당에 다니면서 남편을 몰래 죽여버렸단 말이야. 그런데 여자가 아무리 자기를 보고 싶어도 남편까지 죽인 것은 너무 한 게 아니냐고 울면서 원망하니 남자는 도저히 참을 수 없어서 그랬으니 기회가 오면 아무도 모르는 곳으로 같이 도망가서 살자고 이런단 말이야.

그래 박문수는 진사 집에 얽힌 사연을 눈치챘어. 그렇지만 힘이 없으니 뭘 어쩌겠나? 아침을 얻어먹고 곧장 한양으로 떠났어. 그런데 아침에 보니 그 초록댕이는 언제 가버렸는지 보이지 않으니 혼자 올라갔지. 한양에 올라간 박문수는 과장에 나갔는데 시제를 보니 그 초록댕이가 알려준 그대로야. 그래 척척 시를 쓰다가 맨 끝 자는 알려주지 않았으니 적당히 지어 넣어서 시지(試紙)를 냈거던. 그런데 시관(試官)이 읽어보다가

"이건 애당초 문제를 미리 알고 지은 글 같소. 어찌 이리 척 들어맞을 수 있단 말인가?"

하고 감탄하며 오히려 이렇게 귀신이 곡할 정도로 완벽한 것을 의심하니 다른 시관이 마지막 글귀를 보고

"이 구절을 보면 반드시 귀신 작품이라고는 할 수 없소."
이래서 합격이 되어 어사 벼슬까지 하게 되었단 말이야.

어사가 된 박문수가 임무를 수행하러 다니다가 지난번에 들렀던 진사 집에 찾아갔대. 그 집에 가서는 진사한테

"이 마을에 서당이 어디에 있소?"
하고 물었단 말이야. 그러면서 며느리가 어디서 시집을 왔느냐고 물으니 어디서 왔다고 한단 말이야. 그 말을 들은 어사가 그 서당에 가서 그 마을 에서 배우러 온 서당아이를 찾으니 한 아이가 있더래. 어사는 이 아이를 진사댁으로 데리고 와서 뜰에 꿇어앉힌 뒤에

"이 집 아들은 호랑이가 물어간 게 아니라 실은 네가 죽였지?"
이랬단 말이야. 진사는 웬 영문인가 싶어 멍하고 서 있으니

"당장 며느리를 잡아다가 확인해야지."
하면서 며느리를 데려오게 하니 며느리의 얼굴이 사색이 되더래. 어사가

"진사 댁 아들을 죽여서 어디에 숨겼는지 이실직고하지 않으면 네 년놈 들을 갈기갈기 찢어 죽이겠다."
하고 벽력같이 호통을 치니 이 아이가 사시나무 떨 듯 몸을 떨면서 돌을 매달아 연못 속에 감추었다고 자백을 하더래. 그래 하인을 시켜 연못 물을 모두 퍼내니 아들의 얼굴빛이 마치 산 사람처럼 그대로 있는데 어사가 자 세히 보니 바로 자기가 과거시험을 보러갈 때 만났던 초록댕이더래. 그러 니 진사의 아들이 하도 억울하게 죽었으니까 어사한테 복수를 해 달라고 초록댕이로 나타나 어사에게 과거 시험문제를 미리 알려 준 게야.

억울하게 죽은 사람의 혼령은 너무 억울해서 저승에 가지 못하고 이렇

게 귀신으로 나타나 원수를 갚는단 말이야.

조사일자 : 1997. 4. 27.

제보자 : 김화자 (67세, 여, 미로면 내미로)

36. 유산 찾아 준 지혜

옛날에 어느 노인이 딸은 있지만 아들이 없으니 소가(小家-첩)을 두어가지고 결국 아들을 낳았대. 그런데 딸은 나이가 들었지만 아들은 아직 어린데 노인이 그만 병이 들어 죽게 되었단 말이야. 그 노인은 학자이니까 글을 많이 알고 있고 재산도 많았대. 마을 위쪽에도 논이 있고 아래쪽에도 논이 있어 땅이 많았는데 죽게 되니까 그 땅 문서를 모두 딸한테 다 주었거던. 그러면서

"이 문서를 네가 잘 간직하고 있거라."

이랬다 이거야. 왜 그랬느냐 하면 딸은 친정 물건을 자꾸 가져가려고만 하니 딸을 도둑년이라고 하지 않나? 그러니 만약 딸에게 재산을 안 주고 어린 아들에게 주면 딸이 아들을 해꼬지할까봐 그랬던 거지. 그러니 딸은 아버지가 자기한테 재산을 준 줄로만 알고 좋아서 동생을 해꼬지를 하지 않고 키웠다 이거야.

동생이 어렸을 때는 땅에 대해 말이 없었는데 점점 크니까 이웃 사람들이 수근수근하는 소리를 들었거던.

"저 애 아버지가 그 많은 땅을 딸한테만 다 준 것은 아무래도 이상한 일이야."

이런 말이 자꾸 떠 도니 동생이 그 말을 듣고 누나한테 자기 논을 내놓으라는 게야. 그러니 누나가

"아버지가 내게 땅 문서를 다 주었으니 그건 다 내 것인데 무슨 소리냐?"

이러더래. 그래도 동생이 어느어느 논을 자기에게 달라고 하니 누이가

"논은 아버지가 나한테 다 주었고 너는 키워만 주라 했어."

이렇게 주장을 한단 말이야. 그러니 아들이 억울한 사정을 호소하려고 한양으로 올라갔어. 그런데 어디를 가서 물어도 딸의 것이 분명하다는 거라. 동생이 아홉 번이나 한양에 올라가 유식한 벼슬아치를 찾아가서 물었으나 여러 벼슬아치들의 말이 모두 마찬가지니 이젠 동생도 어쩔 수 없단 말이야. 그래 내려오다가 어느 마을 앞을 지나치게 되었는데 아이들이 서당 앞에 모여서 원님놀이를 하고 있더라는구만.

누구는 판관이고 누구는 원님이고 누구는 고소인이고 이렇게 정해가지고 원님놀이를 하더래. 이걸 보자 그 동생은 마음이 하도 답답하니까

"야들아. 야들아."

하고 부르니 놀던 애들이 쳐다보더래.

"왜 그래요?"

"누가 고소인이고 누가 판관이냐?"

"야가 고소인이고, 야가 판관이오."

"그러면 내 억울한 사정도 좀 해결해 줄 수 있느냐? 나는 한양에 여러 차례 올라가서 내 땅을 찾으려고 여러 사람을 만나 물어봤지만 힘만 들지 아무 소용이 없었다."

그러면서 제가 당한 사정을 쫙 말했대. 그러자 그 아이들이

"허어, 참. 학식이 많은 분들이 왜 그리 답답하오? 당신이 어려서 아버지

가 돌아가셨다고 했지요?"

하고 다시 묻더래.

"그렇다."

"당신이 아직 어린데 재산을 모두 당신한테 주게 되면 누이가 재산 때문에 당신을 해치게 될 게 아니요? 그러니 어린 당신을 무사하게 키우려면 그렇게 말을 해야 할 게 아니요? 똑똑하다는 사람들이 어찌 이런 이치를 모른단 말이요?"

동생이 그 말을 듣고 나서야 아버지의 속 뜻을 깨닫고 관가에 가서 호소하니까 그제서야 관리들이 아버지의 의도를 바로 파악해서 재산을 찾아주었대.

조사일자 : 1995. 4. 21.
제보자 : 박간난 (65세. 여. 미로면 내미로)

37. 명당 잡은 이야기

옛날에 한 애가 서당에 갔다오다가 배가 너무 고파 그만 길에 쓰러져 정신을 잃었대. 그때는 너무 가난해서 먹을 게 없으면 소나무 껍질을 벗겨 잘근잘근 씹어 먹고 그랬거던. 그래 잠이 들었는데 토쨉이(토끼)가 오더니 그 애가 죽은 줄 알고 끌고 가면서

"아이구, 진사가 죽었구나. 우리가 묘터를 잡아줘야지."

하더라네. 그 애는 장래 큰 사람이 될 사람이라 토쨉이가 이걸 알아보았던 게지. 그런데 그 애는 실은 그때 죽은 게 아니라 희미하게나마 정신이 남아

있었단 말이야. 그래 이놈들이 어찌 하나 보려고 죽은 듯 가만히 있으니 어디로 끌고 가서 구덩이를 파가지고 묻으려 하더래. 그러니 그 애가 벌떡 일어나니 토쩹이가 깜짝 놀라 모두 다라나버렸어. 옛날엔 아이들이 장도칼을 차고 다녔거던. 그래 장도칼로 옆에 있는 나무에 표를 해놓고 집에 돌아와서 그 사실을 식구들한테 말하니

"어떻게 표시를 해 놓았느냐?"

하고 묻더래.

"장도칼로 소나무껍질을 벗겨 표를 해 놓았소."

그 아이는 다음날 부모와 함께 그곳에 가서 표시해 둔 소나무를 찾았는데 그 곳이 정말 명당 자리더래. 이걸 본 아버지가 그 아들한테

"이 자리를 아무에게도 말하지 말고 내가 죽으면 여기에다 묻거라."

이렇게 단단이 당부를 한 기라. 그래 아버지 말대로 아버지가 죽은 뒤 그곳에 장례를 치르었더니 과연 그 아들이 높은 벼슬아치가 되었대.

토쩹이는 명당자리를 잡아준다는 말이 있어.

조사일자 : 1995. 4. 21.

제보자 : 박간난 (65세. 여. 미로면 내미로)

38. 풍수로 들통난 부정

어느 풍수쟁이가 아들 3형제를 두었는데 하루는 이 아들들이 아버지한테

"아버지는 남의 풍수를 잘 보아주어 잘 사는 사람이 많은데 우리는 못 사니 이젠 우리도 좋은 터를 잡고 잘 살아야 하지 않겠소?"

이런단 말이야.

이 말을 들은 아버지가 풍수를 보니 앞에 천석꾼이 될 터가 있긴 있는데 자기네 터가 아니란 말이야. 터도 다 임자가 있는 법이거던. 터를 누르는 임자가 있는 법이야.

"저곳에 있는 터에다 집을 지으면 10년 안에 천 석꾼이 될 수는 있다. 그렇지만 터란 원래 임자가 있는 법이니 팔자(八字)가 닿지 않는 우리가 그 터에 집을 지어봐야 아무 소용이 없다."

그러나 큰 아들은 천 석꾼이 될 터가 있다는 말을 듣자 좋아서

"아버지는 별 소리 다 하시오. 거기다 터를 잡읍시다. 제가 오늘 밤에 거기에 가서 움막을 치고 밤을 새워 보겠어요."

하고 그 터에 가서 움막을 쳤는데 밤중이 되니까 괴상한 소리가 나니 무서워서 견딜 수가 없더래. 밤새껏 계속 이상한 소리가 나니까 어찌 무서운지 견딜 수 없어 쫓겨 왔더래. 그러자 둘째가

"형은 그걸 못 참았소? 그러면 오늘 밤엔 내가 가서 지키겠소."

하고 나갔는데 자정이 넘어도 아무렇지도 않거던. 그래 늦잠을 잤어. 그 집에서는 한낮이 되어도 둘째가 안 오니 식구들은 그 아들이 밤에 거기서 자다가 죽은 줄 알고 묻어주려고 지게를 찾고 있는데 그 때 둘째 아들이 돌아오더래. 식구들은 살아 들어온 둘째를 보자

"살았으면 빨리 오지 않고 왜 이제 오느냐? 우리는 네가 죽은 줄로만 알았다."

라고 하니까 둘째가

"밤 새도록 뭐이 나오는가 하고 기다리다가 그만 늦잠이 들어 인제야 잠이 깨었소."

이러니 참 희한하거던. 그래 이번엔 셋째한테

"이번엔 네가 가봐라."

이래 보냈더니 첫째 아들처럼 밤에 무슨 소리가 난다고 또 쫓겨왔다 이 거라. 그러나 아들 중 하나는 터를 누를 수 있으니까 거기다 집을 짓고 살 았대.

그런데 이상하게도 매년 재산이 늘더래. 매년 땅을 사기를 몇 년간 하니 이젠 큰 부자가 되었어. 이렇게 10년쯤 되니 그 주변은 모두 자기네 땅이 라. 그런데 어느날 아버지가 아들들에게

"오늘은 소, 돼지를 잡아라. 내 땅을 부쳐먹는 사람을 다 데리고 같이 놀이를 가자."

소, 돼지를 잡아 화전놀이를 가서 하루 종일 실컷 먹고 놀았대. 그러다가 저녁 때가 되자 아버지는 어머니를 으슥한 곳으로 데리고 가더니 갑자기 시퍼런 칼을 목에 들이대며

"내 분명 짐작하는 바 있소. 둘째는 내 아이가 아닌데 누구 아이요? 바른 대로 대시오."

하니 어머니가 벌벌 떨면서 바른 대로 말하더래. 둘째 애는 사실은 소금장 수 자식이라고.

"당신이 객지에 나가 있던 어느 비오는 날 소금장수가 와서 하룻밤 재워 달라 해서 재워주었는데 그날 밤에 어찌어찌 되어 그 애가 생기게 된 것이 오."

그러니 남편이 한탄하며

"그러면 그렇지. 이 터는 애당초 우리와는 운수가 닿지 않는데 이상하다 했지."

고개를 끄떡이더래.

조사일자 : 1995. 4. 21.

제보자 : 박간난 (65세. 여. 미로면 내미로)

39. 명 풍수쟁이

사람이 살아서 좋은 일을 해야 좋은 묘자리를 구할 수 있고 자손도 잘 살게 되는 게지 악한 짓을 하면 명당도 못 구하고 자손도 잘 안되는 법이야.

옛날 아주 착한 사람의 아버지가 돌아가셨는데 묘자리를 구하지 못 했대. 그 사람은 남의 집 머슴을 살고 재산도 전혀 없으니 좋은 묘자리를 구할 힘이 있나? 그래 걱정을 하고 있는데 어떤 지관이 오더니

"여기에다 묘를 쓰시오. 그러나 여기는 뱀 9마리가 개구리 한 마리를 잡아 먹으려고 노리는 터이니 몇 시경에 하관을 해야 합니다. 그런데 하관할 때에 용의 눈물만 떨어지면 아주 좋을 텐데 그게 문제요."

이렇게 알려주더래. 뱀이 개구리를 잡아 먹잖나? 뱀 9 마리가 개구리를 잡아 먹으려 하니 거기다 묘를 쓸 수 없지. 원래 묘터가 될 수 없는 게야. 그렇지만 그 사람은 원체 가난해서 다른 방법이 없으니까 그 양반 말대로 구덩이를 파고 하관할 시간이 되자 아버지를 묻었대. 그런데 그 때 어떤 사람이 오더니

"이 사람아. 어떤 풍수쟁이가 이런 곳에 묘를 쓰라고 자리를 잡아주던가? 여긴 묘자리가 못되네. 뱀 9 마리가 개구리 한 마리를 두고 노려보는 이런 곳에 묘자리를 잡아주는 풍수가 도대체 어디에 있단 말인가?"

하더래. 그러니까 그 사람이

"그 풍수쟁이가 자리를 잡아주면서 하관할 때 용이 눈물만 떨어뜨려 주

면 재앙을 벗어날 수 있다고 했소."

그렇게 말하니까 그 사람이 갑자기 울어주더래. 그 사람이 누구냐 하면 바로 임금이었어. 임금님이 백성들이 사는 것을 보려고 미복을 하고 나왔다가 이 사람의 말을 듣고 상주가 착해 보이니까 억지로 울어준 거야. 임금은 용과 같거던. 그러니 용의 눈물이 떨어진 셈이야. 임금은 억지로 울어주고 나서 그 풍수쟁이 집에 찾아갔어.

임금이 그 묘터를 잡아주었다는 풍수쟁이를 찾아가 보니 산 밑 오두막 집에서 짚신을 삼고 있거던. 그런데 너무 가난해서 저녁 먹을 때가 되었는데도 때거리가 없더래.

풍수쟁이는 찾아온 손님을 대접하려했지만 끼니거리가 없으니까 아들을 불러

"애야. 아무개 집에 가서 쌀 한 되를 꾸어 달라고 해라."

이리 시켰는데 잠시 후에 그냥 빈 손으로 돌아오거던. 그러니 화가 나서

"망할 놈들. 내가 저희들 집터를 잡아주고 할머니 할아버지 묘터도 잘 잡아주었는데 쌀을 한 톨도 안 꾸어 주더란 말이야?"

하고 풍수쟁이가 한탄을 하더래. 임금이 그 사람이 사는 형편을 보니까 하도 딱해서

"남의 터는 잡아주면서 당신은 왜 이런 오막살이에서 사오?"

하고 물으니까

"내 집은 비록 오막살이지만 대궐보다 낫소. 나는 대궐같은 데는 안 찾아가지만 임금은 내 집에 한번 찾아올 겝니다."

이런단 말이야.

"그러면 임금이 언제쯤 오겠소?"

그러니까 손가락으로 시를 집어보다가 크게 당황하며 밖으로 나가더니

마당에 돗자리를 깔고 넙죽 엎드려 그 사람한테 큰 절을 하더래. 그러니까 임금이 황급하게 작은 목소리로

"어서 일어서라. 다른 사람들이 나를 알아보겠다."

하고 절을 못하게 막더래. 그러니 그 풍수쟁이가

"이렇게 찾아오신 줄도 모르고 죽을 죄를 지었습니다."

라며 무척 송구스러워 하더래.

그런 일이 있은 뒤로는 궁중에서 상사가 나게 되면 항상 이 풍수쟁이에게 물어서 묘터를 잡고 그랬대.

조사일자 : 1995. 4. 21.
제보자 : 박간난 (65세. 여. 미로면 내미로)

40. 유충렬의 충성

유충렬(柳忠烈)은 아버지 유심이 간신인 정한담, 최일귀 등의 모함을 받아 역적으로 몰려 죽자 어머니하고 이리저리 유랑하다가 강을 건널 때 도적을 만났는데 도적이 유충렬은 강에 던지고 어머니만 데려갔대. 그 뒤 간신히 탈출한 어머니는 어느 절에 가서 살다가 또 친적 집을 돌아다니며 지냈는데 물에 빠져 죽은 아들 생각이 간절해서 자주 바닷가에 나가서 울며 다녔다는 게야.

그런데 유충렬은 그 때 죽지 않고 거북이가 살려주었거던. 그래 어느 절에 들어가 있었는데 그 절의 중이 무예 공부를 시켜 주었대.

그런데 어느 날 중이 천기(天機)를 보더니

"이거 큰 일 났구나. 나라에 난리가 나겠구나."

그러면서 벽장에서 갑옷과 투구를 꺼내 유충렬이한테 주며

"이 아래 아무 집에 가서 말을 달라 하면 용마 한 마리를 줄 끼다. 그런데 다른 말을 주면 받지 말고 꼭 땅굴 속에서 기르고 있는 말을 달라고 해라."

하거던.

그 집 주인은 말 여러 마리를 길렀는데 그 중 한 마리가 얼마나 사나운지 밖에 내놓지 못하고 땅속 토굴에 가두어 길렀대. 그런데 너무 사나워서 기르기 힘드니까 죽이려 했지만 다 임자가 있는지라 주인이 죽이지 못했거던. 그렇지 않아도 주인은 그 말이 골치가 아파 죽겠는데 유충렬이 그 말을 달라고 하니 반가워서 어서 가져가라고 하더라네. 그래 유충렬이 말이 있는 곳으로 가니 말이 반가워서 마구 날뛰며 좋아하더래.

유충렬은 자기가 물에 빠졌을 때 어머니도 거기서 죽은 줄 알고 해마다 그 바닷가에 가서 크게 제사를 지냈는데 그날 마침 어머니가 아들 생각이 간절해서 나왔다가 자식을 만나게 되었지.

유충렬은 나라를 위해 큰 공을 세웠는데도 간신들은 역적으로 몰아 죽이려 했어. 그런데 아무리 잡으려 해도 잡히지 않거던. 그래 고민을 하니 유충렬이가

"나를 잡으려면 법당 기둥에다가 '유충렬이는 천하의 충신이다'라고 글을 써 놓으면 된다."

하고 알려주더래. 그래 법당 기둥에 그렇게 써 놓으니까 일부러 잡혀주면서 이번에는 자기를 죽이는 방법을 가르쳐 주었거던.

"내 오금 아래에 비늘이 있으니 저릅, 삼 벗긴 저릅을 가지고 거기를 세 번 때리면 내가 죽을 것이다."

그래 알려준 대로 하니 그제서야 죽더래. 그러니 죽어 준 거지 뭐.

역적으로 몰아 유충렬을 죽이고 나서 간신들은 법당 기둥에 써놓은 글자를 없애려고 대패로 깎았으나 깎으면 글자가 다시 나타나고 또 깎으면 또 나타나더래. 천하의 충신을 역적으로 몰아 잡아죽였으니 어찌 안 그렇겠는가?

조사일자 : 1995. 4. 21.

제보자 : 박간난 (65세. 여. 미로면 내미로)

41. 사명당의 지혜

사명당은 처음엔 자식이 없었대. 그래 산에 가 치성을 드리고 집에 와 자는데 꿈에 부처님이 연꽃 한 송이를 주더래. 그런데

"이걸 가져다가 잘 간수해라."

해야 자기 자식이 되는 건데

"이걸 잘 간수했다가 달라."

이러더래. 그렇지만 아들을 낳았으니 얼마나 좋겠어?

그런데 하루는 금강산 유점사에서 서산대사가 찾아와서

"야는 집에서 키워서는 안된다. 나에게 주면 절에서 키우겠다."

하며 아이를 달라고 했지만 그 집에서 아를 주지 않으니 그냥 돌아갔어. 그런데 3년 후에 또 그 스님이 와서 절에서 키워야 안전하니 달라고 하였지만 그래도 주지 않았대.

그 아들은 영특해서 남이 하늘 천(天) 하고 가르치면 따 지(地)까지 외우

니 천재라. 5세가 되자 나라에 파당이 있어 서로 다투니

"아부지요. 이 어지러운 때 구태여 벼슬할 것 없이 시골에 내려가 농사나 짓고 삽시다."

이러니 아버지가

"그래. 네 말을 들어보니 네 말이 맞다. 시골로 내려가자."

그래 고향으로 내려가서 농사를 짓고 살았대.

그런데 시골에 내려온 지 얼마 되지 않아 애를 남겨 놓고 아내가 죽으니 장례를 치르었어. 남자가 여자 없이 살려 하니 힘이 들지만 애를 생각하여 혼자 살려고 했는데 친구들이 자꾸

"마땅한 어느 벼슬아치 손녀딸이 있으니 재혼을 하시오."

하고 권하니 결국 장가를 갔지. 그래 여자가 후처로 왔는데 아들을 미워했어. 그리고 항상 해를 끼치려고 하더래. 겉으로는 잘 하는 척 하지만 속마음은 달랐지. 그렇지만 아들은 이 여자의 마음 속을 훤히 다 알거던.

새 어머니는 들어와서 동생을 낳았어. 이 아가 커서 이젠 7살이 되었을 때 일이야. 친구들이 바람을 쏘이러 금강산 유점사로 가게 되자 아버지도 따라 나섰거던. 그러자 새 어머니가 속으로 좋아하더래. 저걸 어찌 죽일까 기회만 엿보고 있는데 남편이 거길 간다고 하니 잘 됐지.

어느 날 아버지가 유점사로 떠나는데 그 애가 아버지를 보고 울거던. 아버지가

"너는 어째서 그렇게 우느냐?"

하니까 아들이

"아버지가 먼 길을 떠나시니 고생할까봐 염려가 되어서 웁니다."

이리 둘러대더래. 그렇게 말을 했지만 속으로는 아버지와 같이 있어도 자기는 벼랑끝에 앉은 새와 마찬가지인데 아버지가 없으면 내가 어떻게 견딜

까 생각하니 눈물이 저절로 흘렀던 게지.

아버지가 떠날 때 새 어머니가 시간을 더 걸리게 하려고 꾀를 내어

"험한 길을 날이 저물도록 걸으면 피곤하니까 일찍 주막에 들어 푹 쉬고 아침에 늦게 길을 떠나 여러 날이 걸리더라도 천천히 다녀오세요."
이렇게 당부하더래. 그래야 시간을 벌어 그 애를 해칠 수가 있거던.

그래 말을 타고 금강산으로 갔지. 아버지가 떠난 뒤로는 새 어머니가 그 아이를 죽일 궁리를 했어.

옛날에는 양반 부인들은 마음대로 장에 다니지 못하니까 그 아를 죽일 독약을 사오라고 남한테 부탁하려 하니 아무래도 소문이 날 것 같고 잘 때 목을 죄어 죽이자니 소리를 지르면 종들이 알게 될 것 같으니 대체 저걸 어찌 죽여야 되나 걱정을 하는데 마침 그 애가 홍역에 걸렸거던. 아이의 몸에 불긋불긋하게 꽃이 돋으니 종들을 시켜 약을 사오라 해서 달이라고 했어. 그러더니 새 어머니가 종들을 보고

"너희가 이 아이 때문에 잠을 못 자고 고생했으니 이젠 가서 좀 자거라. 오늘 밤은 내가 간호를 하마."
이러거던. 어린 애가 열이 올라 심하게 앓으니 종들이 잠을 잘 자지 못했을 게 아니야? 새 어머니가 겉으로는 잘 하는 척하니 남들은 해꼬지할 줄은 생각도 못한단 말이야. 그런데 그날 밤 한밤중에 대성통곡하는 소리가 난 단 말이야. 종들이 깜짝 놀라서 가보니 어린 아를 베로 칭칭 싸 감아 놓은 거라. 아가 죽었다는 게야. 그런데 방안에서 피비린내가 확 풍기거던.

"아이고, 왜 이리 피비린내가 납니까?"

"애가 갑자기 열이 치솟더니 피를 토하고 죽어서 그런가 보다."

집안 식구들이 갑작스런 아이의 죽음을 이상히 생각하니 이리 꾸며댔는 데 사실은 애가 정신을 놓으며 앓으니까. 방망이로 때려 죽였어. 골이 터지

고 피가 흐른 것을 닦은 뒤 감쪽같이 베를 가져다 몸을 칭칭 감아 피가 밖으로 안 나오게 감아 놓고 아주 슬픈 척하며 우니 종들이 잠이 깨어 들어온 거라.

한편 아버지는 유점사에 도착한 뒤 밤에 숙소에서 다른 사람들은 바둑, 장기를 두며 노는데 어쩐지 마음이 울적하여 생각에 잠겨 있다가 얼핏 졸았어. 그런데 아들이 앞에 서고 죽은 아내가 앞치마로 눈물을 닦으며 따라오는데 아들이

"아버지 내 원수를 갚아주시오."

이러면서 슬피 우니 아버지가

"원수를 갚아 달라니 그게 도대체 무슨 소리냐? 그리고 네 원수를 내가 어떻게 갚으라고 하느냐?"

이러다가 잠을 깨었대. 그러나 꿈이 하도 이상하기에 친구들을 보고

"자네들은 계속 구경을 하게. 나는 깜박 잊고 온 일이 있어 집에 갔다 와야겠네."

하고는 말을 빌려 타고 내달려 이틀만에 집에 온 게라. 집에 오니 종들이 나오며 어떻게 집안에 우환이 생긴 것을 알고 왔느냐고 야단이더래.

그런데 후처는 전처의 아들을 죽인 뒤 자기가 낳은 아들도 또 홍역에 걸려 죽으니 결국 아들 둘이 다 죽었는지라, 남편이 오니까 여자가 부엌문 앞에서 눈물을 흘리며

"아이고. 당신 없는 사이에 아이 둘이 홍역으로 다 죽었으니 어쩌면 좋소."

하며 통곡을 하는데 남편이 아내의 말을 듣기는 커녕 종을 불러 작은 애에 대해서는 묻지도 않고

"큰 아이가 죽을 때 어느 약방에서 약을 지어왔느냐?"

하고 묻더래. 약을 잘못 먹여 죽은 줄 알았지. 옛날은 탕약을 달여 먹였거던.

"아무데 있는 약방에서 지어 왔습니다."

"누가 약을 달여 먹였느냐?"

"저희가 달여 드렸지만 도령님이 죽을 때는 우리가 잠을 못 잤다고 마님이 저희들보고 가서 자라고 해서 자다가 갑자기 도령님이 죽었다고 울음소리가 나서 놀라 깨었습니다."

이러거던.

"그러면 누가 묻었느냐?"

"막동이 종이 묻었습니다."

"어디에 묻었느냐?"

"조상밭에 묻었습니다."

그 말을 듣고 나서 한참동안 아무말 없이 생각에 잠겨 있다가 깜빡 조는데 아들이 나타나서

"내 몸은 조상밭에 있고 나를 친 몽둥이는 배나무 밑에 묻혀 있습니다."라고 알려주거던. 그래 잠을 깨어서 막동이 중을 불러 물었대.

"네가 갖다 묻었다니 같이 가자. 애를 묻을 때 너도 직접 몸을 살펴 보았느냐?"

"자세히는 보지 못했습니다. 마님이 베로 칭칭 감아 놓아서 볼 수 없었습니다."

이래 막동이 중을 산에 데려가 무덤을 다시 파게 했대. 베로 칭칭 싸맨 것을 풀고 보니 몸뚱이에 맞은 상처가 있고 두 눈은 감지도 못 한 채 눈물이 묻어 있더래. 그러니 아버지가

"너는 아비를 잘못 만나 억울하게 죽었구나. 네 원수를 내가 갚아 줄 테

니 그만 눈을 감아라."

하며 다시 묻고 집에 와서 배나무 밑을 파보니 아를 잡은 피 묻은 방망이가 묻혀 있더래. 그래 확실하게 증거를 잡았지. 그런 뒤 종들에게

"음식을 많이 장만해라. 내일 마을 사람들을 모아놓고 두 아이 장사를 치르는데 도와주어 수고했으니 대접을 해야겠다."

그래 잔치를 하는데 음식을 실컷 대접하고 나서 못 사는 이웃 사람들에게 논문서, 밭문서를 모조리 내주면서

"이걸 거저 나누어 줄 테니 가지고 가서 살림에 보태 쓰시오."

다 주거던. 그렇지만 사람들이 받으려 하는가? 오늘 대접받은 것만 해도 고마운데 이게 웬 일이냐고 사양하거던. 그러니

"이거 나한테는 이제 필요없으니 어서 가져가시오."

하고 하며 땅문서를 한사코 다 주어버렸어. 그리고 나서 종들을 불러

"안 살림은 너희들이 다 가져라. 그대신 앞으로 우리 조상 산소를 잘 보살펴 달라."

그러면서 맡기는 거라. 살림을 다 맡겨버렸어. 그리고 나서 한쪽 손에 방망이를 들고 한 쪽 손에 빨래줄을 들고 안으로 들어가더래. 아들이 죽은 까닭을 귀신도 놀랄 만큼 다 알아버렸으니 후처는 죽었지 뭐. 안방으로 척 들어가며 후처를 보고

"어서 썩 나오너라. 대장부가 여자한테 그렇게 속을 줄 알았더냐? 너도 방망이 맞좀 봐라."

호령을 하니 안 나갈 수 있나. 도살장에 끌려가는 소 꼴이지. 여자가 비실비실 나오거던. 옛날 집은 대청마루 기둥이 이렇게 큰 게라. 기둥에다 빨래줄로 여자를 묶어놓고 방망이로 두들겨 패니 살려달라고 소리치더래. 그리고 나서 집에다 불을 질렀어. 살려고 발악을 해도 어느 누가 살려주겠어?

그리고 나서

"땅이고 재물이고 이젠 다 소용 없다. 금강산 유점사에 갔다가 이런 신세가 되었으니 유점사에 내 몸을 의탁해야겠다."

하며 개나리 봇짐을 지고 올라가는데 그 친구들은 벌써 구경을 마치고 내려오거던. 그래 도중에서 그 친구들을 만났지.

"이 사람아. 집에 무슨 일이 있던가?"

"가서 보면 알게 될 걸세. 나는 유점사에 가봐야겠네."

이 말만 남기며 뒤도 돌아보지 않고 올라간 게라. 그래 혼자 올라가니 서산대사가 쫓아나오며

"네가 그때 세 살 먹은 아이를 내가 달라 했지만 안 주어서 인간 풍파며 재물의 풍파를 그렇게 겪게 된 게야. 그러니 당장 머리를 깎고 내 상좌노릇을 하게."

이러거던.

"예. 그리하겠습니다."

그 길로 머리를 깎고 서산대사의 제자가 되었어.

그 뒤에 중국에 사신으로 가고 일본에도 사신으로 갔어. 조정에서 일본에 사신을 보내려는데 마땅한 사람이 없거던.

'금강산 유점사 사명당이 서산대사의 제자인데 지혜가 있다더라.'

이래서 임금의 명을 받고 일본에 사신으로 가게 되었대.

그런데 일본에 사신으로 갈 때 서산대사가

"네가 만약 아주 곤경에 빠지거던 동쪽을 향해서 절을 사배 해라."

이랬단 말이야.

그런데 사신으로 동경에 가자 궁궐안에 열두 폭의 병풍이 세워 놓았는데 한 폭이 펴지지 않고 겹쳐 있더래. 겹쳐 있으니 결국 두 폭이 안 보일

게 아닌가? 왕을 만나니 왕이

"들어오면서 병풍을 보았소?"

하거던.

"예. 보았소."

"그러면 병풍에 써있는 글을 외워 보시오."

그러자 다 외우는데 열 폭은 외지만 두 폭은 안 외우거던.

"나머지 두 폭은 왜 안 외지 않소?"

"보지 못한 걸 어찌 외우겠소?"

그러니 부하에게

"병풍이 어찌 되어 있는지 나가 보고 오너라."

하니 나가서 보고 돌아와서 말하더래.

"병풍 두 쪽이 겹쳐 있었습니다."

겹쳐 있으니 볼 수 없지. 그런데 실은 안 봐도 다 알고 있지만 못 보아서
모른다고 했던 거래.

왕이 미안하니까 앉으라고 하니 앉는데 명주방석을 놔두고 무명방석에
앉는단 말이야.

"왜 명주 방석에 앉지 않고 무명방석에 앉소?"

"명주방석은 벌거지로 만들었고 무명 방석은 꽃으로 만들었으니까 무명
방석이 깨끗하기 때문이오."

명주는 누에가 만든 실로 만들었으니 벌거지 방석이라 이거지.

왕이 또 말하기를

"그대가 바다에서 무쇠방석을 탈 수 있겠소?"

하더래. 무쇠가 어찌 물 위에 뜨겠는가. 가라앉지. 그러니 저 놈들이 사명
당을 잡으려고 그리 말을 한 게지. 그런데 사명당이 무쇠방석을 타고 바다

위에 돌아다니거던. 옛날에는 사신으로 가면 왜 그렇게 괴롭히고 그랬는지 몰라. 사명당을 잡아 죽여야겠는데 무쇠방석을 타고 바다위에 돌아다니니 죽일 수가 있나? 그러자 이번에는 쇠로 집을 짓고 들어가라고 하더라네. 그러자 들어갈 때 문지방에 서리 상(霜)자를 써 놓고 들어간 기라. 그런데 들어가자 밖에서 문을 잠그고 며칠간 불을 때더래. 쇠집을 빨갛게 며칠간 불로 달구고 나서 인젠 불에 타 죽었겠지 하고 문을 여니까

"일본이 따뜻하다 하더니 왜 이렇게 추우냐? 어서 불을 더 때거라."
하는데 턱에 고드름이 줄줄 달려있더래.

일본놈이 사명당을 죽이려다가 안되니 이놈들이 쇠로 말을 만들어 달구어 놓고 그걸 타라고 하더라네. 그러니 곤경에 빠지게 되었단 말이야. 그래 조선을 향해 절을 사배 올린 거라. 그런데 이때 서산대사가 천기를 보니 큰 일이 났거던. 사명당이 불길에 휩싸여 있단 말이야. 불을 물리치려면 물밖에 더 있는가? 세숫물을 손에 찍어 세 번을 일본 쪽으로 튕겼어. 이때 왕이 불에 달군 쇠에 타라고 재촉하고 있는데 갑자기 뇌성벽력이 일어나며 소나기가 쏟아져 쇠가 식어 버리니 탄다고 해서 뭐 죽나? 비가 석 달이나 계속 쏟아져 일본이 물속에 잠길 정도가 되었어. 이러자 사명당이

"이래도 계속 나를 핍박하겠느냐?"
이러거던. 그러니 이놈들이

"다시는 그러지 않겠습니다."
하며 굴복하더래. 이놈들이 사명당을 몰라보고 죽이려다가 도저히 안 되니 결국 포기한 거지.

이렇게 혼을 내고 나서 사명당은

"이제부터 매년 열다섯 살 난 사내아이 불알 서 말과 열다섯 살 먹은 처녀 껍질 300장씩 조선에 바치지 않으면 가만 두지 않겠다."

이러니 일본놈들은 자기네 나라 땅이 온통 물에 잠기게 되었으니 급한 김에 바치겠다고 약속을 하더래. 그래 조선에 그걸 3년간 바쳤대. 3년을 그렇게 바치니 하늘에서 비가 오지 않고 핏물이 내리더래.

조사일자 : 1995. 4. 21.

제보자 : 박간난 (65세. 여. 미로면 내미로)

42. 박문수 어사의 보은

박문수 어사가 한번은 안동으로 갔어. 안동에 고이재라는 고개를 넘는데 며칠간 굶고 길을 걸으니 허기가 져서 기진맥진했단 말이야. 힘이 없으니 고개를 넘다가 땅에 주저 앉아 있는데 산속으로 나물을 뜯으러 간 아낙들이 나물을 캐서 보퉁이에 싸들고 오는 게야.

이 아낙들을 보자 박문수 어사가 반가워서

"내가 허기가 져서 그러니 먹다 남은 된장이라도 있으면 주시오."

이리 사정을 하자 아낙들은 웬 사내가 호젓한 산길에서 불쑥 나타나니 놀라고 두려워 그냥 못본 척하고 달아나 버리더래.

아낙들은 산에 나물을 하러 갈 때 보리밥과 된장을 가져가 산에서 뜯은 나물에 된장을 발라 점심을 먹고 이랬거던. 그래 된장이 남았으면 좀 달라고 한 거란 말이야. 그런데 아낙들이 모두 달아나니 낙심천만이야. 그런데 그때 젊은 아주머니가 뒤에 처져 따라오고 있으니 이 여자를 놓치면 자기는 굶어죽게 되겠단 말이야. 그러니 염치불고하고 여자 치맛자락을 붙잡고

"제발 부탁하니 먹다 남은 된장이라도 있으면 좀 주십시오. 허기가 져서

도저히 못 참겠소."

이랬단 말이야.

그러자 이 여자가 나물 보따리를 땅에 탁 내려 놓으면서

"보아하니 사정이 딱한 듯한데 저는 온종일 밭을 매고 오는 길이라서 요 깃거리는 아무것도 없으니 안됐소. 그러니 어쩌겠소? 먹을 거라고는 아기 먹일 젖밖에 없으니 이거라도 잡수시고 기운을 차리십시오."

하고 옷고름을 푼 뒤 젖을 내놓더래. 박문수 어사는 배가 고파 죽을 지경이니 염치고 체면이고 따질 여유가 있나? 덥석 달려들어 그 젖을 먹고 기운을 차렸대.

그러다가 정신이 좀 들자 박문수 어사는

"아주머니, 참 고맙소. 이제야 좀 정신이 드는구려. 그런데 아주머니는 어느 집에서 사시오?"

이래 물으니 여자가 박문수 어사를 데리고 가더니

"저 산 밑에 있는 집이 우리 집이오. 쉰 밥이라도 남아 있으면 대접할 테니 같이 갑시다."

그래 그 집으로 가니 영감이 나오면서

"누추합니다만 어서 들어오시오."

사랑방에 모시더래. 그리고 조금 있으니 저녁상을 내왔는데 밥그릇에 보리밥이 그득하게 담겨 있더래. 그런데 주인은

"손님. 시장하실 텐데 어서 밥을 드시지오."

하고 권하더래. 박문수 어사는 혼자만 먹기가 미안스럽거던.

"같이 식사를 해야지 어찌 저만 먹겠습니까?"

그러자 주인은

"아, 나는 이웃마을에 잔치가 있어 거기에 가서 어찌 잘 얻어먹었던지

밥 생각이 없소."

그러니 박문수 어사는 그런 줄 알고 보리밥 한 그릇을 다 먹었거던. 배불리 먹고 나자 뒷간이 가고 싶어 밖으로 나왔는데 저쪽 마루에서 식구들이 밥을 먹고 있더래. 어사가 지나면서 흘낏 쳐다보니 나물에다 보리쌀 몇 알을 넣고 죽을 끓여먹고 있는 게야. 그걸 보니 자기가 먹은 보리쌀이 이집 식구 며칠간 먹을 만큼 축을 낸 게야. 그런데 이튿날 아침이 되자 밥을 또 내다주는데 역시 보리밥 그릇이 가득한 게야. 그런데 주인은 또

"오늘 저는 혼삿집에 갈 일이 있어 거기에 가서 밥을 먹어야 하니까 손님 혼자 드시지요."

이러면서 자기는 먹지 않는단 말이야. 이걸 본 어사는 가슴이 메어지는 듯하는 게야. 그래 이 집을 떠나면서 영감한테.

"오늘 관가에서 오라고 부를 테니 절대로 가지 말고 나를 만나고 싶으면 사또가 직접 오라고 버티시오."

이리 당부하더래.

어사가 관가로 가서 사또한테 어제밤 신세를 진 영감을 불러오라 하니 사또가 사령을 그 주인한테 보냈단 말이야. 그런데 사령이 돌아오더니

"영감이 '나를 만나고 싶으면 사또가 직접 오라'고 합디다."

이러거던. 그러니 사또가 놀라서 그대로 어사한테 아뢰니 어사가

"그러면 우리가 직접 가서 만납시다."

이래 같이 갔대. 그래 그 집에 찾아오니 주인이 정중하게 어사와 사또를 대접한단 말이야. 그러자 어사는 사또한테

"이 관아에 비축해 놓은 곡식이 얼마나 있소?"

하고 묻더래.

"얼마만큼 있습니다."

그러자 어사는

"이 집 영감은 인정이 갸륵한 사람이니 쌀이 없으면 갖다주고 나머지 쌀도 다른 사람한테 빌려줄 때는 반드시 이 영감의 허락을 받고서 빌려주도록 하시오. 살림살이를 사는 것을 보니까 아주 건실하니 이 사람이라면 관곡을 아주 올바로 관리할 것이오."

이리 당부를 하더래.

조사일자 : 2001. 4. 27.

제보자 : 박준현 (68세, 남, 미로면 내미로리)

43. 두 부모 제사 지내기

옛날에 대감이 있었는데 자식이 없었대. 그래 자식을 낳으려 했지만 부인이 나이가 많으니 아이가 생기나? 이러니 대감이 옆 집에 사는 백정 아내가 아이를 잘 낳으니까 불러가지고

"내가 후사를 이어야겠는데 네가 그 일을 해주면 보답을 해주겠다."

아이를 낳아달라고 했단 말이야. 그때는 백정이 양반의 말을 들어야지 만약 어기면 그게 경을 친단 말이야. 그러니 별 수 있나? 그래 꼼짝 못하고 대감의 씨를 받아 자식을 낳았어.

백정아내가 대감의 아이를 낳아서 얼마를 키우다가 아이가 에미와 떨어져 살만 하니까 아이만 빼앗고 백정 아내는 재물을 주어 제 집으로 보냈어.

이 아이가 점점 자라서 어른이 되니 대감도 죽고 어머니도 죽고 백정도 죽고 백정아내인 생모도 죽었어. 그런데 부모 제삿날이 돌아왔단 말이야.

그날 밤 제사를 잘 차려놓고 제사를 지내는데 자세히 보니 귀신 둘이서 와 가지고 제사음식을 먹으려고 다툰단 말이야. 한 귀신은 백정아내 귀신이고 다른 귀신은 관을 쓴 대감 귀신인데 이 두 귀신이 서로 네 아들이니 내 아들이니 욕질을 하며 싸운단 말이야.

"이 제사음식은 내 아들이 차려준 것이니 내가 먹어야 한다."

서로 이러면서 싸우다가 필경 백정아내 귀신이 앞에 앉아 먹고 대감 귀신은 뒤에 앉아 쥐꼬리만큼 얻어먹더래. 아들의 입장에서 볼때 피로 따진다면 대감이 아버지요, 낳아준 에미로 따진다면 백정의 아내가 어머니인 셈이란 말이야. 두 귀신이 한참동안 싸우는 것을 보다못해 아들이

"내년부터는 젯상을 하나 더 차려 놓을 테니 싸우지 마시오."

이리 약속하고 다음 해엔 그렇게 차려 주었더니 먼저 차린 상은 백정아내 귀신이 먹고가고 뒤에 차린 상은 대감 귀신이 먹고 가더래.

그래 그때부터 종속제가 생겼다고 한단 말이야. 이건 잡귀가 먼저 먹고 간 뒤에 조상 귀신이 제사음식을 먹는다 이게야.

조사일자 : 2001. 4. 27.

제보자 : 천장수 (72세. 남. 미로면 내미로리)

44. 돈 벌어 세금 낸 어사

옛날에 어떤 어사가 집이 원체 가난하니까 기일 내에 세금을 낼 수가 없단 말이야. 세금을 바치지 못하면 옥살이를 해야 되니 젊은 사람을 데리고 돈을 구하러 길을 떠났어.

얼마쯤 가는데 큰직한 대가집이 있으니까 그 집에 들어가서 하룻밤만 자고 가자고 했대. 그러자 주인이

"우리 집에 불행한 일이 생겨 경황이 없으니 미안하지만 다른 집으로 가 보시오."

하고 거절하거던.

"무슨 불행한 일이기에 그러오?"

"우리 5대 독자 아들이 방금 숨이 졌소. 그러니 무슨 경황이 있겠소?"

"무슨 병에 걸려 죽었소?"

"아니오. 멀쩡하던 애가 갑자기 숨을 못 쉬더니 죽었소."

이 말을 들은 어사가 참 이상하거던. 그래 잠시 생각하더니 묻더래.

"그 애가 혹시 밤나무 밑에서 낮잠을 자지 않았소?"

"그걸 어찌 아셨습니까? 거기서 낮잠을 자다가 죽었소."

"그렇다면 틀림없이 지네 때문에 죽은 걸 게요."

이렇게 알아맞히더래. 돌지네 때문에 죽었다고 알려주더래. 그러니 애 아버지가 매달리며 사정하더래.

"제발 애를 살려낼 방법이 없겠소?"

"닭의 피를 구해서 애의 입에 떠 넣고 또 귓구멍속에도 넣으시오. 닭과 지네는 상극이니까."

그러니 곧장 닭의 피를 구해다가 애의 입에 떠넣고 귀에도 부으니 애가 얼마 후에 울음을 터뜨리며 깨어나더래. 그러니 생명의 은인이니까 아주 고마워 하며 돈을 천 냥이나 주더래.

옛날 돈은 엽전이었으니까 엽전 천 냥을 짊어지고 가는데 얼마를 가다 가 날이 저무니 또 어떤 집에 들어갔대. 그런데 여자 혼자 있거던. 하룻밤 자고 가자고 청하니

"주인 양반이 집에 없으니 안됩니다."

하고 거절하더래. 그래도 사랑방에서라도 재워달라고 사정을 했어. 그런데 어사가 가만히 보니 이 집 주인이 좀 못돼 먹었더래. 남편이 아내를 자꾸만 의심을 한단 말이야. 오늘 밤엔 어디에 가서 자고 온다 하고서는 밤중에 돌아와서 문을 두드린대. 그래 문을 열어주면

"내가 자고 온다고 했는데 어떤 놈을 만나기로 약속했기에 문을 열어주었느냐?"

하며 다른 남자가 온 줄 알고 문을 밤중에 열어주지 않았느냐면서 트집을 잡는대. 그리고 문을 열어 주지 않으면 왜 남편을 밖에 세워두고 박대를 하느냐고 두들겨 패었대. 그래도 여자가 꾹 참고 사는데 어사가 이걸 다 알고

"오늘밤에는 아무리 문을 두드려도 절대로 문을 열어주어서는 안됩니다."

하고 단단히 일렀어. 그런데 밤중에 또 누군가가 문을 두드리더래. 그런데 사실은 그 날도 남편이 문을 두드렸거던. 문을 열면 곧장 죽여버리려고 그랬는데 주인 여자가 어사가 시킨 대로 절대로 문을 열지 않았어. 그랬더니 문을 두드리다가 날이 밝아버렸네. 그러니 남편은 죽이려고 들고 있던 그 칼로 자살을 해버렸대. 제가 잘못했으니까 창피해서 자살한 거야. 이런 착한 아내를 두고 제가 의심을 했다고. 그러니 주인 여자가 고맙다고 돈 천 냥을 또 주더래. 그래 어사는 그 돈을 받아 가지고 와서 세금을 내었대.

내가 왜 이 얘기를 하는가 하면 옛날에는 어사도 세금을 바치는데 왜 요새는 세금 도둑질을 하느냐 이거야.

조사일자 : 1996. 5. 3.

제보자 : 김금란 (73세. 여. 미로면 사돈리)

45. 소대성의 신통력

[옛날 얘기 좀 해주세요. 재미있는 걸로]

옛날에 이런 말이 있잖아? 뭐 밥만 먹고 잠만 자는 소대성이라는. 이 얘기는 오래 전에 들었는데 거의 잊어먹었어.

옛날에 소대성이는 부모를 일찍 여의고 아주 고생을 했어. 그러다가 고생 끝에 부귀영화를 얻은 거야. 어머니 아버지는 일찍 죽어 버렸으니까 얻어먹고 다니면서 커 가지고는 장군이 되었거던.

소대성이 어머니 아버지가 죽자 고아가 되어 날품을 팔아 먹고 살았지. 그러다가 나이가 17, 18세가 되니 남들은 일을 하는데 얻어 먹고 다니면서 저녁이 되면 아무 집에나 들어가 잠을 자려 하니 염치가 없거던. 그래 산 밑에서 자는 기라. 그런데 어느 대감이 꿈을 꾸니 그 산 밑에서 용이 꿈틀거리니 종한테

"여봐라. 저 어느 산 밑에 거기 뭐이 있는지 가서 보고 오너라."

이랬거던. 그래 종이 가보니 거지같은 총각 아가 꼼지락거리며 자고 있단 말이야.

"웬 거지 아이가 거기서 자고 있습니다."

"그러면 다시 가서 그 아이를 데리고 오너라. 꿈에 거기에 용이 꿈틀거리는 것을 보았으니 아마 큰 인물이 될 아인가 보다. 그러니 데리고 오너라."

그래 가서 데리고 오니 그 대감이

"너는 누구인고?"

하고 물으니 그 아이가

"저는 얻어먹고 사는 사람입니다."

이런단 말이야. 그래 또 물었대.

"그런데 왜 거기에 있었느냐?"

"잘 데가 없길래 할 수 없이 거기에서 잤습니다."

"그러면 오늘부터 우리집에서 살거라."

그래 그 집에 사는데 이 아이가 비록 신분은 초라하지만 좀 똘똘해 보이
니까 대감이 자기 딸과 혼약을 시켰다 이기라.

그런데 처녀 어머니는 의붓에미였단 말이야. 이 에미가 가만히 보니 소
대성이가 몰래 재주를 부리는데 별 희한한 재주를 잘 부린단 말이야. 그
재주를 보자 의붓에미가 눈에 가시가 돋치거던. 제가 낳은 아들보다 재주
가 월등하니 시기심이 일어난단 말이야. 그래 제 아들을 보고

"저 놈은 근본이 천한 놈이니 소리없이 없애 버리자."

이러더래.

그러나 소대성이는 의붓에미 속을 훤히 알지 뭐. 점쟁이처럼 다 안단 말
이야.

그날 밤에 잠을 자는데 한밤중에 문이 사르르 열리는 거야. 그러니 자기
를 해치려 온 걸 알고 파리로 변해 가지고, 옛날에는 솔기름으로 호롱불을
피웠거던. 호롱불 밑에 붙어 있으니 제까짓 놈이 알 수 있나? 그놈이 소대
성이가 자는 것을 분명히 보고 들어왔는데 아무리 찾아도 보이지 않으니까
못 잡고 가 버렸대.

그런데 다음날 또 그 짓이라. 소대성이 생각해보니 내가 여기에 있다가
는 언젠가는 일을 당하겠다 싶더래. 그 아들도 도술을 좀 부리는 사람이라,
소대성이를 잡으려 도술을 부리는데 바람에 문이 덜컹 열리는 기라. 그러
니 소대성이 바람이 되어 감쪽같이 도망쳐 버리니 요놈이 암만 찾아도 있
는가? 그래 또 못 잡았어.

이러고 있는데 나라에 난리가 났네. 소대성이도 싸우러 갔는데 몇 해가

되어도 오지 않으니 의붓에미는 소대성이가 죽은 게 틀림 없으니까 자꾸 전실 딸을 보고 딴 남자한테 개가를 시키려 하더래. 그러나 딸은 개가를 안 하겠다고 하니 에미는 가라 하고 이렇게 몇 해를 보내다보니 난리가 끝났어.

전쟁이 끝나고 소대성이는 크게 공을 쌓아 높은 사람이 되었지. 그동안 싸우느라고 여러 해동안 집안 소식을 몰라 궁금하니 부하를 시켜 알아보라고 했어. 그래 부하가 와보니 딸은 소대성이 전쟁중에 죽은 줄 알고 머리를 풀고 하얀 옷을 입고 과부처럼 살고 있더래. 소대성이 설령 죽었더라도 신의를 지키고 있는 것을 본 부하가 돌아가서 보고를 하니까 이번에는 소대성이가 직접 달려 와서

"내가 이래봐도 여자 복은 있구나."

하면서 아내를 데려갔대.

조사일자 : 1996. 5. 4.

제보자 : 김순녀 (56세. 여. 미로면 사돈리)

46. 이승휴와 천은사

미로면은 그 전에는 눈썹 미(眉)자를 썼지.

원래 그건 허목의 호에서 유래된 것으로 사람들이 생각했기에 미수(眉叟)의 눈썹 미자를 썼어. 그러자 다른 사람이 이 말에 승복하지 않고

"그건 이름이 잘못 되었어. 아닐 미(未)자를 써야 옳지."

그래서 미로(未老)라 했다고. 늙지 않는다 그런 뜻이지. 뒷 글자는 늙을 로

(老) 자거던. 그런데 늙지 않는다 이래 놓으니 맨날 젊은 사람만 있어. 사람이 나이를 먹으면 늙게 되는데 이번에 봐도 젊은 사람이요, 몇 년 뒤에 봐도 젊은 사람뿐이라. 그러니 늙은 사람은 거의 없단 말이야. 늙기 전에 죽으니까 없지. 젊은 사람이 나이를 먹어 늙을 만하면 죽어 버린단 말이야. 그러니 미로라는 글자가 틀렸다 이게야.

그리고 내미로 안에 있던 이승휴가 머물던 절은 아주 오래 됐거던. 그 이승휴란 사람이 경상도에서 와서 두타산에 있다가 병이 드니 이승휴의 어머니가 천은사에 와 가지고

"내 아들의 병을 낫게 해 주시오."

이러면서 기도를 했대. 그래 이승휴의 병이 어느 정도 나았나 봐. 그래 원래 백련대(白蓮臺)였던 절을 이승휴가 와서 다시 짓고 간장암(看藏菴)이라 했는데 뒤에 흑악사(黑岳寺)라 고쳤다가 천은사가 된 게야. 조선조때 일인데 고종황제의 아버지 흥선대원군이 묘를 중수할 적에 이 절의 중이 모두 다 와서 음식을 해주었다고 해. 음식을 해주니 대원군 대감이 묻기를

"그 중들이 어느 절의 중들이냐?"

이러니까

"흑악사 절에서 왔습니다."

이랬대. 이 말을 들은 대원군은

"이런 외진 곳에서 묘지 일을 하는데 마침 절이 근처에 있다는 것은 하늘이 도와준 것이니 이는 하늘의 은혜로구나."

이러더래. 그래서 천은사라고 이름이 붙은 거야. 그러니까 천은사라는 이름으로 바뀐 것은 역사가 길지 않아.

이승휴가 원래는 유림(儒林)이었는데 병이 났을 때 어머니가 이 절에 와서 칠성님께 빌며 기도를 하여 병이 나았기에 그만 불교를 믿게 되었어.

그래 이 천은사 절에서 몇 년간 묵은 일이 있다는 게야.

이승휴가 저 두타산에 있을 적에 산세를 보니까 이 곳이 경치가 아주 좋고 산의 기운이 하도 뛰어나니까 이 동네로 왔대. 여기에서 살며 보니까 어쩐지 불안하니까 건너편 산에 천제당을 지어놓고 10년에 한 번씩 천제를 지냈어. 그런데 6·25사변이 일어난 뒤에 그 젊은이들이

"천제가 다 무슨 소용이 있느냐? 괜한 수고만 할 뿐이니 낭비를 할 필요가 없다."

이렇게 반대를 해서 그 후로는 지내지 않았어. 그러자 동네에 사고가 나서 사람이 죽고 이런단 말이야. 멀쩡하던 사람이 죽으려고 독약을 먹고 교통사고가 나고 마을 사람들끼리 서로 치고 받고 소송을 하고 이렇게 자꾸 사고가 나니까 다시 천제를 지냈더니 그때부터 사고가 없어졌어.

지난 번 천제를 지낸 지가 7년이 지났으니 앞으로 3년 후에 제사를 지낼 차례야.

조사일자 : 1996. 5. 4.
제보자 : 김대하 (63세. 남. 미로면 사돈리)

47. 호환 당하는 양자

옛날에 여기에는 호랑이가 많았어. 요 산 너머로 쭉 가면 한 십 년전까지만 해도 호랑이가 사람을 물어 간 흔적이 있었다고. 호랑이가 사람을 물어가 잡아 먹으면 죽은 사람의 시신을 가져오는 것이 아니고 떡 찌는 시루라고 있잖아? 그 사람이 죽은 자리에다가 시루로 덮어 놓고 물레질 할 때

쓰는 물렛가락이라는, 실을 감는 쪼그만 쇠꼬챙이가 있는데 그걸 꽂아. 그건 호랑이가 사람을 잡아먹었다는 표시라.

그런데 이건 꼭 알아야 돼. 아들을 못 낳고 딸도 없으면 어떤 사람은 수양아들, 수양딸을 삼는다 이기야. 또 고아는 아버지, 어머니가 없으니까 남의 부모를 제 부모로 삼는다 이기야. 그렇지만 아무 연분이 없는 사람이 억지로

"제가 아들노릇을 할께요."

"내가 부모노릇을 하마."

절대로 이러지 말라고. 아들이나 딸이 없거나 부모가 없다면 그건 운명적으로 타고난 팔자니 인위적으로 억지로 인륜관계를 만들어서는 안된단 말이야. 이건 천명이니까 억지로 바꾸어서는 안되지.

어느때 한 영감이 살았는데 이 집에 자주 드나들던 중이

"저는 아버지 어머니가 없어요. 그러니 제가 이 집 아들 노릇을 하면 어떨까요?"

하더래. 그러니 영감이

"그럴 수 없어."

하고 허락을 하지 않았대.

"왜서 안됩니까?"

"내가 자네를 아들로 삼으면 내가 낳은 자식이 해롭단 말이야."

그러니 중이

"절대로 그렇지 않습니다. 그건 옛날 말이지 어찌 그런 일이 있겠습니까?"

하고 계속 찾아와서 아버지, 어머니 그러는 거야. 그러니 할 수 없이

"정 그렇다면 별 수 없구나. 이제부터 내 아들 노릇을 해라."

결국 승낙을 했어.

그리고는 몇 달이 흘렀지. 그 영감의 친 아들은 외딴 마을에 분가를 해서 살았어. 그런데 마침 아버지의 생신이 돌아오니까 농사를 지은 메밀을 가지고 묵을 만들어 아버지한테 갖다드리려 했다 이거야. 밤이니까 길이 칠흑같이 어두우니 마누라는 음식을 머리에 이고 아들은 관솔 불을 들고 집을 나섰단 말이야. 그런데 으슥한 곳을 지나는데 갑자기 불이 탁 꺼지더래. 그러니 여자는 겁이 나서 뒤도 돌아보지 않고 집으로 도망친 기라. 그런데 갑자기 이만한 짐승이 나타나서 아들을 물고 저 산으로 가더래. 그래서 그 산 이름이 상산재야. 호랑이가 올라갔다 해서 상산재야. 오를 상(上) 자, 뫼 산(山) 자 상산재라 했단 말이야.

이렇게 아들이 호환을 당해 죽었는데 그 뒤에도 호랑이가 밤마다 집 주위에 와서 돌아다니니 사람이 무서워서 살 수가 있나? 그런데 맨날 찾아와 어슬렁거리니 영감이 화가 나서

"요놈의 짐승아. 여기 이러지 말고 아주 깊은 저 산중 아시내로 가거라."
하고 호통을 쳤어. 저쪽 산골에 아시내라는 아주 큰 산골이 있는데 거기로 가라고. 그런데 그 아시내 근처에 이 영감의 셋째 아들과 며느리가 살았단 말이야. 이 놈의 짐승이 거기에 가서 셋째 며느리를 물어갔네. 그러니 둘째 아들네 이어 이번엔 셋째 며느리를 이놈의 호랑이가 물어간 거야. 이건 천명을 거스르고 수양아들을 삼았기 때문에 받은 재앙이란 말이야.

요 앞으로 해서 들어가면 호랑이골이 있는데 거기에 호랑이들이 살았고 밤나무골, 배나무골, 오디나무골에도 호랑이가 있었어. 호랑이골이란 호랑이가 나와서 나온 이름이고, 밤나무가 많이 있다고 밤나무골, 배나무가 많이 있어 배나무골이고 뽕나무도 많이 있는데 그 나무에 오디가 열리니까 오디나무골이라 했지. 그런데 배나무골의 배는 절대로 따먹지 못하게 했어.

호랑이가 어린애를 잡아와서는 그 배나무 밑에서 잡아먹는다 해. 그러니 그 배나무에 열린 배는 절대로 먹지 말라고 그랬거던. 거기서 더 넘어가면 보름장골이 나오지.

산삼을 먹은 사람은 그 약효가 3대나 내려간대. 산삼을 먹은 사람이 아들을 낳고 또 그 아들이 아들을 낳고 해서 삼대를 내려가도 힘이 세다고 한단 말이야.

저 안으로 들어가면 은순암, 그리고 또 조은암이라고 있는데 옛날에 조씨가 있었다 해서 조은암이라 했대. 계곡에 쭉 올라가면 있는데 공부하는 사람, 기도드리는 사람들이 자주 모여들었어. 은순암은 왜 은순암이고 쉰음산은 왜 쉰음산이냐 하면 사람들이 두타산 거기에 가서 치성을 드리면서

"제발 비나이다. 아들, 딸을 낳게 해 주십시오."

하거나

"제발 아들, 딸이 잘 되게 해주십시오."

하고 물이 고인 곳에서 비는데 빌던 곳이 오십 개가 넘는다는 거야. 그래 쉰음산이고 거기 올라가기 전에 은순암이 있는데 돌기둥이 이렇게 서있어. 거기에 흔들바위가 있는데 옛날에는 그 바위가 흔들렸다는 말이 있어. 그 흔들바위는 내 몸뚱이 백 배 정도가 되거던. 그 바위가 금방 떨어질 것 같이 흔들리면서도 안 떨어지는데 그걸 흔들바위라 불러왔지.

조사일자 : 1996. 5. 4.
제보자 : 김대하 (63세. 남. 미로면 사둔리)

48. 몸과 머리가 뒤바뀐 남편

어느 마을에 두 젊은이가 있었는데, 아주 친했단 말이야.

이 마을 위쪽에 절이 있었는데 한 사람이 그 절에 가서 중노릇을 하고 있다가 같은 마을에 사는 처녀와 눈이 맞아 가지고 절에서 나와 그 처녀와 혼례를 치르고 살았거던. 그런데 다른 친구는 그때까지 혼인을 않고 혼자 살았대.

어느 날 혼인한 친구가 아내와 그 절친한 친구와 셋이서 장에 갔다 오다가 그 절 앞을 지나오는데 옛날 생각이 난단 말이야. 그러니 아내와 친구한테

"내가 잠시 법당에 들어갔다 올 테니 여기서 기다리고 있게."

하며 혼자서만 법당에 들어가 부처님께 예불을 하다가 문득 절을 뛰쳐나온 과거가 후회가 되어 자책감에 빠졌대. 그러다가 양심에 가책을 느낀 나머지 마침 장에서 산 칼로 자신의 목을 찔러 자결을 해버렸대.

밖에서 아무리 기다려도 친구가 오지 않으니 친구가 여자보고 기다리라하고 법당 안에 들어갔단 말이야. 가보니 그 친구가 목이 끊어진 채 죽어 있더래. 아주 절친한 친구가 죽어버렸으니 자기는 무슨 낙이 있어 살겠느냐고 저도 칼로 목을 찔러 죽어버렸대.

아내가 아무리 기다렸지만 남편도 안 나오고 남편의 절친한 친구도 나오지 않으니 법당 안으로 들어갔단 말이야. 들어가 보니 남편과 남편 친구가 둘 다 목이 잘린 채 죽었거던. 그러니 부처님 앞에 엎드려 울면서

"이게 웬 날벼락이오? 지아비도 죽고 지아비 친구도 죽었으니 나는 어떻게 살겠소? 제발 두 사람을 다 살려주시오. 저는 이 사람들 없이는 못 사오."

이렇게 통곡하며 계속 울다가 기진맥진하여 잠시 기절을 했대. 그랬더니

얼핏 부처님이

"네 몸에서 흘러나온 땀이 손바닥에 고였을 테니 이 땀을 가지고 목을
붙이면 죽은 사람이 다시 살아날 것이다."

이러더래.

퍼뜩 제 정신을 차린 아내는 손바닥을 만져보니 과연 땀이 고였더래. 그
래서 그 땀을 손가락에 묻혀 가지고 두 사람의 목에 발라서 몸에 붙이니
아주 잘 붙어 다시 살아났거던. 그런데 너무 서둘러 붙이다가 잘못해서 남
편의 몸에는 친구의 목을 붙였고 친구의 몸에는 남편의 목을 붙여 놓았더
래. 그러니 몸뚱이하고 머리하고 서로 뒤바뀐 게야. 아내가 생각해보니 얼
굴을 남편으로 삼아야 할지 몸뚱이를 남편으로 삼아야 할지 모르겠으니 몸
뚱이와 목을 바꾸게 해 달라고 부처님께 빌었지만 아무 반응이 없더래.

그러니 이 여자는 할 수 없이 남편과 남편 친구 두 남자를 모시고 한
집에서 살았다 이거야.

조사일자 : 1999. 4. 24.
제보자 : 김길수 (60세. 남. 미로면 고천리)

49. 음란한 주부와 절개 있는 주모

어떤 젊은이가 아주 예쁜 색시한테 장가를 들었대 그런데 그 사람의 누
이는 술장사를 했거던.

여자가 남자한테 술을 팔려면 애교도 부리고 남자의 비위도 맞추어야
하니까 사람들은 정조를 지키지 않는 줄 알고 천시를 했단 말이야.

그 때 한양에 사는 대감에게 천살(天煞)이 박히는 일이 일어났대. 천살이란 죄를 지은 사람에게 하늘에서 화살이 날아와 꽂히는 것을 말하거던. 이 천살은 아무도 빼낼 수 없고 아주 정조가 굳은 여자가 이빨로 물어서 빼야만 뺄 수 있대.

사정이 급한 대감은 그 천살을 빼주는 사람한테는 만 냥을 주겠다고 방을 써 붙였대. 그러자 여기저기서 여자들이 천살을 빼겠다고 몰려들었지만 누구도 그걸 빼내지 못했거던.

그 사람 친구들이 이 사람의 아내가 정숙하고 얌전하니까

"자네 아내라면 천살을 뺄 수 있을 게 아닌가? 그리 되면 상금 만 냥을 탈 테니까 보내보지 그러나?"

이러니 그 사람이 아내를 한번 시험해 보려고 거짓말로 아내의 마음을 떠봤대.

"지금 한양 어느 대감이 천살을 맞아 이걸 빼주는 사람한테 만 냥을 준다 하니 자네가 가서 그걸 빼주면 우리는 자자손손 부자로 살 게 아닌가? 그런데 그 천살은 12명의 남자를 품고 잔 여자만이 뺄 수 있다 하니 자네 같은 여자가 그걸 어찌 뺄 수 있겠나? 참말 좋은 기회인데 아깝네."

그러자 남편의 말을 들은 아내는 방바닥을 치며 억울해 하더래.

"내가 지금까지 가슴에 품은 남자가 11명이니 한 명이 모자라 원통하오"

이 말을 들은 남편은 화가 머리끝까지 치올라 아내를 두들겨 패며 구박을 했대.

이때 누이가 와보니 동생이 부부싸움을 심하게 하고 있거던. 그래 물었어.

"왜 그렇게 싸우느냐?"

"저 여자가 얌전하고 정숙한 척 하길래 절개가 굳은 여자인 줄 알았더니 나 외에 10명이나 되는 남자와 관계를 했다 하니 저렇게 더러운 여자인 줄

모르고 속아서 산 것이 분해서 그렇소."

"너는 그걸 어찌 알게 되었느냐?"

"한양에 어느 대감이 천살을 맞았는데 남편 이외의 남자와는 살을 섞지 않은 절개 있는 여자만이 입으로 천살을 뽑을 수 있다면서 이런 사람에게는 만 냥이나 되는 상금을 준다는 방이 붙었답니다."

그러면서 동생은 친구들이 아내를 보내보라고 하길래 아내의 속을 떠보려고 거짓말로 12명의 남자를 관계한 여자만이 뽑을 수 있다고 했더니 그 말에 속아서 제 음란한 행동을 실토하더라고 쭉 설명을 했대.

이 말을 들은 누이는

"그렇다면 내가 한번 가보겠다."

하고 한양으로 올라가니 사람들은 술집을 하며 항상 남자만 상대하는 여자가 무슨 자격이 있겠느냐고 비웃더래.

대감의 집에 찾아간 누이는 입으로 천살을 물고 뽑으려 했으나 웬일인지 천살이 뽑히지 않으니 이에 실망한 누이는 대감 집을 나와 하늘을 우러러 보며 탄식을 하더래.

"제가 비록 남자들을 상대하며 술을 팔아왔지만 부모가 정해준 남편 이외에는 절대로 마음을 주지 않고 살아 온 것을 하느님께서도 분명히 아실 게 아니요? 그런데 아무 효험이 없으니 참으로 억울합니다. 이건 혹시 제 남동생이 어렸을 때 제 배 위에 올라가서 놀다가 오줌을 누워 그 오줌이 제 배꼽 밑으로 흘러 내려가 거기에 들어간 일밖에 없는데 그것도 딴 남자를 본 것이란 말이요?"

누이가 이렇게 호소하고 나서 다시 대감 집에 들어가 천살을 빼니 이번엔 쑥 빠지더래. 그래 상금을 타 가지고 고향에 돌아오니 모두 놀라더래.

술장사를 하며 남자들과 농담도 나누고 아양을 떠는 것만 보고 절개 없는 여자로 보았더니 알고 보니 천하에 드문 열녀였단 말이야.

그 뒤로 이 누이는 동네에서 열녀로 추앙을 받으며 받아온 상금을 가지고 편안히 잘 살았대.

조사일자 : 1999. 4. 24.

제보자 : 김길수 (67세. 남. 미로면 고천리)

50. 국시 성황신

여기 고개 위에 국시나무가 있어. 사람들이 넘어다니는 고개 마루에 어느 할아버지가 그 나무를 심었대.

그 재를 넘어 다니는 사람들은 누구든 그 국시나무에 정성을 다한대. 내미로 북쪽에 사는 사람들이 그 재를 넘어 정선에 가서 삼을 사 가지고 재 위에 오게 되면 한 올씩 뽑아 국시나무에 바치면서

"국시님. 저희가 삼을 사 가지고 옵니다."

이리 말했대. 그러니 국시님께 바친 삼의 올이 수백 개도 넘게 걸려 있단 말이야.

이 국시나무가 해마다 자라니 그 가지가 사방으로 뻗었대. 그런데 옆으로 퍼져나간 나무 줄기가 옆에 있는 밭으로 뻗어 그늘이 져서 곡식이 자라지 않고 밭일을 하는데도 지장이 많으니 밭 주인이 그 나무가지를 잘라 버렸단 말이야. 그러자 멀쩡하던 몸이 갑자기 아프기 시작했는데 아무리 해도 낫지 않으니 무당한테 가서 점을 쳤거던. 그랬더니 무당이 점을 치더니

"정성껏 밥을 지어가지고 국시나무에 가서 열심히 빌어야 낫겠소."

이래서 시킨 대로 했더니 금방 낫더라 이게야.

그 나무는 사람 서너 명이 둘러서서 안아야 할 만큼 큰 나무야. 그런데 언젠가 화재가 나서 나무가 탈 때 끈적끈적한 진물이 흘러 나와 굳어 버렸거던. 그러자 사람들이 지나가면서

"화재가 나서 얼마나 놀랐겠나?"

이러면서 술 한잔 부어주고 이랬지.

얼마 전에는 도로를 닦으면서 축대를 쌓고 시멘트로 콩크리트를 쳤어. 그리고 많은 사람들이 무슨 소원이 있으면 성황나무에 찾아가 절을 하고 소원을 빈단 말이야. 축대를 쌓을 때 그 무거운 돌덩이를 거기까지 서너 번씩 짊어서 나르느라고 많이들 고생을 했지만 다들 불평 한 마디 하지 않고 자진해서 했지.

조사일자 : 2001. 5. 17.

제보자 : 박정석 (79세. 남. 미로면 고천리)

51. 부부의 효도

이 고천리에 조상원이라는 사람과 부인이 살고 있었대. 이 부부는 나이 많은 홀어머니를 모시고 살았는데 큰 병이 들어 죽게 되자 부부가 사방으로 돌아다니며 약을 구해다 드렸지만 어머니의 병세는 차도가 없더래. 그러니 용하다는 의원을 모셔다 치료했지만 아무리 그래도 전혀 차도가 없는 게야.

그러던 어느날 스님이 찾아오자 시주를 했더니 스님이 부인한테

"이 집에 무슨 근심거리가 있습니까?"

이리 묻더래. 그러니 부인이

"그렇소. 시어머니가 병이 들었는데 아무리 약을 써도 차도가 없으니 어쩌면 좋습니까?"

이러면서 한숨을 쉬니 스님이

"병을 낫게 할 방법이 있긴 하오만."

하며 말을 끊고 부인의 눈치를 살피니 부인이 귀가 번쩍 뜨여 매달렸대.

"그 방법이 무엇인지 제발 알려주시오."

그러자 스님이 망설이다가 너무 간곡히 사정을 하니까

"손가락을 잘라서 그 피를 먹이면 목숨을 연명하겠는데 어찌 손가락을 자를 수 있겠소."

스님이 이리 알려주고 가더래.

그 말을 들은 부인은 스님이 나가자마자 부엌으로 달려가 식칼로 손가락을 잘라 그 피를 시어머니에게 먹였더니 병세가 조금 나아지더래.

그런데 염라대왕이 이 소식을 듣자 부인의 효성에 감동하여 저승사자한테 시어머니를 3년 후에 데려오라고 명령을 했대.

그런데 이 소문이 퍼지자 사또가 부인의 효심을 기특히 여기어 쌀과 비

단을 상으로 주었대.

3년이 지나 시어머니가 죽자 아들이 크게 애통하여 3년간 어머니의 무덤 옆에서 시묘살이를 하다가 죽었거던. 그러니 부인도 남편의 뒤를 따라 죽었단 말이야. 이 소문을 들은 임금이 크게 감동하여 효열문을 지어주라고 했대.

조사일자 : 2001. 5. 17.
제보자 : 이만달 (72세. 남. 미로면 고천리)

52. 뱀한테 물린 노인

저기에 가면 동굴이 있어. 그 동굴을 범구멍이라 하는데 그 앞에 나무가 무성했거던. 그런데 그 나무를 베어버리면 동네 아낙네들이 바람이 나고 마을에 나쁜 일이 생긴다 해서 베지 못하게 했는데 젊은이들이 어른들의 말을 듣지 않고 베어버리자 마을에 좋지 않은 일이 자꾸 생겨나 그 뒤로는 나무를 베지 않았더니 지금은 나무가 무성해.

그리고 그전에 어떤 할아버지가 그 범구멍 앞으로 흐르는 냇가로 고기를 잡으러 갔대. 그 냇물에서 고기를 잡고 있는데 뱀이 홀레질을 하고 있더래. 그러니 그 할아버지가 작대기를 가지고 위에 올라탄 뱀을 탁 쳐 죽였거던. 그러자 밑에 깔렸던 뱀이 달려들어 할아버지 다리를 물었단 말이야.

뱀한테 물린 할아버지는 집에 돌아와 낮잠을 잤대. 그게 초여름이라 날씨가 좀 더우니 마루에 누워 있다가 얼핏 잠이 든 게야. 그런데 꿈에 자기가 죽인 뱀이 나타나

"너를 잡으러 왔다."

이런단 말이야. 그러면서 자꾸 덤벼들어 물으려 하니 할아버지가

"나를 잡아가려면 내 다리를 고쳐놓고 잡아가라. 다리가 아파서 이대로는 갈 수 없다."

하고 버티니까 뱀이 가서 네 이파리(잎)짜리 콩잎을 물어다 놓더래. 그러니 그걸 가지고 뱀한테 물렸던 다리를 슬슬 문지르다가 잠이 깨었거던. 그런데 잠을 깨고 나서 다리를 보니 그 상처가 씻은 듯이 나았더래. 그러니 뱀을 해쳐 입은 상처를 뱀 덕분에 고친 게야.

조사일자 : 2001. 4. 13.
제보자 : 최화식 (96세, 남, 미로면 하거로리)

53. 김정승네 머슴

그전에 정승을 지낸 김씨 집에 머슴이 있었단 말이야. 그런데 그 머슴이 다른 머슴을 보고

"야들아. 오늘은 나무하러 가지 마라."

이런 말을 하더래.

"왜?"

"오늘은 바람이 불끼다."

그런데 다른 머슴들은 그 말을 무시하고 나무를 하러 갔더니 지게가 바람에 날아갈 만큼 세게 불더래. 그러니 그 말이 맞긴 맞은 게야.

그리고 며칠 뒤에도

"야들아. 오늘도 나무하러 가지 마라."

이러니 또 그러니 물을 게 아닌가?

"왜?"

"오늘 큰 비가 올 끼다."

머슴들이 생각하기를 이 멀쩡한 놈이 지랄을 하네. 날이 이렇게 쨍쨍한데 뭔 큰 비가 오겠나? 그래 그 말을 묵살하고 산에 가서 나무를 해가지고 지고 오려 하는데 그만 천둥이 치고 번개도 치며 소나기가 내리니 아휴, 이놈의 자식이 알긴 잘 아네.

이러니 머슴들이 모여

"그 놈이 뭘 알긴 아는 놈이야."

하며 탄복했고 그게 고만 소문이 났대.

"김정승네 머슴이 아주 용하다네. 하늘이 쨍쨍한 날인데도 '나무하러 가지 마라. 바람이 불끼다', '나무하러 가지 마라. 비가 올 끼다'고 하면 그 말이 꼭 맞는대."

이렇게 소문이 났는데 그 머슴이 이렇게 예언을 할 수 있는 것은 그 사람이 입고 있는 광목중의 옷 때문이었거던.

이 광목중의(中衣)는 그게 어찌 됐냐 하면 주인집 김정승이 처음에는 가난하게 살았어. 김정승이 나중에 정승이 되었지만 그때는 벼슬살이를 하려고 살림살이까지 다 팔아서 힘깨나 있는 양반한테 재물을 올려 바치느라고 아주 없이 살았단 말이야. 그런데 부인이 머슴의 옷을 빨아 입혀야겠는데 대신 갈아입힐 옷이 없으니 빨래를 할 수가 없단 말이야. 아무리 머슴이라도 뭘 대신 갈아입히고 벗겨야지 알몸뚱이로 놔둘 수는 없지 않은가? 사내놈 두 다리 사이로 달랑달랑 하는 XX을 차마 여자가 어찌 보나?

[그러면 머슴이 옷이 한 벌밖에 없었군요?] 그렇지. 그러니 아침에 방안에 가뒀대. 이불로 씌어 가둬놓았으니 마음이 얼마나 바쁘나?

옛날에는 왜 장독대 위에 빨래 줄을 치지 않는가? 옷을 빨리빨리 빨아가지고 거기에다 널었대. 해가 잘 나니 이젠 말랐겠지 하고 나가보니 빨래가 없더래. 아. 이게 어디 갔나? 영감의 바지 저고리라도 대신 입히려 했지만 영감 옷도 모자라니 그럴 수도 없고 그래 여기저기 찾아보니 뚜껑을 열어놓은 장독속에 그 옷이 빠져있더래. [저걸 어쩌나?] 이걸 다시 빨자니 시간이 없거던. 해가 벌써 넘어가려 하니 말릴 시간이 없었지만 달리 방법이 없으니 그냥 꾹꾹 짜가지고 척 널었어. 장독 이쪽에 옮겨서 널어놓고 인제 저녁을 했대. 그러면서 자꾸 빨래가 얼마나 말랐나 내다보았대. 해가 지면 옷을 달라고 할 테니 이걸 어찌 하나? 그래 걱정을 하고 있는데 마침 남편이 들어왔더래.

"여보, 이거 큰일 났소."

"왜 그러오?"

"아침에 머슴의 옷을 빨아서 널어놓았는데 가보니 없어졌더라구요."

"그래 아직 못 찾았소?"

"아이고. 그런데 그게 장독아지 속에 빠졌는 줄 어찌 알았겠소?"

"그래서 어쨌소?"

"다시 빨 틈이 어디 있소? 그냥 짜서 줄에 널었소."

"그럼 됐소. 마르거던 입히면 되지."

그래 해가 지니 대충 말랐거던. 저녁에 인제 둘이 빨래를 맞잡아가지고 양쪽에서 척척 잡아당겨 펴서 머슴한테 입으라고 줬네.

그런 줄도 모르고 머슴이 이 광목 바지를 입었는데 어찌 된 일인지 바람이 불려 하면 괄괄괄, 광목 옷이니 바지가 괄괄괄괄, 그러니 이거 참 희한하단 말이야. 또 비가 올라 하면 걸레가 되더래. 물에 젖어 이건 행주 걸레야. 참 이상하다 생각하며 한번 겪고 두 번 겪고 하다가 깨달았다 이게야. 바람이 불려 하면 바람에 휩쓸리니까 이게 벌벌 떠는구나. 또 비가 오려 하면 빨래거리가 되니 눅눅해진다는 걸 알았어. 그래 인제 바람이 분다고, 비가 온다고 머슴들한테 소문을 내었어. 이러니 그 머슴은 늘 아는 소리만 한단 말이야. 남의 집 머슴을 사는 사람이 그날 날씨를 척척 알아 맞히니 사람들한테 대우를 잘 받는단 말이야. 그래 여기저기 소문이 났던 게야.

그런데 옆 마을에 사는 이 정승이 마침 비싼 가죽 신발을 잃었대. 그런데 이 정승은 이놈이 신통하다는 소문을 듣고 불러다가 물었지. 이 머슴은 개X도 모르면서 옷만 가지고 짐작하는데 이건 큰일이야. 김정승 집은 재산이 없으니 먹을 게 없어 머슴은 항상 배를 곯았거던. 주인도 제대로 밥을 못 먹는 형편이니 머슴이 먹을 밥이 제대로 있나? 그런데 이 정승은 신발을 찾아내라 하면서 푸짐하게 밥상을 차려 준단 말이야. 주인집에 살 때는 배를 곯아 못 견디었는데 이건 살판이 났단 말이야. 그러니 에라 모르겠다 밥이나 실컷 얻어먹자고 생각했지. 그래 이 머슴이

"삼 일만 말미를 주시오."

라고 했어. 개X도 모르는 놈이 한 달이 지나도 모를 낀데 사흘만에 어찌 알아 내겠어? 그래 사흘의 기간을 얻었는데 겁이 나니까 이틀째 되는 날

새벽에 이 집 말을 몰래 훔쳐 타고 달아나려고 마구간에 들어가 숨어 있으니 문이 깔짝깔짝 이러더래. 그러면서 문 틈으로 음식꾸러미가 들어오는데 술안주가 별 게 다 있고 맑은 술도 놓여있더래. 그래 우선 잘 먹었지. 먹고 나서 곰곰히 생각하니까 도대체 이상하단 말이야. 누가 왜 음식을 새벽에 마구간에 밀어넣느냐 이거야. 여기에 무슨 사연이 있구나 싶어 몸을 숨기고 엿보고 있었대. 그러자 또 문이 깔짝깔짝 하며 누가 마구간에 들어와 말에 안장을 챙기길래 도대체 누가 그러는가 하고 살펴보니 글쎄 이 정승 딸이더래. 이 정승 딸이 어떤 놈하고 말을 훔쳐 타고 도망을 칠 때 배가 고프면 먹으려고 마구간에 안주와 술을 먼저 가져다 놓은 거란 말이야. 그런데 도망을 치려 하는데 돈이 있나 뭐가 있나? 옛날에 가죽 신발이 값이 비싸니까 이 년놈들이 이걸 팔아 쓰려고 이 정승의 신발을 미리 훔쳐 놓았던 거야.

머슴은 내일이면 꼼짝없이 죽는 날인데 뜻밖에 비밀을 알게 되었으니 얼마나 좋겠나?

'에이, 이 더러운 년이로군. 이런 사연을 진작 알았더라면 얼마나 좋았겠나? 그동안 내 가슴이 얼마나 탄 줄 아느냐?'

사연을 알고 보니 그저 반가워 죽겠지. 그래 불쑥 나서면서

"네가 지금 도망가려고 하는 걸 내가 다 안다. 도망을 가서 쓰려고 네 아버지의 가죽신발을 훔쳤지? 내가 입만 뻥긋하면 너는 뼈다귀도 못 챙긴다. 그러니 아무 말 말고 나를 따라 오거라."

하니 거역을 못하고 따라오더래. 그 길로 머슴이 딸을 데리고 머스마 집에 갔어. 그래 딸보고 머스마를 부르라 하니 할 수 있나? 머스마가 자는 방 창을 두드리며

"야. 큰일이 났어."

이러니 기다리고 있던 머스마가 나오면서

"큰일 날 게 뭐 있어? 지금 당장 도망가면 되지. 어데 친척집에라도 가서 숨어 살면 되지 않겠어?"

하고 안심을 시키다가 뒤에 웬 남자가 서 있으니까 일이 다 틀린 줄 알고 시겁을 하더래. 그러니 머슴이 눈을 부릅뜨며

"너희가 도망가서 살 밑천을 삼으려고 이 정승의 비싼 가죽 신발을 훔쳤지? 어서 내놓지 않으면 내가 고해 바쳐서 경을 치게 만들겠으니 당장 내 놓아라."

이러니 품속에 깊숙히 감추어 둔 신발을 꺼내 주며 제발 입을 다물어 달라고 통사정을 하더래.

이튿날 아침에 이 정승이 이 사람을 부르더니

"오늘까지 찾는다고 약조를 했으니 틀림없이 찾았겠지?"

하고 다짐을 놓더래.

"여부가 있겠습니까? 벌써 찾아 놓았소."

"그걸 어떻게 찾았느냐?"

"저에게 찾는 방법이 있습니다."

그러자 이 정승이 자기 딸이 사내놈과 도망치려고 훔친 줄도 모르고 신 발을 찾은 것만 반가워서 좋아하더래.

그래 신발을 찾아주니 이 정승이 수고했다면서 엽전 꾸러미를 주니 그 걸 가지고 와서 배불리 먹고 살았대.

이렇게 예전에는 변변치 않은 머슴이 엉뚱하게 부자가 되는 경우가 있 었어.

조사일자 : 1996. 6. 19.

제보자 : 박만술 (83세, 남, 미로면 상거로리)

54. 시골 봉사 눈 뜬 이야기

옛날에 시골 봉사하고 한양 봉사가 있었는데 시골 봉사도 점을 잘 치고 한양 봉사도 점을 잘 쳤어. 그런데 시골 봉사는 점을 쳐서 먹고 살려고 한양으로 올라오고, 한양 봉사도 역시 점을 쳐서 먹고 살려고 시골로 내려가다가 봉사끼리 서로 길에서 딱 부딪쳐 버렸어. 그러자 한양 봉사가

"너는 누구냐?"

하니까

"난 시골 봉산데 너는 누구냐?"

그래 한양 봉사가 대답하더래.

"난 한양 봉사다."

그래 둘이 서로 봉사인 줄 알자 친근감이 들어 같이 앉아 있다가

"우리 심심하니 점이나 쳐보자."

했어. 그래 시골 봉사가 한양 봉사보고

"네가 길바닥을 손으로 더듬어가지고 손에 잡히는 걸 나한테 다오. 그러면 그걸로 내가 점을 치겠다."

그래 한양 봉사가 길을 더듬었대. 그런데 뭐가 잡히나? 한참동안 더듬더듬 그러다가 나뭇가지를 집어주더래. 그래 만져보니까 버드나무야.

"아, 한양 장안에 유(柳)가가 사나?"

물으니 유가가 산다 이기야. 또 더듬더듬 더듬다 무슨 돌멩이를 주웠거던. 그건 돌멩이인데 차돌이야. 그러니까

"한양에 유차돌이란 사람이 사느냐?"

하고 물으니

"아, 그런 사람이 있긴 있는데 그 사람은 벼슬이 하도 높아서 보통 사람들은 이름을 함부로 못 부른다."

이러더래.

그래 시골 봉사하고 한양 봉사하고 둘이 한양으로 유차돌을 찾아갔대. 그 집에 찾아가니 그 집에 들어오는 사람마다 마당에서부터 굽신굽신 하는데 웬 봉사 두 놈이 밖에서

"유차돌이 집에 있나?"

이러거던. 안에 유차돌이 마침 있었는데 모두들 자기에게 굽신굽신 하는데 웬 두 놈이 와서 자기 이름을 부르니 이상하단 말이야. 내다보니 봉사가 와서 그러니 이 놈들을 두들겨 팰 수도 없고 하니까

"우리집에 온 손님이니 방에 들어오게 해라."

그래 방안으로 들어오라 했대. 그러자 유차돌이가 시골 봉사보고

"네가 시골서 점을 잘 쳤다 하니 어디 한번 내 앞에서 점을 쳐봐라."

했어. 그날 반찬으로 무얼 차리라 했느냐 하면 가자미 고길 구워오라고 시켰단 말이야. 그리고 나서 물었대.

"오늘 반찬이 뭐가 나오겠느냐?"

"찰밥에다가 구운 가자미 고기가 상에 올라올 겁니다."

그러니 점이 맞았거던.

또 한밤중이 되니 밤참으로 메밀 국수를 시켜놓고 점을 쳐보라 했어.

"메밀묵이 들어옵니다."

이러니 이번엔 틀렸다 이게야. 자기가 메밀국수를 가져오라고 시켰으니 틀린 게라. 그런데 상이 나오는 걸 보니 메밀묵이 들어오네. 그래

"메밀국수를 내오라 했는데 이게 어째 이렇게 됐느냐?"

하고 며느리한테 물으니까

"국수를 끓이다가 물을 너무 많이 부어서 국수가 그만 묵이 되었습니다."

이러더래. 그러니 점이 맞았지 않나?

　다음날 아침에 한양 봉사는 보내고 시골 봉사를 붙잡고 점을 치니까 봉사가 유차돌을 보고

　"이 집 아들이 절에 공부하러 갔지요?"

　하고 묻더래.

　"그래. 보냈다."

　"그 아들이 내일 돌아옵니다."

　그런데 유차돌이 생각해보니 바로 며칠 전에 보냈으니까 금방 올 리가 없거던.

　"되지도 않는 말을 하지 말아라. 몇 달은 있어야 올 텐데 그게 무슨 말이냐?"

　"그래도 기다려 보시오."

　이 말을 듣자 유차돌은 요놈 점쟁이가 이번엔 틀렸으니까 혼을 좀 내야 되겠다 생각하고 있는데 밖에서 사람들이

　"저기 아드님이 옵니다."

그래 내다보니 정말로 아들이 오더래. 그러니 깜짝 놀랐단 말이야.

　"네가 어째서 이렇게 금방 왔느냐?"

　"갑자기 오고싶어 왔습니다."

　이런단 말이야. 그런데 시골 봉사가 느닷없이 아들한테

　"왜서 화살하고 활을 가져오다가 그 걸 놔두고 그냥 들어왔소?"

하고 물으니 유차돌은 어떤 영문인지 모르지. 아들이 그걸 가져오다 어디에 감춰놓고 들어왔다 이기야. 시골 봉사가 아들을 보고

　"그걸 가져 오시오."

이러자 아들이 활을 가지고 들어오니까 유차돌이한테

"이 화살로 저 담밖에 있는 소나무의 솔방울을 맞춰보시오."

이기야. 그래 쏘니까 화살이 솔방울을 바로 맞췄단 말이야.

그러니 그 시골 봉사가

"그만하면 됐소. 오늘 저녁에 영감님 부인을 해치려는 놈이 들어올 테니 이 화살로 그 남자의 머리통을 쏘시오."

이리 말하더래. 그 말을 들은 유차돌이 생각해보니 그게 만약 사실이라면 큰일이 났거던. 그러니 그 말을 듣지 않을 수 있나? 그래 안방에 들어가 있으니까 과연 웬 남자가 들어오더래. 그걸 본 유차돌이 그만 남자 머리를 쏴버렸어. 그래 그 놈을 잡은 거야. 그러니 고맙다고 시골 봉사에게 아주 예쁜 여자를 골라 결혼을 시켜 살림을 내주었는데 부인이 새카만 애를 낳았어. 새카만 깜둥이야. 그러니 보는 사람마다

"아이 깜둥이, 깜둥이."

하니 부끄러워서 나다닐 수가 없거던. 그러니 깜둥이가 하는 말이

"아부지. 나 화살하고 활하고 독약을 구해주시오."

그러니 봉사가 화살하고 활하고 독약을 구해 주니 그걸 둘러메고 나가버렸어. 가는데 어디만치 가다보니 오두막집이 있단 말이야. 거기서 하룻밤 자려고 들어갔더니 밤에 천지가 진동하듯 요란한 소리를 내며 부엉이 떼들이 날아 들어오거던. 그건 사람이 사는 집이 아니라 짐승이 사는 굴이었어. 그래 아가 위에 올라가서 내려다보니 이 부엉이들이 옹기종기 여기저기 모여 있고 복판에는 우두머리가 앉아있거던. 그래 아가 화살끝에다 독약을 칠해 콱 쏘니

"아, 따갑다."

이러면서 이 짐승들이 뽑아버리더래. 그리고는 피를 질질 흘리면서 가더래. 그래 그 짐승을 따라가보니 강가까지 갔는데 물이 있으니까 가지도 오지도

못해. 그런데 저쪽에서 쥐들이 놀고 있다가 조그만 나룻배를 타고 이쪽으로 오더니

"선비님. 우리 집으로 갑시다."

하길래 배를 타고 건너갔거던. 건너가 보니 쥐떼가 바글바글 하더래. 그게 쥐 집이야. 그래 그냥 앉아있으니까 쥐가 와서 굽신굽신 한단 말이야. 그걸 보자

"너희들이 왜 이러느냐?"

하고 물으니까

"저 짐승들이 우리집에 들어와 떡 버티고 나가지 않으니 우리집을 찾아주면 보물을 많이 주겠소."

이러더래. 그래 그 굴에 가보니 먼저 자기가 쏜 독화살을 맞은 부엉이들이 끙끙 앓고 있거던. 야가 거기에 들어가서 그 부엉이들을 다 잡을 꾀를 쓴 게야. 그래 부엉이들 앞에 가서

"손을 벌려라. 내가 좋은 약을 너희들한테 줄 테니 일제히 먹어야지 먼저 먹고 뒤에 먹고 하면 너희들은 다 죽어."

그러면서 독약을 주니 이 놈들이 아무 것도 모르니까 홀랑 먹고 나서 한꺼번에 다 죽어버렸어. 한번에 다 죽으니 쥐들이 우루루 몰려 들어와 굽신굽신 하며

"이게 원래 우리 집인데 난데없이 부엉이 떼들이 와가지고 이 집을 차지하고 살아 우리가 집을 빼앗겼기에 이렇게 나와서 살았지만 이젠 집을 찾게 되었으니 정말 고맙소."

하고 좋아서 어쩔 줄을 모르더래. 그러더니 조그만 박을 주며

"이걸 절대로 열지 말고 가져가서 아버지 앞에서 열어보시오."

이러니까 그걸 가져와 아버지 앞에서 여니 탁 터지며 하얀 김이 확 풍겨

나오더래. 그러니 아버지는 박이 터지는 소리에 놀라 눈을 뜨고 검은 자기 몸뚱이는 하얀 김에 쏘여 검던 살이 하얗게 변했다고 그래.

조사일지 : 1996. 5. 13.

제보자 : 김용래 (71세. 남. 미로면 하정리)

55. 준경묘와 백우금관

목조[李安社]가 전주에서 살다가 산성별감과 갈등이 생기자 부친[李陽茂]을 모시고 이곳 활기리에 와서 어렵게 살았는데 부친이 돌아가시니까 부친을 모시기 위해 이곳 저곳을 찾아다니다가 피곤하니까 잠깐 졸았더래. 그런데 잠결에 한 도승이 지나가면서 상좌승하고 명당에 대해서 나누는 이야기를 듣고 도승한테 쫓아가서

"아까 상좌승에게 명당터에 대해 하신 말씀을 저한테도 해 주십시요. 제가 반드시 은혜를 갚겠습니다."

하고 애원을 했더니 그 도승은

"나는 전혀 명당에 대해서 말하지 않았소. 우리는 다만 이곳을 지나가는 승려일 뿐 그런 건 알지도 못 하오."

하고 시치미를 떼더래. 그러나 목조는 아주 간절히 매달리면서 애원을 했거던.

"대덕께서 아까 명당에 대한 말씀을 하시는 것을 제가 분명히 들었습니다. 그러니 부디 저에게 알려 주십시오."

너무도 간절히 애원을 하니까 도승이 하는 수 없이

"정 그렇다면 말해 주겠소. 만약 그대가 이곳에 묘를 쓰려면 개토제(開土祭)에 소를 백 마리를 쓰고 관은 금관을 써야 되며 술도 백 동이 정도를 쓰시오. 그러면 후손이 아주 잘 될 겝니다."

그러거던. 그 말을 들은 목조는 무척 고마워서

"대사님. 틀림없이 그렇게 이행하겠습니다."

이렇게 굳게 다짐하며 감격해 하자 도승이 그제서야 안심을 하며 비방을 알려 주더래.

"이곳에 묘을 쓸 때 꼭 그렇게 하고 묘의 방향은 반드시 신좌로 잡아야 합니다."

이렇게 알려 주며 각종 법도까지 자세히 알려 주고 나서

"이곳에 계란 하나를 묻어놓고 멀리서 지켜보면 필시 그 이유를 알게 될 것이오."

이리 말하고 나서 몇 발자국 가더니 갑자기 보이지 않더래. 목조는 도승의 말이 맞는지 알아보려고 계란을 묻은 뒤 밤에 가보았더니 수탉이 나와 홰

를 치며 우는 것이 아닌가? 이걸 보자 과연 보통 스님이 아니구나 하고 감탄을 했지.

목조가 집에 돌아와 곰곰 생각을 해보니 자기를 가진 게 없는지라. 개토제 때 쓸 소 백 마리를 잡는 게 여간 어려운 일이 아니거던. 개토제란 시신을 모실 때 닭같은 것을 잡아 피를 뿌려 나쁜 살이 뻗치는 걸 예방하는 제사인데 여기에 소를 백 마리나 잡으라 하니 자기의 형편이 어려운지라 그만한 소를 살 돈이 있어야지. 도승이 시킨 일이니 안할 수는 없고 하려고 하니 도저히 그럴 형편이 되지 못 하니까 꾀를 내었지. 문득 생각해보니 처가집이 이곳에 있었는데 마침 처가집에 흰 소[白牛]가 있었거던. 그러니 앞뒤 살필 것 없이 아내를 시켜 이것을 빌려오게 해서 잡아 백 마리의 소[百牛]를 대신하였어.

또 금관을 준비해야겠는데 값이 너무 비싸니 그걸 구할 수가 있어야지. 그런데 귀리가 황금빛이니 금관 대신으로 이걸 베어다가 다듬어 가지고 잘 엮어서 관위에 덮어놓았단 말이야. 그리고 백 동이의 술은 목조가 이 곳에 올 때 같이 따라온 부하 170 호가 이곳에 살았으므로 이들에게 각각 술을 한 바가지씩 넣은 술동이를 가져오게 하니 100동이 술이 된 거라. 이래 스님의 말대로 백우와 금관과 백 동이의 술로 성대하게 장례를 치르었던 거래. 이 묘가 준경묘(濬慶墓)야.

조사일자 : 1991. 5. 5.
제보자 : 임봉희 (48세. 여. 미로면 활기리)

56. 영경묘의 효험과 지형

영경묘(永慶墓)는 하사전리(下士田里)에 있는 목조 어머니의 무덤인데 그 분도 여기서 돌아가셨거던. 그런데 그때는 오늘날처럼 3일장이나 5일장 으로 바로 장례를 치르지 않고 얼마동안 시신을 다른 곳에 모셔 두었다가 장례를 치르는 풍습이 있었지.

목조의 어머니가 돌아가시기 전의 일이래.

하루는 저녁때가 되었는데 대사가 문에 들어서면서

"하루밤 이 집에서 쉬어 갑시다."

하기에

"누추합니다만 드시지요."

하고 허락했대.

그런데 식사를 마치자 비가 내리기 시작하더니 계속 일 주일동안이나 오더래. 그러니 대사는 비를 맞고 갈 수가 없어 그 집에서 계속 머물게 되었거던.

7일간이나 머물렀는데 8일째가 되니까 하늘이 맑아지며 햇빛이 비치니

"이제 떠나야겠소. 그런데 이렇게 오래 이 집에서 신세를 지게 되어 미안하오. 가진 것 없는 중의 몸이라 보답할 것은 없지만 힘이 닿는 한 도와줄 테니 무슨 일이든 부탁이 있으면 말을 하시오."

이리 말을 하더래. 그런데 뭐 부탁할 게 있나?

"별로 부탁할 것은 없오. 그런데 마침 어머니가 오래 사시지 못할 것 같으니 묘자리나 볼 줄 아시면 잡아주시오."

"아이고, 그럼 마침 잘 됐습니다. 내가 잘 보지는 못하지만 조금은 볼 줄 압니다. 나를 따라오시오."

그래 집에서 나와 산속으로 가다 바로 그 장소에, 현재 영경묘 자립니다만, 묘지를 잡아주면서 묘지 방향까지 알려주더래. 그리고 장례를 치르는 각종 법도를 알려 주고 나서 떠나갔대.

얼마 뒤에 어머니가 돌아가시자 목조는 그곳에 어머니를 모시며 대사가 알려준 대로 각종 법도를 지켜 장례를 치르었대.

장례를 치른 뒤 얼마가 지났을 때 전주에서 사이가 나빴던 지주사가 이곳에 온다는 소문이 들리거던. 목조가 생각해보니 여기에 있다 보면 입장이 난처해질 것 같으니까 함경도 지방으로 피신을 갔어. 그때 함경도 땅은 당시엔 원나라에서 지배하고 있었는데 고려 땅에 있다 보면 위험하니까 그곳으로 들어간 게야. 거기에서 원나라의 오천 호인 다루하치라는 벼슬을 하여 군권을 가지게 되었지. 그후 익조, 도조 대까지 3대를 거기서 지내다가 환조때 와서, 그러니까 그 분이 이자춘이 되는데 어느 신하가 고려 공민왕한테

"이자춘의 조상은 원래 원나라 사람이 아니고 우리 고려 사람의 후손

이오."

하니까

"그럼 그 사람을 잘 설득해서 빼앗길 고려 땅을 다시 찾도록 하라."

이렇게 되어 이자춘과 내통을 하여 고려군이 쳐들어가자 이자춘이 겉으로
는 싸우는 척 하면서도 내면으로 고려군과 협조하여 근처의 여러 세력을
설득해가지고 함께 고려로 넘어왔지. 그렇게 되어 그 후로 국방의 방비를
튼튼히 하여 다시는 원나라 군대가 침범치 못했기 때문에 이자춘은 공민왕
으로부터 큰 벼슬을 받게 되었거던. 그 후 이성계는 아버지의 공으로 기반
을 잡았고 장군으로 성장하게 되어 결국은 나라를 세우고 태조가 된 거야.
이렇게 이성계가 나라를 세우게 된 것은 이 묘를 잘 쓴 효험을 보아서 그
리 된 거야.

목조가 부모를 모신 묘지의 주변을 보면 전후 좌우의 지형이 특이하지.
태조가 무인으로 왕이 되었는데 주변 산의 기상이 그런 형상을 지니고 있
어. 저쪽에 있는 산이 방위산인데 전쟁을 할 때 침공해 오는 적을 막기 위
한 산이기에 방위산이라 했고, 영경묘(永慶墓) 쪽으로 지나가는 산 골짜기
는 군사가 싸우러 갈 때 진을 치는 형국이기에 둔골이고, 이 우측 편으로
해서 내려가면 핏골이 있는데 원래는 피 직(稷) 자였다고 해. 그런데 이 직
곡이 변한 말이지. 핏골 바로 뒷편 산이 꼭 말머리처럼 생겨가지고 그걸
마두산이라 해. 좌측편에 말을 먹이면 새김질을 한다 해서 사기막골이 있
고 재실의 땅이 활터와 같다 해서 활기라 했던 것을 뒤에 한자식으로 궁기
라 했어. 그런데 또 골짜기의 물이 많다 해서 너를 활(闊) 자, 시내 계(溪)
자 활계라고 고쳤는데 조선조 말 때에 활기(活耆)라 하여 현재까지 그렇게
부르고 있어.

또 어떤 사람은 호랑이가 엎드려 있는 형이라고 하고 또는 사람의 인체,

특히 여체의 모습으로 보기도 하지만 더 구체적으로는 설명하기는 곤란하단 말이야.

조사일자 : 1991. 5. 5.
제보자 : 임봉희 (48세. 여. 미로면 활기리)

57. 대박재 계집바위

대박재에 얽힌 이야기가 있긴 한데 그건 사실 이야기를 하기가 뭘 해서 말이야.

[괜찮으니 그 얘길 해주세요.]

그게 말로 설명하기가 곤란하단 말이야. 며느리하고 시아버지하고 그랬다는 이야기라 참 고약해. 이건 중한테서 들었던 이야기인데 꼭 그대로 맞다 이게야.

대박재는 큰 산인데 거기 가보면 그 산모양이 남자 그것처럼 생겼어. 그리고 그 옆에는 며느리가 XX를 쫙 벌리고 있는, 꼭 그런 형국이란 말이야. 옛날에 중들이 이 형세를 보고

"여긴 음기가 세어서 언젠가는 꼭 물바다가 될 끼다."

이리 말했는데 지금은 정말 물바다가 됐잖나? 그 앞 높은 산에 올라가 보면 형국이 꼭 그리 닮았어. 거기에 지금 땜을 만들었으니 중의 말 그대로 물바다가 된 게야.

여기서 말로 설명을 하면 실감이 안 가. 직접 가서 땅의 형국을 보아야만 실감이 가지. <조사자가 제보자와 함께 현장으로 이동함>

그전엔 물이 이쪽으로 해가지고 저 쪽 산 뒤로 흘렀다고. 저건 며느리가 옷을 벗은 모습 바로 그대로이고 저쪽은 시아버지 몸뚱이처럼 되어 있단 말이야. 지금 나무가 없어 밋밋하지만 옛날엔 나무가 우거져 꼭 그런 모양으로 보였었대.

[그 시아버지가 어쨌다고 그래요?]

예전에 못된 시아버지가 며느리한테 흑심을 품었는데 며느리가 여러 차례 거절을 하니 그만 화가 나서 여기에 오는 사람마다 바람을 나게 만들었대. 그래 심술을 부려 여자가 이 바위에 오르면 바람이 나게 했다 해서 계집바위라 해. 이 바위가 참 묘하게 생겼지?

조사일자 : 1997. 5. 18.
제보자 : 김영식(44세. 남. 하장면 숙암리)

58. 시아버지 살린 며느리의 효

옛날에 며느리가 나이 많은 시아버지를 모시고 살았는데 그 시아버지는 10여년이나 병고에 시달리고 있었대. 그런데 며느리는 시아버지의 병을 고치려고 온갖 노력을 해 보았지만 아무 효험이 없더래. 그러던 어느 날 대사가 이 집에 시주를 얻으러 왔거던. 그러니 며느리가

"대사님. 시주는 얼마든지 드릴 테니 제발 시아버지의 병을 고칠 방도를 알려주세요."

하고 간곡히 부탁을 드렸대. 며느리가 대사한테 자꾸 매달리니 대사가 감동이 되어 시아버지의 병세를 한참동안 살펴보더니

"방법이 있긴 하지만 그 방법이 참으로 힘든 일이라서 차마 말을 하기가
어렵소."

이러면서 난처해 하더래. 그러니 며느리가 귀가 번쩍 뜨여 착 달라붙으며
사정을 하더래.

"어떤 말씀이라도 실행하겠으니 부디 방법만 알려주세요."

그러니 그 대사는 할 수 없다는 듯이

"당신 아들이 지금 서당에 다니고 있지요? 가마솥에 물을 끓인 뒤 아들
이 서당에 갔다가 돌아오거던 그 솥에 넣고 푹푹 삶아 살이 물러 떨어지면
그 뼈를 추려가지고 빻아서 시아버지에게 먹이시오."

이랬단 말이야. 그 말을 들으니 며느리는 하늘이 노랗게 보인단 말이야. 에
미가 어찌 제가 낳은 자식을 끓는 물 속에 집어넣겠나? 그렇지만 시아버지
의 병을 고치려면 그 방법밖에 없으니 기가 막힌단 말이야.

대사가 간 뒤 고심하던 며느리는 결국 대사의 말대로 아들을 뜨거운 물
에 삶아 뼈를 추려서 시아버지께 드렸더니 그걸 먹은 시아버지는 금방 씻
은 듯이 병이 낫더래. 그래 병을 고쳤는데 잠시 후 자기가 죽인 아들이 서
당에서 돌아오더래. 그러니 며느리가 참 이상하거던. 그래 아들을 자세히
살펴보았는데 분명히 자기 자식이 맞더라 이게야.

그런데 그게 어찌 된 일인가 하니 먼저 물에 끓인 아들은 실은 진짜 자
기 아들이 아니라 그 대사가 보낸 동자삼이었던 게야. 며느리의 효심에 감
동한 대사가 아들처럼 속여 동자삼을 끓여먹게 한 게야.

조사일자 : 1997. 9. 28.

제보자 : 김옥순 (72세, 여, 하장면 상산리)

59. 여우 잡은 이인 삼 배꼽

어떤 사람이 있었는데 그 사람은 배꼽이 세 개가 있었대. 그런데 윗쪽 배꼽에서 물이 나오면 아침에 비가 오고 가운데 배꼽에서 물이 나오면 낮에 비가 오고 아랫쪽 배꼽에서 물이 나오면 온종일 비가 온단 말이야. 그러니 삼 배꼽이야. 이 사람은 보통 사람과 다른 이인이란 말이야. 배꼽을 가지고 일기를 척척 알아 맞히는 이인이었거던.

그런데 고을 사또가 이 소문을 들을 거야. 그래 이 사람을 데려다 놓고 날씨를 물어 보았더니 척척 알아 맞힌단 말이야. 소문대로 이 사람이 이인인 것을 직접 확인한 사또는 이 사람을 극진히 대접하며 아주 친하게 지냈거던.

이 소문이 점점 퍼져 나가자 필경 임금님까지 알게 되었대. 그러니 임금님이 이 이인의 재주를 직접 보려고 대궐로 불러 들였어. 임금님이 부르니 가지 않을 수 있나? 그래 이 사람이 임금님을 만나러 가는데 날이 벌써 어두어지니 길가에 있는 외딴집으로 들어갔어. 그랬더니 그 집에서 아주머니 혼자만 있는데 수저가 수 십 벌이나 있는 게야. 수저가 많이 있는 걸 보면 식구가 많이 있다는 이야기인데 아주머니 혼자만이 집에 있으니 참 이상하단 말이야. 그렇지만 근처에 자고 갈 집이 없으니 하룻밤 신세를 지자고 부탁을 하니

"여기서 자게 되면 오늘밤 죽게 됩니다."

이런단 말이야. 이 말을 들으니 겁이 좀 났지만 그렇다고 달리 뾰족한 방법이 없는지라 그냥 주저 앉았어.

그날 밤 자정이 되니 갑자기 밖이 소란해지며

"저우야, 문 열어라."

이런 소리가 나니 문고리가 탁 열린단 말이야. 저우가 뭔가 하면 문돌쩌귀

을 말하거던. 가끔 흉악한 놈이 와서 문돌쩌귀를 보고 문을 열라 하면 문이 열리니까 그러면 방안으로 들어 와서 식구를 잡아갔거던. 그러니 숟갈은 많은데 사람은 다 잡혀가고 없었던 게야. 그런데 그 놈이 또 사람을 잡으러 와서 방안을 들여다 보더니

"아이고, 오늘은 안되겠다. 저런 이인이 여기에 와 있으니 내가 어떻게 잡아가랴?"

이러면서 그냥 가더래. 이걸 본 이인이 아무래도 그 문돌쩌귀가 보통 물건이 아닌 줄 알고 그걸 떼어서 주머니에 넣어 가지고 갔어.

그래 또 얼마를 가다가 하룻밤 묵어가려고 어떤 집에 들어갔는데 그 집에도 아주머니 혼자만 살더래. 그런데 그 아주머니가

"다른 곳에 가서 주무시오. 여기서는 재워 드릴 수 없습니다."

하고 거절을 한단 말이야.

"왜 재워줄 수 없다는 겁니까?"

이 사람은 영문을 모르니까 이렇게 물었단 말이야.

"이 집에서는 한 달에 한 번씩 사람이 죽어나갑니다. 그런데 이번 달에도 오늘밤이 사람이 죽어 나갈 날이니 안됩니다."

아주머니의 말을 들은 이 사람은 아주머니 모르게 저우를 내놓고 묻더래.

"저우야, 저우야. 이 집엔 왜 이런 변고가 생기느냐?"

그러니 저우가 이런단 말이야.

"저 집 뒤에 있는 대나무 숲에 세 마리의 여우가 사는데 이 여우가 조화를 부려서 그렇소."

"그렇다면 그 조화를 막을 수 없겠느냐?"

"그건 어렵소. 한꺼번에 여우 세 마리를 다 잡아야 하는데 한꺼번에 그

세 마리를 어찌 잡겠소?"

그런데 이 말을 들은 이인은 횃불을 만들어 가지고 대나무 숲에 가서 여기저기에 불을 지르니 불길이 활활 치솟더래. 대나무가 탁탁 소리를 내며 갈라지니 여우들이 혼비백산해서 도망을 치더래.

그런데 여기서 달아난 여우 한 마리가 임금님이 사는 대궐에 가서 왕비를 잡아먹고 왕비의 해골을 뒤집어 쓴 뒤 왕비 행세를 하니 그게 가짜 왕비인 줄 임금이 어찌 알겠나? 그 여우는 이인한테 쫓겨났으니까 원수를 갚으려고 임금이 부른 이인이 오기를 기다리고 있었단 말이야. 그런데 이인이 이런 줄 모르고 임금이 불렀으니까 찾아가면서 문돌쩌귀한테

"내가 이번에 임금님을 만나면 어찌 되겠느냐?"

하고 물으니

"죽을 수도 있고 살 수도 있소."

이리 대답한단 말이야.

"그러면 어찌 해야 내가 살 수 있겠느냐?"

그러니 그 비방을 알려주더래.

"양쪽 옷소매 속에다가 한쪽에 매 한 마리를 집어넣고 다른 쪽에 사나운 개를 집어넣으시오."

이래 시키는 대로 매와 개를 양쪽 소매 속에 감춘 채 임금님을 찾아가니 임금이

"아. 네가 바로 그 이인이냐? 때를 맞춰 마침 잘 왔다. 왕비가 어제 갑자기 병이 나서 꼼짝 못하고 누워 있으니 너는 이인이라니까 방에 들어가서 병을 고쳐라."

명령을 하거던. 그런데 실은 그건 진짜 왕비가 아니라 왕비로 둔갑한 여우가 이 이인을 죽이려고 병이 든 것처럼 왕을 속이고 이인이 병을 고치러

방에 들어오기만을 기다렸단 말이야. 그런데 이 이인은 임금의 명령이니까
어쩌겠나?

"그리 하겠습니다."

임금의 엄명을 받은 이인은 쥐뿔도 모르면서 마지 못해 방에 들어가니 왕
비 옷을 입고 있는 여자가 눈을 흡뜨면서 바라보는데 아, 이건 분명히 사람
이 아니라 여우의 눈빛이란 말이야. 그러니 소매 속에 감추고 들어온 매와
개를 풀어놓으니 매가 날아가 왕비의 눈을 쪼아대고 개는 목덜미를 물어뜯
어 죽였대. 그런데 죽은 뒤에 보니 그 여자는 왕비가 아니라 꼬리가 달린
여우인 게야.

이래 이인이 여우를 잡아 더욱 이름이 널리 퍼졌단 이 말이야.

조사일자 : 2001. 3. 24.

제보자 : 함도호 (67세, 남, 근덕면 하맹방리)

60. 낳은 아비와 기른 아비

옛날에 이런 일이 있었다고 해.

어떤 사람이 아이를 공부시켜 원님을 만들었어. 그런데 이 아이는 사실
자기 아이가 아니라 데려다 기른 아이였어. 그 아이를 낳은 사람은 이웃에
서 농사를 짓는 사람인데 아들은 많고 살림살이는 어려우니까 아이를 집밖
으로 내쫓아 버렸는데 다른 사람이 데려다 키우고 공부시켜 원님이 되었으
니 결국 아들을 잃은 셈이지. 그런데 원님이 된 아들은 길러준 사람을 아버
지로 모시니까 낳은 아버지가 분해서 아들을 찾으려 했단 말이야. 그래 어

느날 이 사람이 자기 아들을 기른 아버지를 찾아갔어.

"그 원님은 실은 내 아들이니 당신은 애비처럼 행세하지 마시오."

이러면서 아버지 노릇을 하려 드니 기른 아버지는 입맛까지 떨어져 죽을 지경이야. 그래 속만 푹푹 썩히고 있으니 원님이 이 사연을 듣고

"그건 제가 다 해결을 지을 테니 걱정을 마시오. 마침 금년이 아버님의 칠순이니 잔치를 열고 고을 사람들을 다 부르시오."

하더래. 그리고 잔치비용을 풍족하게 주니 온갖 음식을 준비하여 놓고 고을 사람을 다 초청하니 낳은 아버지도 물론 찾아와 여러 사람 앞에서 자꾸 아들을 빼앗겨 억울하다고 불평을 늘어놓더래.

그런데 원님은 어찌 된 일인지 잔치가 시작된 지 오래 되어도 오지 않더래. 아들이 와야 힘이 날 텐데 기른 아버지는 속으로 마음이 탈 게 아닌가? 얼마가 지나자 그제서야 원님이 오더니

"정말 미안하게 되었습니다. 일찍 오려 했는데 급한 송사가 생겨서 이렇게 늦었습니다. 아직도 판결을 못하고 왔는데 음식을 들면서 여러 어른들의 의견을 들어보았으면 합니다."

이러면서 술 몇 잔을 권한 뒤

"송사의 내용이 무엇이냐 하면 한 사람은 윗논에서 농사를 짓고 다른 사람은 아랫논에서 농사를 지었는데 윗논 임자가 씨앗을 뿌리다가 그 씨앗이 아랫논으로 잘못 떨어져 아랫논에서 풍성하게 결실이 되었대요. 이리 되자 윗논 임자는 자기 씨앗이니 자기 것이라 하고 아랫논 임자는 자기가 땀을 흘리며 가꾸었으니 자기 것이라 서로 우기는데 여러분은 누가 진짜 임자라 생각하시오?"

하고 물으니 모두들

"그건 아랫논 사람의 것이지요. 사실 윗논 사람은 그 씨가 비록 자기 것

이라 해도 전혀 가꾸지 않았는데 다 자란 곡식을 제 것이라 우기는 것은
잘못이지오."

이렇게 의견이 귀결되니까 낳은 아버지가 이 말을 듣고서 자기의 잘못을
깨닫고 슬그머니 자리를 피해 도망을 치더래.

조사일자 : 1993. 5. 7.

제보자 : 김병삼 (65세. 남. 근덕면 연봉리)

61. 호랑이의 자식 사랑

옛날에 덕봉산 골짜기에서 어린 아이가 부모를 일찍 여의게 되자 삼촌
집에서 살았대. 그러다가 공부를 하고 싶으니까 삼촌집에서 나와서 산골로
들어갔대. 밤중에 산길을 가노라니 집 한 채 없고 길도 없으니 무섭기 짝이
없더래. 산길을 가다가 큰바위가 있으니 쉬어가려고 그 바위 틈 안으로 들
어갔단 말이야. 그 바위 틈은 굴처럼 생겼는데 으스스 하고 무섭더래.

그런데 그 굴 속에서 한 남자가 나오더니 그 아이한테 묻더래.

"너는 생일이 언제며, 어디서 왔느냐?"

그래 그 애는 뜻밖에 사람을 만나니까 무서웠지만 저를 해칠 것 같지 않
으니까 마음을 진정시키면서

"생일은 아무 달 며칠이고, 산밑골에 살았습니다."

이렇게 대답을 하니

"그러면 네 어머니는 널 낳은 지 삼 개월 후에 죽었고 네 아버지는 네
돌날 호환을 당했지?"

이렇게 척 알아맞히니 이 아이는 깜짝 놀랐단 말이야. 어찌 이렇게 척 맞힐 수 있느냐 이게야.

"그걸 어찌 압니까?"

"이제 보니 너는 내 아들이구나."

"네?"

그러고 보니 남자의 겉모습이 죽은 아버지와 비슷하니까 아버지를 만난 것처럼 친근감이 느껴지더래.

"너 공부하고 싶지? 여기서 마음껏 공부를 해라."

그래 거기서 공부를 하는데 매일 찾아와 저것은 저렇게 하고 이것은 이렇게 하라고 일일이 가르쳐 주더래. 그 굴은 쌍굴이었거던. 그래 그 사람과 같이 살지 않고 각각 다른 굴에서 살고 있었는데 자주 그 애한테 찾아와 지시를 하는 거야.

몇 해가 지나자 그 애가 장성했거던. 그래 아버지한테 혼인을 하고 싶다고 말을 했대. 그 말을 듣자마자 다음날 아버지는 한양에 올라가더니 김진사댁 딸이 머리를 감고 있으니까 호랑이로 둔갑하여 그 집 딸을 보쌈해 왔더래.

두 사람은 같이 굴속에서 살면서 공부에 열중하였지. 아무 일도 하지 않고 오직 공부에만 매달렸는데 모르는 것이 있으면 아버지가 알려주고 하니 학식이 매우 높아졌거던.

몇 년 지나는 동안 학식이 무척 높아지니까 두 사람을 혼례시키더래. 혼례를 시켜 이젠 부부가 되었으니 처가의 허락을 받아야 하겠던. 그러니 아버지하고 남편하고 며느리하고 셋이서 한양에 올라와 김진사댁 대문앞에 서서

"아무데 사는 사람이 이 집 딸과 혼인을 하러 왔소."

하고 소리를 지르니 김진사가 기가 막힐 게 아닌가? 딸이라고는 몇 년전에 갑자기 없어진 외동딸밖에 없는데 갑자기 무슨 혼인이냐 이기야. 더구나 그 딸이 쥐도 새도 모르게 없어졌으니 남부끄러워 쉬쉬 숨겨 왔는데 새삼스럽게 딸 이야기를 하니 창피스러울 게 아닌가?

"웬 미친놈이 와서 잠꼬대를 하는 거냐? 우린 딸이 없으니 혼인할 일이 없다."

문밖을 내다 보지도 않고 문전박대를 하더래. 그러면서 하인을 보고 냉큼 내쫓으라 한단 말이야.

"정 그렇다면 잠깐 나와서 이 여자 얼굴을 보시오."

이 사람이 밖에서 자꾸만 떼를 쓰니까 종년이 낼름 내다보고 들어가서는

"마님, 참 이상해요. 꼭 그전에 없어진 아씨같은 여자가 밖에 와 있어요."

그러니 확인좀 해보라고 한단 말이야. 그제야 나와서 자세히 보니 몇 년전에 감쪽같이 없어진 딸이 분명하더래. 그래 집안으로 끌고 들어가 그간의 사연을 들어보니 아니 벌써 혼례를 지내버렸으니 어찌 하겠나? 그렇다고 족보도 모르는 시골 상놈을 사위로 받아드릴 수 없으니 대문밖으로 쫓아냈대. 혼인을 허락할 수 없다고.

이렇게 되니 아버지와 아들은 그 집에 들어가지도 못하고 구걸해 먹으며 잠은 다리 밑에서 거지들과 잤지. 그런데 아들은 글을 하도 많이 아니까 금방 소문이 났단 말이야. 학문이 아주 뛰어난 거지가 있다고 소문이 장안에 널리 퍼지니 드디어 임금의 귀에까지 들어갔대. 임금이 들으니 거지가 학문이 높다는 게 말이 안된단 말이야. 너무 가소로우니까

"그 놈의 학문이 그렇게 높다니 당장에 가서 데려오너라. 소문이 사실인지 내가 직접 시험해 보아야겠다."

명령을 하니 데려왔대. 왕이 그 애를 보고 자기가 이기면 아내를 자기한테 바치고, 지면 왕위를 넘겨주겠다고 내기를 걸거던. 아들은 아버지한테 도움을 청하니 아버지가 파리로 변해서 내기를 하는데 답을 알려주니 그 아이가 임금을 이겼대.

그러나 임금을 이겼다 해서 어찌 임금의 자리를 찾이하겠는가? 그러니 임금한테 김진사댁 사위로 인정해 달라 하니 임금이 흔쾌히 허락하고 김진사를 불러 혼인을 시키라고 명령하니 더 이상 어찌 반대를 하겠는가?

이래서 김진사 집에 가서 정식으로 혼례를 치르었는데 아버지가 고맙다고 김진사한테 인사를 한 뒤 갑자기 호랑이로 변해 나가버리니 사람들이 기절할 만큼 놀랬단 말이야.

이건 그애 아버지 귀신이 자식을 출세시키려고 호랑이가 되어 가지고 도와주었다 이런 이야기야.

조사일자 : 1996. 5. 21.
제보자 : 전순례 (83세. 여. 근덕면 덕산리)

62. 호랑이 잡아 고친 팔자

옛날 어느 마을에 부잣집과 가난한 집이 있었대. 가난한 집은 아들이 잔뜩 있으니 먹을 게 뭐 있나? 부잣집은 항상 떡을 해먹고 고기를 사다 배불리 먹는데 가난한 집은 썩은 멸치 도막이라도 먹을 게 있어야지. 그런데 한번은 가난한 집 애들이 부모한테

"우리 집은 왜 맛있는 음식이 없소?"

하고 보채니까 아버지가 산에 올라가 나무를 해서 장에 지고 가 팔았지만 잘 안 팔리니 다음날엔 새끼를 꼬아서 짚신을 만들어 팔았는데 그것도 안 팔리더래.

장에 간 아버지가 짚신 한 개라도 더 팔려고 하다가 날이 늦으니 산길을 넘어오는데 그만 날이 캄캄해서 길을 잃어버렸대. 무작정 한참을 걷다 보니 집 한 채가 보이는데 불빛이 비치더래. 그래 그 집을 찾아가니 예쁜 여자가 나와 맞아들이면서 술을 가져와 대접을 하는데 조금 마셔보니 아주 독하더래. 그 여자는 술을 따라 준 뒤 자기한테도 술을 따라 달라기에 따라 주니까 계속 술을 마시는 게라. 그 사람은 조금밖에 못 마시는데 그 여자는 아주 잘 마시는 게야. 그래 마시면서 유심히 살펴보니 이건 여자가 아니라 호랑이더라네.

그런데 얼마나 술을 마셨던지 술에 취한 호랑이가 자기집 구경을 시켜 주겠다고 토굴로 데려가니 책도 많고 사람 잡아먹는 도구도 있고 그렇더래. 책을 보니까 미래의 역사가 어찌 될지 적어놓은 책도 있고 호랑이가 어떻게 사람으로 둔갑하는지 적어놓은 책도 있대. 호랑이가 그 책 이야기를 자꾸 하다가 술이 너무 취하니까 그만 코를 드르렁거리며 잠에 곯아 떨어지자 그 사람이 지게작대기로 호랑이 골통을 힘껏 내리치니 그 놈이 쭉 뻗어버리더래.

아버지가 장에서 돌아오지 않으니까 그 집 아이들은 마을 사람들과 함께 찾아나섰대. 필경 호랑이한테 당했을 거라고 걱정을 하며 호랑이가 산다는 곳까지 찾아오니까 그 사람은 자고 있고 호랑이는 죽어 있거던. 마을 사람들이 그 사람을 깨워 어찌 된 일이냐고, 어떻게 호랑이를 잡았느냐고 물어도 도대체 말을 않더래.

그 사람은 그 뒤로 미래에 닥쳐올 일을 척척 알아맞추니 사람들이 재물을 잔뜩 가지고 찾아와 궁금한 일을 묻고 하니 그 사람은 가만 앉아서 부자가 되어 잘 살았대. 그래 호랑이를 잡아 팔자를 고친 게야.

조사일자 : 1996. 5. 21.
제보자 : 전순례 (83세. 여. 근덕면 덕산2리)

63. 문둥이 딸과 혼인한 선비

예전에 어느 시골에 선비가 살았는데 한양에 가서 과거시험을 치르었지만 낙방을 했어. 한 번 낙방을 하고 두 번 낙방을 하고 세 번째에도 또 떨어지니 힘이 쑥 빠졌대. 그런데 곧장 낙향을 하지 않고 한양에 머물면서 보니까 무슨 짐을 잔뜩 지고 온 사람이 삼 정승 육 판서의 집 대문으로 들어간단 말이야. 그걸 보니 이상한 생각이 들어서 사람들한테 물어보니 아, 그게 뇌물이란 말이야.

이 선비가 그제서야 눈치를 채고 집에 내려가 전답을 팔고 집까지 다 잡혀서 돈을 마련해 가지고 다시 올라와 정승한테 바쳤어. 그러면 능참봉이라도 한 자리 시켜주겠지 하면서 기다렸지만 3년을 기다려도 능참봉은 커녕 말몰이꾼 자리 하나 마련해 주려 하는 기색이 없단 말이야. 이 선비가 생각해 보니 집안 재산을 다 털어 가지고 올라온 지 벌써 3년이 넘었으니 지금쯤 식구들이 다 굶어죽었을 것 같단 말이야. 돈도 다 떨어지고 벼슬도 얻지 못한 채 돈까지 탕진했으니 면목도 없고 또 식구도 틀림없이 굶어 죽었을 테니 차라리 자기도 죽어버리는 게 낫겠다 싶단 말이야. 그래 주머니를 톨톨 털어 보니 단 돈 5푼밖에 없으니 그걸 몽땅 털어 술을 사먹고 죽으려고 정자에 간 거야.

그런데 그때 마침 어떤 처녀가 장옷을 쓰듯 천으로 얼굴을 둘러쓰고 몸종을 데리고 지나간단 말이야. 그걸 본 선비는 이왕에 죽을 바에야 저 처녀와 말이나 한번 걸어보고 죽자 생각하고

"처녀는 어디서 사시오?"

그러니까 처녀가 대답하기를

"남문 밖으로 썩 나가서 도요요 하작작 상사사 하사사 괘관죽렴사창이오."

이러더래. 그런데 이게 도대체 무슨 말인지 알아들을 수 있어야지. 그러니 또 묻기를

"그러면 성씨가 어찌 되오?"

했단 말이야.

"초곡 초혼 초가 고국생각 간절하여 두견조 슬피 우오."

이건 또 무슨 말인지 모르겠거던. 그래 또

"이름이 무엇이오?"

하니까

"천자서주에 막망재상이요. 대학서주에 명명재하라."

이러니 또

"나이는 몇 살이오?"

이리 물으니 이러더래.

"군량미를 일두제지 하소서."

옛날에 군사들이 먹는 쌀은 스무 말을 단위로 계산을 했는지라 그건 알만하단 말이야. 그래 또 물었어.

"그러면 어디를 가면 다시 만날 수 있겠소?"

이러니

"항우의 명자를 생각하소서."

이리 말하더래.

이 선비가 그 처자의 말을 생각해 보니 도대체 그게 무슨 말인지 모르겠단 말이야.

그래 자기가 글을 배운 스승한테 가서 그게 무슨 말인지 물었어. 그랬더니 스승이 무릎을 탁 치면서

"네가 이제는 벼슬을 하겠구나."

이러더래.

"어째서 그렇습니까?"

"그 처녀는 분명 대갓집 딸이 분명하다. 학식이 없다면 어찌 그런 문자를 쓸 수 있겠느냐?"

스승의 말을 들으니 과연 그렇겠구나 하는 생각이 들더래. 그래 노처녀가 한 말이 도대체 무슨 뜻인지 물었대.

"어디 사느냐니까 '남문 밖으로 나가서 도요요 화작작 상사사 하사사 괘관죽렴사창이라'고 하던데 그게 무슨 뜻입니까."

"그건 남문 밖으로 나가서 도요요(挑燿燿) 화작작(花焯焯), 복숭아꽃이 활짝 핀 곳에 상사사(上四舍) 하사사(下四舍), 위로 네 집, 아래로 네 집이 있는데 괘관죽렴사창(掛冠竹簾紗窓)이라 그 가운데 대나무 발을 쳐 놓고 비단으로 장막을 쳐 놓은 집이라는 뜻이지."

"그럼, 성이 무엇이냐고 물었더니 '초곡 초헌 초가 고국생각 간절하여 두견새 슬피 운다'고 했는데 그건 또 무슨 뜻입니까?"

"그건 최(崔)씨란 뜻이다."

"그리고 이름이 '천자서주에 막망재상이요, 대학서주에 망명재하라' 한 것은 무슨 뜻입니까?"

"천자문을 보면 얻을 득(得), 능할 능(能), 말 막(莫), 잊을 망(忘)이란 구절이 있거던. 말 막, 잊을 망 위의 글자가 얻을 득, 능할 능자야. 또 대학에 그 첫머리에 재명명덕(在明明德)이 나오니까 명명재란 말은 명명이란 말 밑에 있는 큰 덕(德) 자를 말하고 또 천자문에 있는 막망이란 말의 위에 있는 능할 능(能)자를 말하니 그 이름이 최능덕(崔能德)이란 말이지."

"그러면 나이를 물으니까 '군량미 일두제지하라'는 말은 군량미를 셈할 때 스무 말에서 일두제지(一斗除之)하고 보면 열 아홉 말이니 십 구세 란 뜻이겠네요?"

"그래, 맞다."

"그런데 참 '어디로 가면 낭자를 만날 수 있겠느냐'고 물었더니 항우의 명자를 생각하라 하던데 그게 무슨 뜻입니까?"

"항우(項羽) 이름은 호적 적(籍) 자가 아닌가? 이것을 파자(破字)하면 21일 날(日) 대나무 밭(竹)으로 오라(來) 이거야. 석(昔)자를 파자하면 21이니 십(十)을 두 개 겹치면 20(十十)이오 여기에 일(一)을 더한 뒤 그 밑에 일(日)이 붙은 셈이 아니냐? 죽(竹)은 대나무 밭이며 따비 뢰(耒)자는 모양이 흡사 올 래(來) 자와 같이 생겼거던."

이 선비는 스승이 알려준 대로 21일 날 대나무 밭으로 갔어. 남문 밖에 있는 위 아래로 네 집 사이에 있는 집으로 찾아가니 집 옆에 대나무 밭이 있고 사창을 늘어뜨린 집이 보이더래. 조그만 집 한 채가 덩그렇게 있는데 아주 한적하게 보인단 말이야.

이 선비가 그 동네에 들어서니 웬 노파가 길가에 앉아 있다가

"선비는 아무 날 정자 밑에서 처녀와 얘기를 나눈 사람이 아니우?"
하고 물으니 그렇다고 대답을 했대.

"우리 아씨가 이걸 입혀서 모셔 오라 했으니 어서 이 옷으로 갈아입으

시오."

그래 보니까 신랑이 예식을 치를 때 입는 사모관대야. 선비는 영문을 몰라 어리둥절한 채 시키는 대로 옷을 바꾸어 입고 그 집으로 가니 이미 차일을 쳐 놓았더래. 그리고 혼인예식을 치를 준비를 다 해 놓고 기다리고 있다가 그 처녀를 나오라 해서 혼례를 치르게 하더래.

그래 부부가 되었는데 밤이 되니 신방에 들어가서 신부의 옷을 벗겨 보니 아, 이건 문둥이야. 문둥이라 시집을 못 가니까 아버지가 딸에게 처녀귀신이나 면하게 하려고 이렇게 시킨 게야.

그런데 처녀가 자기는 문둥이가 되어서 원귀나 면하려고 이랬지만 선비는 왜 죽으려 했느냐고 물으니 과거보러 한양에 올라와서 여러 번 과거에 떨어지고 또 뇌물을 써 벼슬자리나 얻으려 해도 뜻이 이루어지지 않아서 죽으려 하던 차에 만나게 된 것이라고 실토를 했대.

그 말을 들은 처녀는 편지를 써주며

"그렇다면 남문 안으로 들어가서 어느 거리에 있는 아무개 대감한테 이 편지를 보이시오."

이러니 그 편지를 가지고 찾아가 보니 바로 자기가 3년간 드나들었던 그 정승의 집이더래. 그래 그 편지를 정승한테 바치니까 정승이 그걸 읽어보더니

"내가 그때 조그만 벼슬이라도 시켜줄까 했지만 이런 일이 있을 줄 알고 벼슬을 안 주었던 것이니 너무 섭섭하게 생각하지 말게."

이러면서 아주 반가워 하더래.

그 대감, 그러니까 최정승이 며칠 후에 이 선비한테 자기 고을 사또 벼슬을 시켜주니 이 선비가 고마워서 하직 인사를 하고 그 딸을 그러니까 새로 예를 올린 정승의 문둥이 딸을 데리고 자기 집으로 돌아왔어.

고향에 오자 옛날에 살았던 집은 벌써 이미 남의 손에 넘어갔을 테니 식구들이 어찌 되었나 궁금해서 마을 사람들에게 소식을 물어보니 고래등같은 기와집으로 이사를 가서 살고 있다 이게야. 그래 웬 영문인가 싶어 그 집으로 찾아갔더니 그 집에서 부모, 형제들이 우루루 몰려나와 반긴단 말이야. 이걸 본 이 선비가 놀라서

"이게 어찌 된 일이요? 내가 벼슬을 사려고 그 때 집까지 잡혀 가지고 한양으로 갔는데 어찌 이런 기와집에서 살게 되었소?"

하고 물으니

"아니 당신이 한양에서 벼슬을 얻어 잘 지내고 있다면서 다시 집이라도 장만하라고 많은 돈과 재물을 보내지 않았소?"

이러더래. 그래 알아보니 정승이 그 동안 몰래 돈을 보내주어 잘 살게 된 게야.

이 선비는 이 고을의 사또가 되어 가지고 평생 동안 잘 살았대.

조사일자 : 2000. 5. 11.

제보자 : 권 찬 (75세. 여. 근덕면 교가리)

64. 떡보한테 혼쭐 난 중국 사신

그 전엔 중국 사람들이 우리나라 사람들을 무시하며 생트집을 잡아 물건을 뺏고 그랬거던.

한번은 중국에서 사신이 오는데 이 사신이 접대할 사람을 보내라고 연락이 오니 임금님이 참 걱정이란 말이야. 마중 내보낼 적당한 사람이 없으

니 고민을 하고 있는데 떡보라는 뱃사공이

"제가 나가서 응대하겠습니다."

이러니 임금님이 할 수 없이 허락을 했거던.

이 사람이 중국 사신을 맞아 가지고 압록강을 건너려고 배에 태웠대. 그러자 중국 사신이 떡보를 보고 손가락 세 개를 펴 보이더래. 보아하니 배나 젓는 무식한 놈 같은데 삼강(三綱)이나 아느냐고 물은 게야. 그런데 떡보는 그날 점심참에 떡을 다섯 개를 먹었는지라 중국 사신이 세 개 먹었느냐고 묻는 줄로 알고 다섯 개를 먹었으니까 다섯 손가락을 펴 보이니, 중국 사신은 삼강을 아느냐고 물었더니만 오히려 오륜(五倫)까지 다 안다는 줄 알고 놀라더래.

잠시 후 또 중국 사신은 너는 지리(地理)를 아느냐는 뜻으로 손바닥으로 뱃바닥을 탁탁 쳤어. 그러니 떡보는 중국 사신이 저는 떡을 세 개만 먹었다는 것으로 알았기에 배가 출출하다는 뜻으로 알고 나는 떡을 다섯 개나 먹었으니까 배가 안 고프다는 뜻으로 손바닥을 뒤집어 손등으로 뱃바닥을 탁탁 쳤어. 그런데 중국 사람은 그게 떡보가 천문(天文)까지 안다는 소리인 줄 알고 눈을 똥그랗게 뜨며 놀라더래.

이번엔 중국 사신이 신농(神農)씨를 아느냐는 뜻으로 수염을 쓰다듬으니까 떡보는 배가 고프냐고 묻는 줄 알고 나는 배가 부르다고 배를 턱 내미니까 이걸 본 중국 사신은 떡보가 저는 복희(卜犧)씨까지 안다 하는 줄 알고 조선 사람은 뱃사공도 저 정도이니 조선 땅에 들어가 정말 똑똑한 사람을 만났다가는 망신만 톡톡히 당할 것 같거던. 그래 뱃머리를 돌리라 해서 그냥 돌아가 버렸대.

조사일자 : 2000. 5. 11.

제보자 : 권 찬 (75세. 여. 근덕면 교가리)

65. 고목 느티나무

여기에 아주 오래 된 느티나무가 있어. 이 나무는 고려 공민왕때 심었다고 하니 아주 오래 된 나무란 말이야.

둘레만 하더라도 9미터이고 높이가 55미터나 되는데 그만 바람에 부러졌어. 그리고 화재가 몇 차례나 나서 구멍이 생겼거던. 지나가던 도사가 이걸 보자 흙으로 구멍을 막으면 계속 살 수 있다고 알려주기에 그대로 했더니 지금까지 살아서 봄이 되면 잎이 난단 말이야.

이 나무 옆에 이층집을 지었는데 느티나무 가지가 옆으로 자꾸만 퍼져나가 이층 창문을 가리니까 이 집 주인이 그 가지를 잘라서 불을 때었대. 그랬더니 벌을 받아서 그랬는지 그 사람이 피를 토하고 죽었다고 하거던. 그 후로는 마을 사람들이 이 나무를 아주 귀중하게 다룬단 말이야.

이곳 사람들은 시합에 출전을 한다거나 여행을 가게 되면 떠나기 전에 꼭 이 나무에 와서 고사를 지내거던. 그래야 시합에 이기고 사고를 예방하게 된다고 믿고 있단 말이야.

이 나무에 일 년에 한번씩 제사를 지내. 12월 4일날 12시에서 1시 사이에 지내는데 그 전에는 소를 잡아서 제물로 썼어. 그러나 요지음엔 소값이 너무 비싸니까 잡지 않고 장에 가서 머리하고 다리하고 내장을 사다가 쓰지.

그래 사온 소대가리를 큰 가마 솥에 넣은 뒤 푹 고아서 고사를 지낸 뒤에는 국물을 만들어 온 마을 사람들이 나누어 먹는단 말이야.

조사일자 : 2001. 4. 5.
제보자 : 김진용 (70세, 남, 근덕면 교가리)

66. 구렁이 제사 지낸 어부

어느 마을에 가난한 어부가 살았는데 하루는 이상한 꿈을 꾸었대. 꿈에 큰 구렁이 한 마리가 죽은 채로 바다 한 가운데 둥둥 떠있는데 어디서 백발노인이 나타나

"이 구렁이를 건져 가지고 초곡리 바닷가에서 제사를 지내주면 좋은 일이 생길 터이니까 그리 해보라."
이러더니 갑자기 사라지더래.

이 어부는 참 이상한 꿈이다 싶어 다음날 날이 밝자 배를 타고 바다에 나가보니 정말 죽은 구렁이가 바다 가운데 둥둥 떠있더래. 어부는 너무나 신기해서 그 구렁이를 정성스럽게 모시고 초곡의 바닷가로 나오다보니 용굴이 보이거던. 그래 구렁이를 동굴 앞에 있는 바위에 얹어놓고 제사를 지내 주었더니 그 구렁이가 꿈틀대며 살아나서 동굴 속으로 들어가더래. 그러더니 잠시 후 물결이 크게 일면서 구렁이가 용으로 변하더니 하늘로 승천하더래.

이런 일이 있고 난 뒤 그 어부가 바다에 나가기만 하면 고기가 많이 잡혀 부자가 되었대.

조사일자 : 1999. 4. 3.

제보자 : 이대근 (83세. 남. 근덕면 교곡리)

67. 경주 이씨의 흥망과 바위

옛날에 경주 이씨가 바다로 고기를 잡으러 갔다가 죽었는데 자식들이 아무리 시신을 찾아도 찾을 수가 없었대. 그런데 마을 앞 바다속에 비두짝이라는 바위가 있었는데, 그 바위 밑이 유난히 환하여 가보니 이씨 시신이 물 속에서 평다리를 하고 앉아 있기에 이를 모셔다가 정성껏 장례를 치르어 주었대. 이씨는 평소에 바위를 유독히 좋아해서 틈만 나면 이곳저곳에 있는 바위에 즐겨 다녔기에 죽어서도 물속의 바위 옆을 떠나지 않았던 것이래. 그 후로 이씨 집은 큰 부자가 되고 자손이 크게 번성하여 식솔들이 한 끼의 밥을 먹으려면 쌀 한 가마니를 해야 할 정도였대.

그런데 어느날 지나가던 중이 이 집에서 시주를 받고 하는 말이

"3년 안에 탕수물이 다 마를 것이니 그 전에 여길 떠나시오."

라고 하더래. 하지만 할머니는 잘 살고 있는 이 집을 차마 버리고 떠날 수 없어 탕수물이 다 마를 때까지 떠나지 않았더니 결국 집안이 망해버렸으며 할머니만 남고 자식들과 종들은 돌림병에 걸려 다 죽었다고 한단 말이야. 그러다가 몇 십 년 후에야 다시 운세가 회복되어 예전만은 못해도 여유있게 살았다고 해.

기마우바위

　이 마을의 바닷가에는 이씨가 살았을 때 즐겨 다니던 바위가 많이 있는데 바위마다 전해 내려 오는 유래를 지니고 있거던.

장사바위 ~ 올라갈 수 있어도 내려올 수는 없어 장사바위라 함.

큰 바위 ~ 바위가 점점 커진다고 하여 큰 바위라고 함.

노세바위 ~ 장노세라는 처녀가 소를 끌고 와서 풀을 먹이다 그 바위에서 떨어져
　　　　　　죽었다고 해서 노세바위라고 함.

기마우바위 ~ 홍기만이라는 사람이 이 바위에서 떨어져 바다에 빠져 죽었는데 시
　　　　　　신을 찾을 수가 없어서 기마우 바위라고 함.

탕건바위 ~ 바위가 탕건을 쓴 사람 모양 같이 생겨서 탕건바위라 함.

용굴바위 ~ 용이 살았다는 굴속에 있는 바위. 용구멍이라고도 하며 예전에는 비
　　　　　가 오면 들어가서 비를 피했으나 지금은 바닷물이 들어차 있음.

비두짝 ~ 새가 날아가다 떨어져 죽은 자리가 있어 한자로 날 비(飛)자를 써서 비
　　　　　두짝이라 함.

　　　　　　　　　　조사일자 : 1995. 5. 11.

　　　　　　　　　　제보자 : 김동진 (83세. 남. 근덕면 부남2리)

68. 오줌 누어 얻은 풍어

옛날에 어떤 사람이 어장을 했는데 하도 어장이 되지 않으니까 성황당
에 가서

"이놈의 성황도 아무 소용없으니 다 부셔버려야지."

하면서 몽둥이로 성황나무를 두드리고 그 성황에다 오줌을 깔겨 버렸대.
고기가 안 잡히니까 속이 상해 술을 먹고 성황당에 가서 거기다 그만 화풀
이를 한 거야.

그런 뒤에 집에 들어와 잠을 자다가 꿈을 꾸니 성황당 여신이 나타나서

"내가 오늘 저녁에 그렇게 즐거울 수 없었소. 그래 은혜를 갚으려 하니
날이 밝으면 어장에 나가보시오."

하더래. 그래 날이 새자 어장에 나가보니 청어가 그물에 얼마나 많이 들어
있는지 모르겠더래. 그 고기를 건지는 데만도 몇 시간이 걸렸대.

암성황 여신이 남자의 오줌을 맞자 얼마나 기분이 좋은지 고기를 거기
에 온통 몰아주었기에 그 사람이 부자가 되었다는 게야.

그런 일이 있은 뒤부터 사람들이 해마다 나무로 남자의 그걸 깎아다가
제사를 지낼 때 바치게 되었대.

조사일자 : 1995. 1. 19.

제보자 : 김순녀 (66세. 여. 근덕면 성저리 동막)

박덕진 (75세. 남.   〃   )

69. 화목한 가정의 비법

어느 집에 5대가 같이 살았대. 아들, 아버지, 할아버지, 증조할아버지, 고조 할아버지 이렇게 5대가 한 집에서 같이 사니 식구가 얼마나 많겠나? 그렇지만 집 밖으로 큰소리 한번 나오지 않고 오순도순 잘 살더래.

이 집안이 왜 이렇게 조용히 사느냐 하면 그게 다 사연이 있어 그랬대. 그전부터 이 집에서는 아침마다 아들이 아버지한테 문안을 드리러 오면 아버지가 아들한테

"오늘도 무슨 일이 일어나게 되면 참을 인(忍) 자를 생각하고 참아야 한다."

이리 단단히 당부했단 말이야. 옛부터 고조 할아버지가 증조 할아버지한테, 또 증조 할아버지가 할아버지한테, 할아버지가 아버지한테, 아버지가 아들한테 귀에 못이 박히도록 경계를 한 게야. 그러니 아들이 간혹 불만이 있으면 대들려다가 문득 아버지의 훈계가 생각이 나서 꾹 참고 견디는 게야. 이게 대대로 이어지다 보니 이젠 가풍(家風)이 되어 어떤 억울한 일이 생겨도 꾹 참는 버릇이 생겼어. 그러니 집안에 많은 식구가 살면서도 아무 불만 없이 오순도순 화기롭게 사는 게야.

그런데 이때 새로 원님이 부임했는데 어느 집에 5대가 같이 살면서도 화기롭게 산다는 말을 들었단 말이야. 형제끼리 같이 살아도 서로 의사가 엇갈리면 다투기 마련인데 이건 참 이상하니 그 연유를 알아보려고 그 집에 찾아가서

"한 집에서 형제끼리 같이 살아도 의견이 달라서 큰 소리가 나는 법인데 듣자니 이 집은 5대가 같이 살아도 화기애애하게 산다고 소문이 자자하니 이 집엔 무슨 특별한 비결이 있소?"

하고 물었단 말이야. 그러니 할아버지가

"그건 무슨 비결이 없고 다만 선대부터 아들한테 어떤 일을 당하면 다투거나 대들지 말고 항상 참을 인 자를 가슴속에 새겨 참도록 가르쳤을 뿐입니다."

이러더래.

원님이 가만 생각해보니 이거야말로 정말 집안을 화목하게 만드는 방법이란 말이야. 그래 그 집 할아버지를 표창하고 상을 내렸대.

조사일자 : 1997. 4. 20.
제보자 : 이윤수 (79세. 남. 근덕면 추천리)

70. 아내 길들인 남편의 꾀

어떤 사람이 홀아버지를 모시고 사는데 아들은 친아버지니까 잘 모시려 했지만 아내는 같은 식구라도 저를 직접 낳은 아버지가 아니니까 박대를 했단 말이야. 그러니 남편이 그러지 말라고 타일렀지만 어디 아내가 말을 듣나? 이걸 때려 버릇을 고칠 수도 없고 하니 고민이 이만저만 아닌 게라. 그래 화가 나서 딴 방에 가서 자니 아내가 별 수 있나? 밤에 아내는 제 방에서 혼자서 지냈대.

그러던 어느 날 남편은 조반을 먹고 나서

"오늘은 내가 누구를 만날 일이 있어 장에 다녀 올 테니 그리 아시오."

하고 휙 나가더니 장에는 가지도 않고 어느 주점에 들어가 온종일 술만 퍼마시다가 저녁 늦게 집에 돌아온 게야. 그러니 아내가

"장에 가니 구경할 게 많았나 보구려. 오늘 본 것 중에서 무엇이 제일

볼만 합디까?"

하며 남편의 저녁상 앞에 앉아서 묻는 게야. 그러니 남편이

"볼 게 뭐 있겠소? 그런데 참 희안한 일이 있긴 있었소. 아, 글쎄. 어떤 사람이 '사람을 파시오, 천 오백 냥을 드리리다.' 이리 소리치고 다닙디다."

이런 말을 하니 아내가

"그렇다면 우리 아버지를 그 사람한테 팝시다."

대뜸 이런단 말이야. 시아버지가 얼마나 미웠으면 이랬겠나? 이 말을 들은 남편은 속으로는 아내가 괘씸하기 짝이 없지만 겉으로는 시치미를 떼고

"사람이나 짐승이나 살이 쪄야 팔아 먹지 이렇게 깡마른 사람을 누가 사 가겠소?"

이랬단 말이야. 아내가 듣고 보니 남편의 말이 맞거던. 그래 아침을 먹은 뒤 광에 들어가 쌀을 푹 퍼가지고 나오더니 밥을 짓고 떡을 만들고, 또 저자에 가서 쌀로 고기와 바꾸어 가지고 와서 소금을 뿌려 구워서 시아버지를 대접하더래. 그런데 상을 받은 시아버지는 평소에 보리밥에 김치부스러기만 주던 며느리가 이런 진수성찬을 바치니 이게 누굴 잡아먹으려 이러나 싶어 겁이 덜컥 났지만 에이 사람이 이제 당장 죽으나 늙어 환갑에 죽으나 죽기는 매한가지니 실컷 먹어나 보고 죽자 하고 숟가락으로 쌀밥을 푹 떠서 먹고 젓가락으로 잘 구운 물고기를 집어먹으니 입 속에서 살살 녹는 게라. 이렇게 한 열흘간 먹으니 얼굴에 화색이 넘치고 힘이 펄펄 솟구치더래. 끼니 때마다 이렇게 쌀을 아끼지 않고 푹푹 떠서 시아버지 밥을 해주려니 매일 방아를 찧어야 했거던. 며느리가 방아를 계속 찧으려 하니 힘이 든단 말이야. 그래 낑낑대며 땀을 흘리니 이걸 본 시아버지가

"그 많은 방아를 너 혼자 찧으니 얼마나 힘이 드느냐? 내가 그걸 찧어 줄 테니 너는 푹 쉬어라."

이러면서 달려들어 방아를 찧어주고 마당도 쓸어주고 농사일도 도맡아서 해주니 며느리는 편해서 살 맛이 난단 말이야. 그런데 어느 날 남편이 또 아내한테

"오늘 볼 일이 있어 장에 갔다 올 테니 그리 아시오."

하고 나가더래. 그래 장에 가는 척하고 나가서 주막에 들어가 온종일 술만 마시다가 늦어서야 집에 들어왔대. 저녁상이 들어와 저녁을 먹는데 아내가 또

"오늘은 장에 무슨 볼 만한 게 있었소?"

이리 묻는다 말이야. 그러니 남편이 퉁명스럽게

"볼 게 뭐가 있겠소. 그런데 참 이번에 알아보니까 천 오백 냥이나 부르던 사람 값 시세가 뚝 떨어져서 오백 냥도 안 주려고 하니 그거라도 받고 아버지를 파는 게 어떠하겠소?"

이러니 아내가 펄펄 뛰며

"오백 냥, 천 오백 냥이 문제가 아니라 집안의 힘든 일은 시아버지가 모두 맡아서 하는데 어찌 아버지를 팔겠소? 아버지가 없으면 그 힘든 일을 다 내가 해야 하니 아버지가 없이 나는 못 살겠소. 앞으로 다시는 그런 말을 하지 마시오."

이러면서 머리를 절레절레 흔들더래.

이렇게 남편이 꾀를 내어 아내의 길을 들여 효부를 만들었대.

조사일자 : 1997. 4. 20.

제보자 : 이윤수 (79세, 남, 근덕면 추천리)

71. 유충렬을 구해준 남악산 산신령

이건 중국에 있었던 이야기인데 유충렬이란 사람이 있었어. 유충렬의 아버지인 유심은 늦도록 아들을 두지 못 했는데 남악산에 치성을 드린 뒤 충렬이를 낳았거던.

유충렬이는 충신이고 정한담이는 지략은 출중하나 간특한 자였어. 그런데 정한담이가 보니 유충렬이를 살려두면 자기가 언젠가는 당할 것 같으니까 유충렬의 아버지를 모함하여 귀양보내 버렸어. 그리고 나서는 제가 유충렬이 어머니를 데리고 살려고 했대.

유충렬의 어머니가 생각해 보니 정한담이란 놈이 흑심을 품고 있는데 남편은 귀양을 가버렸으니 어린 유충렬이 하고 둘이서 살 수 없겠거던. 그러니 맨날 걱정이지.

그런데 유충렬이는 남악산 정기를 받고 태어났으니 쉽게 죽지 않는단 말이야. 그러니 정한담이가 유충렬이를 못 죽여서 안달을 했단 말이야.

그런데 어느날 유충렬의 어머니가 꿈을 꾸니 정한담이가 유충렬을 해치려 한단 말이야. 그래 아들을 데리고 피신을 했어. 그러나 피신한 집을 찾아낸 정한담이가 유충렬이 숨어있는 집에다 불을 지르니 충렬의 모자가 개구멍으로 도망쳐버렸단 말이야.

그런데 남악산 산신령이 유충렬한테 부채를 주어 부치게 하니 불길을 피할 수 있었어. 계속 부채질을 하며 불길을 피해 있다가 개구멍으로 도망을 쳤어.

이것을 모르는 정한담이는 이젠 불길에 타 죽었겠지 생각하며 가보니 도망치고 없거던. 그러니 뒤를 쫓아갔대. 쫓아가다 보니 유충렬이가 바닷가로 다라난단 말이야. 배를 타고 도망치는 것을 잡으려고 정한담의 부하들도 배를 타고 쫓아갔대. 그런데 정한담이 부하들은 원체 기운이 장사니까 배를 빨리 저어 금방 쫓아와 결국은 잡혀 죽게 되었대. 쫓아오는 배가 바로 코앞까지 오니 남악산 산신령이 유충렬이를 구해주려고 갑자기 바람을 세게 불어대니까 쫓아오던 배가 뒤집혔기에 위기를 벗어날 수 있었대. 그래서 그 뒤로 파도가 치면 그 귀신들이 울부짖는대.

명나라 도총대장이었던 정한담은 그후에 명나라를 배반하고 남적에 항복하여 천자를 해치려 했다가 오히려 유충렬한테 잡혀 죄값을 치르었지.

유충렬은 온갖 고난을 이기고 나라에 큰 공을 세운 만고충신이야.

조사일자 : 1997. 4. 27.

제보자 : 이윤수 (78세. 남. 근덕면 추천리)

72. 저승에 다녀온 효자

옛날에는 부모가 돌아가시면 몽상(蒙喪)을 하고 시묘살이를 하는 사람이 있었지.

시묘살이가 무엇이냐 하면 베옷을 입고 무덤을 지키는 게야. 무덤 옆에다 움막을 치고 3년 동안 사는데 옷도 안 갈아입고, 목욕도 하지 않으니 몸에 때가 더덕더덕 생긴단 말이야. 그러면 몸이 더러우니까 이(虱)가 생기거던. 그러면 이를 잡아 죽이지 않고 잡아서 대로 만든 통 속에 집어넣곤 했지.

어떤 사람이 아버지가 돌아가시자 시묘살이를 했대. 매일 무덤 위에 난 잡초를 뽑는 일 빼고는 아무 할 일이 없으니 시간이 남아 참 심심하단 말이야. 그러니 무덤 옆에 있는 땅에 논터를 만들어 가지고 모를 심었대. 손바닥만한 땅이지만 정성을 온통 기울였더니 가을에 결실이 잘 되었더래. 손으로 벼를 훑어서 손톱으로 한 알 한 알 껍질을 까니 티끌 모아 태산이 된다고 쌀이 몇 되가 나오더래. 그 사람은 쌀을 짊어지고 저승으로 부모를 만나러 갔대. 그런데 가다가 보니 산 밑에 웬 사람이 썩은 새끼줄을 목에다 걸고 서 있다가

"당신같은 효자가 이 곳을 지나갈 줄 알고 오래 전부터 여기서 기다리고 있었소. 부디 제 소원을 들어주시오."

이런단 말이야.

"당신 소원이 무엇이길래 그렇소?"

"염라대왕을 만나게 되면 어느 산 밑에 사는, 썩은 새끼줄을 목에 걸고 사는 사람이 언제쯤 이런 신세를 면할 수 있는지 물어봐 주시오."

이리 사정을 하더래.

"그건 쉬운 일이니 걱정하지 마시오"

이 사람이 약속을 했대. 그리고 나서 또 길을 가는데 날이 저물었더래. 날이 어두워지는데 불빛이 비치는 집이 있길래 그 집으로 찾아가서

"저승에 가는 사람인데 하룻밤 자고 갑시다."

하니 젊은 여자가

"우리 집에는 여자 혼자 사는 집이고 방도 하나밖에 없으니 재워줄 수 없소."

이러거던. 그렇지만 달리 자고 갈 집도 없고 먼 길을 걸어와 피곤하니까 사정을 했대.

"방이 없으면 처마 아래서라도 자게 허락해 주시오."

여자가 생각해보니 난처하거던. 근처에 집이 없으니 더 이상 거절할 수도 없고 또 처마 밑에서라도 자고 가겠다고 하지만 차마 그렇게 할 수도

없어 난처해 하다가

"정 그렇다면 들어오시오. 그런데 어찌 처마 밖에서 자고 가게 할 수 있겠소? 방으로 들어오시오."

이래서 방으로 들어왔는데 여자가 부엌으로 나가더니 밥상을 차려왔더래. 이 사람은 배가 고프니까 염치불고하고 우선 맛있게 먹었대. 밥을 먹고 나자 갑자기 잠이 쏟아지니까 자기도 모르는 사이에 그대로 잠이 들었대.

얼마쯤 곤하게 자다가 깨어보니 저는 아랫목에서 자고 여자는 윗목에서 자고 있더래. 그런데 이 사람은 혈기가 왕성한 젊은 나이인지라 여자를 보니 욕정이 치솟아 오른단 말이야. 그래 잠든 여자를 쓰다듬고 안아보고 하다가 보니 욕정이 치밀었지만 꾹 참았대.

아침이 되자 여자가 나가서 아침밥을 차려왔는데 아주 정성을 쏟았더래. 밥을 맛있게 먹은 뒤 밥상을 물리자 여자가

"부탁이 한 가지 있습니다. 염라대왕을 만나게 되면 아무 곳에 사는 여자의 배필이 누구인지 물어 봐 주시오."

이러니 남자가

"그리 하리다. 걱정하지 마시오."

승낙을 했대. 하룻밤 연분을 쌓고 싶었던 사이인데 이런 청을 어찌 거절할수 있나? 그리고 나서 다시 길을 떠났지.

얼마를 가니 강이 나오더래. 그 강을 건너면 저승인데 어떻게 해야 강을 건널 수 있을지 몰라 강가를 왔다 갔다 하고 있으니 물이 쫙 갈라지면서 용이 나타나더래. 용이 나타나 고개를 끄떡끄떡 하더니

"효자님이 오실 줄 알았소. 내가 당신을 건너다 줄 테니까 내가 언제 하늘로 승천할런지 물어봐 줄 수 있겠소?"

이러더래. 그러니 이 사람이 강을 건널 수 있으니까 듣고말고지 뭐.

"좋소. 물어 봐 주겠소."

그러니 용이 이러더래.

"내 등에 올라타고서 양쪽 뿔을 꼭 잡으시오. 그리고 눈을 감으시오."

그 용이 시킨 대로 했더니 휘익 강을 건너더래. 그래 드디어 저승까지 갔대.

저승에 가니 염라대왕이 보더니만

"오늘 네가 이렇게 올 줄 알았다. 그런데 네 아버지는 개 똥 밭에서 개똥을 치고 있다."

이런단 말이야. 그러면서 곧 올 테니 잠깐만 기다리라 이러더래. 그래 아버지가 돌아오기를 기다리고 있었더니 곧 돌아왔더래.

"네 아버지가 지금 돌아왔으니 가서 만나 보거라."

그래 그 곳으로 가보니 아버지도 있고 먼저 돌아가신 어머니도 있더래. 부모와 만나서 이런 얘기, 저런 얘기를 한참동안 나누다가 작별인사를 하고 돌아왔대. 그런데 오다 생각하니까 올 때 물어봐 달라고 부탁받은 말을 깜박 잊었단 말이야. 그래 다시 되돌아갔더니 염라대왕이

"어찌 되돌아 왔느냐?"

하고 묻더래. 그래 망설이다가 물었대.

"제가 오다가 어느 산 밑을 지나오는데 웬 남자가 썩은 새끼줄을 목에 매고 있으면서 언제 그 새끼줄을 안 맬 수 있겠냐고 물어 오라 했는데 어찌 되겠습니까?"

이 말을 들은 염라대왕은 성을 버럭 내더래.

"그 놈은 평생동안 그걸 면하지 못한다."

"왜 그렇습니까?"

"그 놈을 평소에 제가 풍수쟁이도 아니면서 남을 속였으니 그렇다."

그러자 이번엔 오다가 하룻밤을 같이 지낸 여자의 부탁을 물었대.

"어디에 사는 여자의 배필은 누구입니까?"

"음, 그건 네가 돌아가 보면 알게 될 께다."

그러자 마지막으로 용의 부탁을 물었대.

"그 용은 언제 승천하게 됩니까?"

"그 용은 때를 기다리지 못하고 조급히 서둘기만 하니 영원히 가망이 없다."

이래 염라대왕의 말을 듣고 오는데 강가에 오니 용이 반가워하며

"그래 물어봤소?"

하고 물으니 그대로 말을 전했대. 그랬더니 평생 승천하지 못하고 그 강가에서만 지내게 될 신세가 원통해서 꼬리를 탁 치며 화를 내더래. 그 바람에 이 사람은 이쪽 강 언덕에서 저쪽 강 언덕으로 넘어갔더래.

그래 오다가 그 여자를 만났거던. 그 여자는 이 사람이 저승까지 무사히 다녀오는 걸 보니 보통 사람이 아닌 것 같거던. 그러니 마음속으로 호감이 가서

"굳이 집까지 갈 것 없이 여기서 저와 인연을 맺고 삽시다."

이러면서 매달리니 그 집에 눌러앉아 살기로 서로 약속을 했대.

그 뒤에 그 사람이 자기 집에 다녀오려고 가다가 문득 목에 썩은 새끼줄을 맨 사람이 살던 곳이 생각나서 찾아가 보니 새끼줄을 목에 맨 채 이미 죽었더래.

조사일자 : 1997. 4. 27.

제보자 : 이윤수 (78세, 남, 근덕면 추천리)

73. 장박골의 구렁이

여기 장노장스님이란 분이 있었어. 그 스님은 아주 자비로운 분이셨는데 열반을 할 때 풍등새가 되어 날라갔대. 풍년이 들게 하는 새가 바로 풍등새가 라고 하거던.

여기에 장박골이 있어. 그 앞 삼산 씨앗골에 절, 아니 암자가 있어. 그런데 언젠가 그 절을 뜯어가지고 호산에 가져가 절을 지었다고 해. 그 뒤에 또 산삼 씨앗골에 어느 여자가 절을 지어 놓았지. 그 뒤로 누가 권력을 휘두르거나 나쁜 일을 하면 그 사람은 재앙을 받아 인생이 결단난단 말이야.

그리고 선녀가 목욕하고 승천했다는 선녀탕이 있고 못도 있었는데 사람이 별로 오지 않으니 지금은 가시덤불만 우거져 있어.

한번은 산돼지를 잡으러 온 삼 형제가 산돼지가 튀는 바람에 벌을 받았지. 그때가 동지 섣달인데 진눈깨비가 뿌리니 그 절로 피신하러 갔는데 밤에 문을 열어달라고 소리를 질렀지만 중이 손이 떨려 문을 못 열었대. 다음 날 날이 밝자 중이 나와보니 아무도 없으니 잘 갔나보다 했지.

그런데 쌓인 눈이 녹은 뒤에 보니까 세 형제가 서로 허리를 껴안고 죽어 있더래. 살생을 하는, 돼지를 잡는 놈들이니까 부정을 타서 중이 무서움증을 느끼게 하여 문을 못 열게 한 거야.

그리고 장박골에 박군연이란 사람이 있었는데 일제때 천황과 형님, 동생할 정도였대. 이 사람이 일본에서 불교대학을 나온 비구승인데 장박골에 사람 열 명이 끌어 안아야 할 정도로 큰 소나무를 짤라서 팔아 먹었어. 그런데 해방 뒤 경주로 내려갔다가 거기서 죽었어. 죽은 뒤에 구렁이가 되어 여기에 왔더래. 〔그걸 어떻게 알았어요?〕 정라진에 살던 김용섭이란 사람이 있었어. 그리고 장노장이란 사람이 있었는데 일자무식한지라 염불 한번 못하고 절에서 종이나 쳐주고 하며 살았거던.

어느날 김용섭이가 이곳에 왔더니 구렁이가 시커먼 게 똬리를 틀고 대가리를 들고 앉아있으니 얼굴 빛이 하얗게 놀라가지고

"노장님, 나와 보시오."

하고 장노장을 부르니까 나와서 유심히 살펴보더니

"아, 알겠다. 너는 일정때 천황과 형님 동생처럼 지내며 이 장박골의 이산, 저 산을 팔아먹고 나무까지 팔아먹은 박군연이 아니냐? 너 참 좋은 거 됐구나! 네 이놈 당장 나가지 않으면 부처님께 빌어 네 대가리를 끊어 버리겠다."

하고 호통을 치니까 고개를 끄떡이면서 그만 저 담을 타고 기어나가는데 아주 쏜살같이 달아나더라고.

사람이 마음을 잘못 먹으면 이렇게 벌을 받는단 말이야.

조사일자 : 1996. 11. 23.
제보자 : 최성집 (75세. 남. 근덕면 궁촌리 영은사)

74. 궁촌리 지명

여기를 궁촌이라 하는데 옛날에 임금이 와 있었다고해서 착할 선(善) 자, 왕성할 왕(旺) 자, 선왕이라 했지.

그때는 궁촌1리에 구리문이 있었대. 고개에 구리문이 있었는데 철길을 낸다고 거기를 끊으니까 바위에서 피가 나왔대. 그리고 고려가 망했을 때 여기서 사람들을 죽였다고 해서 살해재라고 하지. 이 밑에 있는 마을이 추천이고 건너 마을은 맹방이라 하지. 또 양지 마을 위에는 구마가 있고 저쪽

공양왕릉

엔 마리방이 있었는데 어떤 부자집에서 말 9마리를 길렀다 해서 구마라 했
대. 마리방에는 말을 길렀고 고돌치(古突峙)에는 공양왕릉이 있어.

이 동네에 천 년 된 엄나무가 있는데 엄청나게 크지. 이 엄나무가 봄에
동쪽의 잎이 먼저 피면 영동지방에 풍년이 오고 서쪽의 잎이 먼저 피면 영
서지방에 풍년이 든다고 전해 오거던. 거기다 성황님을 모셨어. 이 성황은
여성황인데 마음을 착하게 먹고 부모님께 효도를 하는 사람은 성황님의 제
자가 되는데 이걸 수부라 그래. 성황님을 모시니까 지킬 수(守) 자, 지키는
곳이다 이거야.

이 왕릉은 음력 정월 초하룻날에 벌초를 하는데 제일 먼저 벌초한 사람
이 그 해에 고기를 가장 많이 잡는다고 해. 그래서 심지어 자정에도 벌초하
러 가는 사람도 있었다는데 그렇게 일찍 가도 벌써 먼저 누가 와서 벌초를
했으면 남은 풀이라도 베고 온다 이게야.

그리고 이 왕릉 앞에 예전엔 나무가 있었지만 지금은 베어 버렸기에 확
트여 있는데 여기에다는 집을 못 지어. 옛날에 어떤 사람이 터가 좋으니까

집을 지어 놓았더니 바람이 세차게 불어가지고 그 집을 번쩍 들어다 논 바닥에 쳐박아 놓았더래.

조사일자 : 1998. 12. 3.
제보자 : 김진천 (74세. 남. 근덕면 궁촌리)

75. 정절 지킨 구렁이 각시

그전에 한 사람이 살았는데 고아였어. 부모도 없고 형제도 없고 친척들도 없는 외톨이니 남의 집을 돌아다니며 머슴살이를 했대. 그래 돈을 조금씩 모으면 땅 몇 평을 사고 날이 추워 일이 없을 때에는 임자 없는 거친 땅을 일구니 점차 재산이 불은 게야. 그래 이젠 머슴살이를 그만두고 제 논밭에 나가 일을 했는데 어느 날 아침을 먹고 일을 하러 나가기 전에 마루에 잠시 걸터앉아 신세타령을 하는 거라. 그래
"죽도록 일 년 내내 농사지어 누구하고 먹고 사나?"
이랬더니 어디서
"나하고 먹고 살지 누구하고 먹고 살어."
이런 소리가 들려 온단 말이야. 그러니 이 사람은 집엔 자기 혼자밖에 없는데 분명히 그 소리가 들리니 귀신한테 홀렸나 싶거던. 그래 또 한번 더 큰 소리로
"일 년 내내 농사지어 누구하고 먹고 사나?"
이러자 이번에도 분명히
"나하고 먹고 살지 누구하고 먹고 살어."

더 큰 소리가 들려오더래. 그러니 이 사람이 참 이상해서 그 소리가 난 쪽을 살펴보니 담장밑이란 말이야. 그래 담장 밑에 가보니 구멍이 나 있는데 뱀이 그 구멍 속에서 나온단 말이야. 그러더니 마루에 있는 큰 독 속에 들어가더래.

이 사람은 참 이상하다 싶었지만 가을 농사일이 바쁘니까 밖으로 일하러 나갔다 저녁이 되어 들어왔더니 밥상이 차려져 있더래. 밥도 맛있게 지었고 반찬도 풍성하게 많으니 한 상 다 먹었는데 온 종일 일을 하니까 몸이 고단해서 이내 잠이 들었어. 그런데 이튿날에도 들어와 보니 저녁상이 잘 차려져 있는 게야. 그러니 이 사람이 밖에 나가 일을 하다가 생각해보니 아무래도 이상하거던. 그래 일찍 들어와 밖에서 울타리 틈으로 집안을 엿보니 마루에 있는 독에서 웬 처녀가 나오더니 부엌에 들어가 저녁상을 차리더래. 밥을 짓고 반찬을 만들고 이러더니 상을 차려놓고 나서 그 독 속으로 들어가려 한단 말이야. 이걸 본 이 사람이 뛰쳐 들어가 그 처녀의 손목을 잡고

"아가씨. 그 독 속에 들어가지 말고 나와 함께 삽시다."
하고 사정하니 그 처녀는

"서방님, 이러시지 말고 며칠만 기다리시오. 그러면 우리는 인연을 맺을 수 있소."
이런단 말이야. 그러니 이 사람이 며칠을 못 참겠나? 그러겠노라 했지. 그런데 그 처녀는 원래 선녀였는데 천상에서 죄를 지어 가지고 뱀이 된 게야. 뱀이 되어 지은 죄 값을 다 치르고 며칠만 더 지나면 다시 선녀로 되돌아가게 되었거던. 그래 며칠이 지나니 사람으로 되돌아와 그 사람과 부부가 되었어. 이래서 둘이 살면서 남자는 날마다 밖에 나가 일을 하는데 어느 날 남자가 조반을 먹고 나서 연장을 챙겨 가지고 일을 하러 나가려 하니까

아내가

"오늘은 내가 나가서 일을 할 테니 당신은 집에서 쉬시오."

자기가 대신 나가겠다 이런단 말이야. 그러니 남자가

"남자가 할 일이 있고 여자가 할 일이 있는데 힘든 일을 당신이 어찌 하겠소?"

하고 만류해도 여자가 자꾸 제가 나가겠다 고집을 피운단 말이야. 그러니 어쩌겠나? 그래서 결국은

"정 그렇다면 당신 말대로 내가 오늘 집에 있을 테니 대충 쉬운 일만 하고 오시오."

허락을 했거던. 그래 남자가 집에서 쉬고 여자가 일을 하는데 그때 마침 사또가 그곳을 지나다가 그 여자를 보더니

"저기 밭에서 일을 하는 여자를 데려오너라."

이리 시키니 사령이 당장 몰려와 그 여자를 데려갔단 말이야. 사또는 그 여자한테

"여자가 밭에서 일을 하기보다 내 시중을 들면서 편하게 사는 것이 더 좋지 않겠느냐?"

하면서 같이 살자고 한단 말이야. 이 말을 듣자 여자가

"저는 남편이 있는 몸이니 안됩니다. 충신은 불사이군이요, 열녀는 불경이부라, 어찌 한 여자가 두 남자를 섬길 수 있겠소?"

이렇게 완강히 거절했지만 사또는 들은 척도 하지 않고 그 여자를 억지로 옥에 가두어 버렸대.

남편이 집에서 있다가 여자가 돌아올 시간이 이미 지났는데도 오지 않으니 밭으로 찾아 나섰대. 그런데 아무리 찾아도 없단 말이야. 그래 사람들한테 물어보니 사또가 관가로 데려갔다 한단 말이야. 그 말을 듣자 남편이

관가로 달려가 보니 여자가 사또의 말을 듣지 않는다고 감옥에 갇혀 있거던. 그러니 옥을 지키는 사람한테 여자를 내달라고 사정을 했지만 어디 사또의 허락 없이 여자를 내주겠어? 이래 내달라거니 안된다거니 옥신각신 하다보니 밖이 소란스러울 게 아닌가? 그러자 사또가 이걸 알고 남자를 붙잡아다 볼기를 때려도 듣지 않으니 화가 나서 마구 두들겨 패게 하니 매에 못 이겨 그만 죽어버렸어.

옥에 갇힌 여자도 옥에서 풀어달라고 빌기도 하고 대들기도 하다가 남편이 매를 맞고 죽었다는 말을 듣자 그만 혀를 깨물고 죽어버렸어. 그러니 남편과 여자 두 사람이 다 죽은 게야.

그 뒤로 가끔 이 관아에는 밤마다 남자와 여자의 울음소리가 들려오곤 했대. 그건 그들 원귀가 한이 맺혀서 구슬프게 울어대는 것이래.

조사일자 : 1998. 12. 3.
제보자 : 이운수 (79세, 남, 근덕면 궁촌1리)

76. 베풀어야 받는 복

지금으로부터 60여년 전 일이니까 그게 일정시대 때 이야기야.

어떤 가난한 집이 있었는데 그 집 형편이 너무 어려워 먹고 살 길이 막연하니까 어린 아들이 집을 나갔어. 고향을 떠나 돈을 벌려고 가다보니 원산까지 갔단 말이야. 원산에 간 아들이 어느 시계 수리점에 들어가 심부름을 하면서 시계를 고치는 기술을 배웠단 말이야. 그러면서 월급 받는 돈을 한 푼도 축내지 않고 꼬박꼬박 10년 동안 저축을 하니까 제법 목돈이 되어 시계 가계를 따로 차려 독립을 하고 여자를 얻어 살림을 시작했어. 그래 얼마간 먹고 살만 하니까 집에 기별을 했어. 집을 떠난 뒤 이리이리 해서 이제 자리를 잡았는데 부모가 보고 싶지만 일이 많아서 제가 집에 찾아 갈 수 없으니 부모가 왔으면 좋겠다 이랬단 말이야.

그런데 집에서는 어린 아들이 객지로 돈을 벌러 나가서 10년간 죽었는지 살았는지 소식이 없으니 무척 궁금할 게 아닌가? 그러던 어느 날 아들이 편지를 받았는데 원산에서 시계 방을 차려놓고 잘 산다 하니 참 반갑단 말이야. 그래 너무나 좋아서 이웃집에 가서 여비를 구해 가지고 원산으로 아들을 만나러 갔더래.

그래 가보니 일하는 사람까지 두고 살고 있을 뿐더러 참한 며느리까지 얻어 살고 있는데 아주 극진히 대접을 한단 말이야. 며칠 간 푸짐하게 대접을 받다 보니 문득 집에서 기다리고 있을 마누라 생각이 나거던. 하루 세끼 밥도 못 먹고 기다릴 아내한테 미안해서 집으로 돌아가겠다고 하니 아들이 100원을 준단 말이야. 그 때 돈 1원만 해도 적잖은 돈인데 100원이면 꽤 많은 돈이란 말이야. 이 큰 돈을 주면서

"가게를 시작한 지가 아직 얼마 안되어서 우선 이만큼만 드리고 뒤에 형편이 나아지면 많이 드리겠습니다."
이런단 말이야. 그런데 또 며느리가 빨간 주머니에다 돈 5원을 넣어 가지고 주면서

"큰 돈을 자꾸 만지다 보면 잃어버릴 염려가 있으니 그 돈은 따로 싸서 잘 간직하고 가실 때 이 돈으로 밥도 사 자시고 술도 사 잡수시오."
이러더래. 그 때 밥 값이 8전, 10전 하니까 5원이면 원산에서 집까지 올 동안 먹고 자고 할 돈이 된단 말이야. 그래 큰 돈은 꼭꼭 싸서 몸 속 깊이 지니고 작은 돈은 주머니에 넣어 허리에 찼단 말이야.

그래 집에 오는데 날씨가 아주 더워 땀이 나니까 나무 그늘에 앉아 쉬면서 돈을 꺼내 만져보고 세어보고 이랬단 말이야. 평생 못 만져보던 돈이 수중에 있으니 신이 난단 말이야. 쉴 때마다 주머니 돈을 꺼내 세어보고 또 세어보고 이런면서 오는데 얼마쯤 오다가 몸속을 만져보니 그 돈 뭉치가 없는 게야. 아무리 찾아도 없으니 다시 오던 길로 되돌아 갔대. 그래 전에 앉아 쉬었던 자리에 왔는데 거기엔 아무것도 보이지 않고 웬 노인이 자기가 쉬던 자리에 앉아 있거던. 그러니 차마 그 노인보고 일어나 보라고 할 수 없어 흘낏흘낏 그 자리를 훔쳐보고 있으니 그 노인이

"아. 당신이 뭘 찾고 있지요?"
벌써 눈치를 채고 묻는단 말이야.

"예. 잃어버린 게 있어 찾고 있습니다."

"그게 뭐요?"

"돈이요."

"그러면 얼마나 되오?"

"100원을 잃었습니다."

그 말을 들은 노인은 앉았던 자리에서 벌떡 일어나더래. 그러자 깔고 앉아 있던 자리에 천으로 쌌던 그 돈이 있는 게야.

"그 돈이 맞는지 세어 보시오."

그래 돈을 세어보니 자기가 잃어버렸던 돈이 맞다 이게야.

"필경 돈을 잃어버린 주인이 찾아올 줄 알고 내가 깔고 앉아 기다리고 있었소."

이 말을 들은 그 사람은 얼마나 고맙겠나? 하마터면 돈을 몽땅 잃을 뻔 했거던. 그러니 너무나 고마워서

"이 돈을 영감님 덕분에 찾았으니 반씩 논굽시다."

그러자 노인이 껄껄 웃으면서

"그 돈은 당신 것이니까 다 가져가시오. 애당초 내가 그 돈이 탐 났으면 벌써 가지고 갔지 지금까지 길을 가지 않고 돈 임자가 찾아올 때까지 그걸 깔고 앉아 있었겠소? 걱정 말고 그냥 가져 가시오."

하고 끝내 거절을 하는 게야.

그러니 이 사람이 다시 되돌아 가는데 그 노인과 방향이 같거던. 그래 도중에 같이 주막에 들려 술을 대접한 뒤 술 값을 내려 하니 한사코 막으며 자기가 낸단 말이야. 그러니 다음 주막에서 내야 되겠다 했는데 또 그런단 말이야. 그리고 다음 주막에서도 또 그러니 어쩔 수 없단 말이야. 돈도 받지 않고 밥값, 술값을 모두 자기가 내니 이건 도대체 인사가 아니란 말이야.

이렇게 그 노인과 며칠간 동행하다가 갈림길에 이르자 거기서 그 노인과 헤어지게 되었거던. 그래

"여기서 산골짜기로 쭉 올라가면 제 집이 있으니 같이 가셔서 며칠 지내다 가시지요."

이리 청하니 그 노인은

"나는 이 쪽으로 올라가야 하니까 그냥 여기서 헤어집시다."

한사코 뿌리치며 다른 길로 간단 말이야.

그 사람은 벌써 날도 저물고 날씨도 안 좋으니가 하룻밤 묵고 가려고 객주집에 들어갔대. 그런데 저녁을 먹고 나자 비가 쏟아지는데 금방 폭우가 되어 세차게 퍼붓는단 말이야. 마치 하늘에 구멍이 뚫린 것처럼 비가 쏟아지니 골짜기 물이 크게 불어나 세차게 흐른단 말이야. 그런데 밖에서 사람들이 웅성거리더니

"사람이 물에 떠나려 가네."

이러니 객주집에 유숙하던 사람들이 우루루 밖으로 몰려 나갔단 말이야.

그 사람도 나가보니 누가 물살에 휩쓸려 허둥대고 있으니

"누가 저 사람을 건져 줄 사람이 없소?"

이리 소리를 지른단 말이야. 그러자 같은 방구석에 있던 젊은 사람이

"저렇게 물길이 세차게 흐르는데 저 사람을 구하려면 제 목숨을 내걸고 뛰어들어야 하니 그런 위험한 일을 누가 하려 하겠나? 그렇지만 내가 이번 장사에 홀랑 망했을 뿐더러 빚까지 몽땅 졌으니 죽기 아니면 살기라. 누가 돈 100원만 준다면 내가 목숨을 걸고 한번 물 속에 뛰어들어 보겠지만 그걸 어찌 바라겠나?"

이렇게 신세를 한탄하면서 한숨을 푹 쉰단 말이야. 그 사람이 생각해보니 자기가 가지고 있는 100원은 그 때 그 노인이 찾아주지 않았더라면 자기는 이 돈이 없었을 게 아니야? 이런 생각이 들자 그 사람은

"사람이 죽는 마당에 돈 100원이 문제요? 그 돈이라면 내가 줄 테니 구해 보겠소?"

이랬대. 그 말을 듣자 젊은 사람이

"그게 정말이오? 저는 장사에 실패해 사정이 너무 어려워서 이래 죽으나 저래 죽으나 따질 여유가 없소. 그만한 돈을 내 놓으신다면 제가 한번 구해 보겠으니 약속을 꼭 지키시오."

하며 물 속으로 뛰어 들어가 악전고투하다가 간신히 물에 빠진 사람을 끌고 나왔는데 물을 얼마나 먹었는지 실신을 했더래.

그 젊은 사람이 물에 빠진 사람을 겨우 끌어내어 먹은 물을 토해 내게 하니 그제야 그 사람이 정신을 차리는데 거의 알몸뚱이인 게야. 그 사람은 5원이 든 주머니에서 밥 사먹고 잠을 자는데 쓴 돈을 빼고 남은 돈이 아직도 3원이나 남았으니 그 돈으로 천을 사서 알몸을 가리게 했대. 그 노인이 같이 오는 동안 자기 돈으로 숙박비와 식사 값을 내었으니 자기는 며느리

가 따로 준 5원에서 2원밖에 안쓰고 3원이 남았있는 게야. 그러니 이 돈도 결국 그 노인 덕으로 남은 돈이거던. 그래 남의 덕으로 남은 돈이니 남을 위해 쓰는 것은 당연한 일이 아니냐 이게야.

이렇게 목숨을 구해주고 옷까지 사입히니 그 사람은 너무 고마워서

"이 신세를 어찌 갚아야 할지 모르겠습니다. 제발 제 집으로 가셔서 며칠 쉬시다가 가시지요."

간곡히 청하니 같이 그 집으로 갔어. 집에 가 보았자 이젠 돈도 없으니 집에 일찍 가나 며칠 있다 가나 굶기는 마찬가지란 말이야.

그래 물에 빠져 죽을 뻔했던 사람과 같이 가는데 전날 노인과 갈라진 곳까지 왔단 말이야. 그런데 그 사람이 노인이 가던 쪽으로 가니

'참. 이상하구나. 이 길은 나에게 돈을 주워 준 노인이 간 길인데 이 사람하고 내가 가게 되었으니 이 길과 무슨 운명이 있는가 보다.'

이리 생각하면서 얼마쯤 올라갔거던. 그랬더니 제법 큰 마을이 나오는데 어느 집으로 들어간단 말이야. 그 사람은 이 사람을 사랑방에 모신 뒤에 하는 말이

"이 방에 들어가 계십시오. 부모님한테 인사부터 먼저 드리고 나오겠습니다."

하고 안채로 들어간단 말이야. 그래 사랑방 앞에 가서 큰 기침을 하니까 방문이 열리는데 방안에 자기와 헤어졌던 그 노인이 앉아 있다가 이 사람을 보고

"어제는 같이 가자 하더니 오늘은 아예 집으로 찾아 왔구려. 어찌 내 집을 알고 찾아왔소?"

하고 반긴단 말이야. 그런데 홍수 진 개천에 사람이 빠진 얘기며 자기가 돈을 주어 물에 빠진 사람을 구해낸 이야기를 하기가 뭐해서 그냥 웃기만

했대. 그런데 잠시 후에 종이 오더니

"서방님이 안채에서 인사를 드리겠다고 합니다."

이러니 안채로 갔어. 들어가서 그 사람의 아버지인 노인은 아들이 제사를
지내고 돌아오다가 물에 빠져 죽게 된 것을 같이 온 사람이 돈 백 원을 내
놓아 구원을 받게 된 내력을 들었단 말이야. 이게 어찌 된 사연이냐 하면
이 노인의 동생이 몇 년 전에 죽었어. 그래 제삿날이 돌아왔는데 이 노인이
출타하고 없으니까 노인의 아들이 작은아버지의 제사를 지내러 갔었어. 그
날 밤에 제사를 지내고 아버지가 오랫동안 출타해 소식이 궁금하니까 마음
이 조급해져서 비가 오는 밤인데도 그냥 지나가는 비겠지 생각하고 집에
돌아오다가 산길에서 미끄러져 개울물에 휩쓸렸던 게야. 얼마동안 돌에 부
딪치고 냇가 나뭇등걸에 쓸려 옷이 찢어지고 몸에 상처까지 입으며 떠내려
오다가 이 사람이 돈 백 원을 내 놓아서 구출을 당한 게야. 이러니 세상
일이란 인과응보란 말이야. 이 사람이 백 원을 잃어버렸을 때 노인이 그
돈을 찾아주었고 그래 반이라도 노인한테 주려 했으나 한 푼도 안 받았기
에 노인의 아들이 물에 빠졌을 때 장사에 실패한 사람이 죽기 아니면 살기
로 목숨을 내걸게 된 것도 백 원의 돈이 꼭 필요해서였으니 결국 백 원이
아들의 목숨을 살려 낸 게야. 그러니 그 노인이 백 원을 주었을 때 자기가
가졌다거나 보답으로 절반을 받았더라면 아들은 죽었을 게 아닌가? 결국은
백 원이라는 돈이 사람의 운수를 이리 돌리고 저리 돌린 셈이란 말이야.
아들로부터 이런 사정을 알게 된 노인은 너무 고마워서

"제 아들을 살려 주셨다 하니 얼마나 고마운지 모르겠습니다."

하며 절을 하더래. 그러니 이 사람이

"그 때 반만 가져갔어도 오십 원으로는 못 살렸을 건데 단 돈 일 원도
안가져 갔기에 그리 된 것이니 너무 그럴 필요가 없소."

하고 사양을 해도 듣지 않고 개를 잡고 소를 잡아 극진히 대접을 하더래.

노인이 십여일이나 이 집에서 붙잡아두고 집에 가려 하면 집의 일은 염려 말라 하며 간곡히 머물도록 청하니 이 노인이 집에 몰래 양식이나 보냈나보다 생각하고 그냥 주저 앉았대. 그러다가 오늘은 아무래도 집에 가야겠다 생각하고 떠나려 하니 자기집 논 문서, 밭 문서를 모두 가져오더니 반을 주는 거야. 아무리 사양을 해도 듣지 않으니

"정 뜻이 그러하시다면 조금만 받겠소."

이래도 한사코 문서를 내주니 할 수 없이 받아가지고 집으로 돌아왔대.

그런데 집에 와 보니 자기 집이 없는 게야. 이게 어찌 된 일인가 싶어 보니 윗쪽에 고래 등같은 기와집을 짓고 있단 말이야. 그런데 아래쪽에서 웬 여자가 밥을 이고 올라온단 말이야. 그래 그 여자한테 물어보려 하는데 어쩐지 눈에 익은 얼굴이더래. 그래 자세히 보니 제 마누라이거던. 좋은 옷을 입고 얼굴에 기름기가 주르르 흐르니 금방 몰라본 게야. 그 사람이 놀라서

"아니, 이게 어찌 된 일이요? 이 집이 뉘 집이길래 이러고 있소?"

하니 아내가 오히려 이상하다는 듯이

"당신이 보낸 돈으로 옷도 사 입고 고기도 잘 먹고 집도 지으라 해서 새로 집을 지었는데 그게 무슨 말이요?"

이런단 말이야. 그래 곰곰 생각해보니 그 노인이 자기 아들을 살려 주었다고 자기를 머물게 하고 돈을 보내준 게 틀림없단 말이야.

이 뒤로 이 사람은 그 노인을 찾아가 고맙다는 인사를 하고 서로 형님, 아우 하면서 잘 살았다고 해.

이게 60여년 전 그러니까 병자년에 있었던 얘기야. 내가 여기 강원도에 이사와서 들었단 말이야.

조사일자 : 1996. 4. 3.

제보자 : 이인근 (80세. 남. 근덕면 초곡)

77. 초곡의 지명유래

초곡이란 명칭은 원래 양쪽 산 사이에 끼어 있다고 해서 새일이라 했으나 일제때 외지에서 마을에 들어온 사람이 보니까 풀만 꽉 차 있어서 풀 초(草)자, 골짜기 곡(谷)자를 쓰게 되었다고 해요.

이 곳 왼쪽으로 고수골이란 골짜기가 있는데 그 골짜기에 예전에 고씨가 살았었답니다. 그래서 고씨골로 불리다가 고수골로 되었지요. 옛날에는 이 곳으로 호랑이가 다니면서 해를 끼쳤다고 해요.

바다쪽으로 나가게 되면 바위에 굴이 있는데 길이는 약 30m쯤 됩니다. 용이 거기서 나갔다는 말이 있어요.

일제 말기쯤 되니까 사오십 년전 일이죠. 큰 화물선이 카바이트를 가득 싣고 이 앞으로 지나가다가 폭발하여 마을이 크게 진동했어요. 마을 성황당에 세워 놓은 깃대가 그 때 날라가 버렸어요. 한 1,000m 도 넘는 산 중턱까지 깃대가 날라가 피신을 했거던요. 거기를 천제당이라고 부르는데 돌이 쌓여 있지요. 그 곳이 안전하니까 성황신이 거기로 피신한 것이라고 마을 사람들이 믿고 있죠.

조사일자 : 1995. 4. 14.

제보자 : 김종식 (57세. 남. 근덕면 초곡리)

78. 용화리 용굴

이 마을에 용이 하늘로 승천했다는 용굴이 있어요.

예전부터 내려오는 풍습인데 이 마을에서는 비가 오지 않으면 마을 사람들은 이 용굴에 가서 기우제를 지내요. 그런데 기우제 때 제물로는 개를 산 채로 써요.

마을 뒤에는 소주봉이 있어요. 옛날부터 전해오는 얘기를 들어보면 언젠가 해일이 일어나 이 마을에 바닷물이 차서 땅은 겨우 소주병 하나 정도만 남고 온통 물에 잠겼답니다. 그리고 지금도 봉우리를 파보면 조개껍질이 나와요.

지금도 해수욕객이 배를 타고 용굴에 들어가는 사람이 있는데 그 용굴이 묘한 게 배를 띄어가지고 들어가보면 그 물이 수십 길이나 되고 빛이 전혀 들어오지 않는데도 물 속이 훤히 보여요. 그런데 물 속에 해초는 한 포기도 자라지 않아요. 그리고 조개껍질이 양쪽 바위에 다닥다닥 붙어 있지요.

그리고 여름에는 이게 냉장고예요. 이곳에 와서 배를 띄어놓고 장구 치고 북 치면서 놀면 참 시원해요.

여기서 개를 잡아 놓고 제사를 지내면 꼭 비가 와요.

조사일자 : 1995. 1. 19.

제보자 : 김영기 (51세. 남. 근덕면 용화리)

김정희 (50세. 여. 근덕면 용화리)

79. 아들 덕에 체면 찾은 애비

어느 마을에 영감과 할멈이 살았는데 그 집은 부자여서 종을 두고 살았
대. 그런데 차츰 재산이 줄어드니 종을 내보내고 살았지만 날이 갈수록 살
기가 더욱 어려워져 필경 거지 신세가 되었단 말이야. 그런데 형편이 점점
더 어려워져 끼니조차 이을 수 없으니 어느 날 영감이 참다 못해

"들자 하니 우리 집 종을 살던 놈이 지금 잘 살고 있다 하니 내가 찾아
가서 양식이라도 좀 얻어 오겠소."

이런단 말이야. 그 말을 들은 할멈은

"우리 집 종살이를 할 때 별로 잘 해주지 못했는데 무슨 염치로 찾아가
려 하오? 가봤자 봉변이나 당할 테니 가지 마시오."

하며 만류를 했지만 영감은 듣지 않고 찾아 갔더래. 그런데 그 종은 소문대로
이미 큰 부자가 되어 종을 여러 명이나 부리고 있더래. 그러면서 종들한테

"오늘은 산에 가서 참나무를 해와라. 그걸로 숯을 만들어야겠다."

이러니 종들이 산에 나무를 하러 간단 말이야.

영감은 종의 눈치만 보다가 저도 그 종들과 함께 산에 가서 참나무를 베
어 한 짐 잔뜩 져오니 그 종이 옛날 주인이 불쌍하니까 자기 집에서 같이
살라고 하더래. 그러니 영감은 차마 도와달라는 말을 못하고 종의 집에서
그 집 종들과 함께 종노릇을 하면서 살았거던.

그런데 영감의 아들이 나이가 들자 제 아버지를 만나러 가겠다 이게야.
할멈이 아무리 말려도 말을 듣지 않고 그 집을 찾아가더래. 그래 얼마만큼
갔는데 갑자기 호랑이가 나타나더니 아들을 잡아먹으려 하니 옆에 있는 나
무위로 올라갔거던. 그러자 호랑이도 뒤따라 나무위로 올라오니 나뭇가지
를 꺾어 밑에서 올라오는 호랑이의 주둥이를 찌르니까 그만 호랑이가 죽어
버렸어. 운 좋게 호랑이를 잡은 이 아들은 그 호랑이의 껍질을 벗겨 가지고

그 집을 찾아갔대. 이걸 본 옛 종은 예전에 어리던 주인집 아이가 호랑이를 잡은 걸 보니 이 아이가 장수임에 틀림이 없거던. 그제야 비로소 그 애 아버지인 영감을 무심히 대한 것이 미안스럽고 두렵기도 하여 영감에게 좋은 옷과 양식을 풍족하게 주어 보내더래.

조사일자 : 2000. 5. 7.
제보자 : 이정순 (75세, 여, 근덕면 장호2리)

80. 늪을 메워 망한 부자

요 앞에 기와집이 있는데 그 앞에 옛날에 늪이 있었대요. 그리고 기와집 뒤에는 그 집 조상의 산소가 있었는데 그 산소의 음덕을 입어서인지 참 잘 살았더래요.

그런데 그 기와집 주인은 부자로 살면서도 인색해서 남한테 베풀 줄을 몰랐대요. 중이 와서 시주를 청하면 시주를 하기는 그만두고 오히려 박대를 하니 이 중이

'이런 인색한 놈은 고생을 좀 시켜야겠다.'

이렇게 마음을 먹었대요. 얼마 후에 다시 그 집에 와서 시주를 청하니 이 집 안주인과 며느리, 딸이 마침 방아를 찧고 있다가 쌀을 안 주고 쌀겨만 잔뜩 주니 괘씸하거던요. 그렇지만 겉으로는 웃는 낯빛으로

"이왕이면 쌀을 좀 주시지요."

이러니 주인이

"우리 집이 좀 더 잘 살면 쌀을 줄 수 있지만 이 정도밖에 못 사니 쌀을

줄 수 없소."

이러더래요. 그러니 중이 요놈을 골탕을 먹여야겠다고 생각하고

"그러시다면 더 잘 살 수 있는 방법이 있긴 한데 한번 해 보시겠습니까?"

하니 주인이 그 말을 듣자 귀가 번쩍 뜨이는지

"어찌하면 더 잘 살 수 있겠소?"

하고 묻더래요.

"이 늪을 메우면 이 집의 재물이 늘어날 게요. 앞산 뒷산 바위와 흙을 옮겨다가 늪을 온통 메우면 됩니다."

이 말을 듣자 이 주인은 마을에서 세도깨나 부리는 사람인지라 마을 사람들을 모두 불러다가 늪을 메워버렸대요.

그래 이 늪을 메우는데 다 메우기 전에 그 늪에서 용이, 여기서는 이시미라 그래요. 이시미가 나와가지고 수수밭을 꼬리로 여덟 골이나 뭉개버리고 지나가더래요. 그러니 밭이 온통 뭉개져 농사를 망쳤지요.

그 후부터 그 부자집은 쫄딱 망했대요.

산세를 보면 묘 자리 아래로 못이 있었거던요. 그래 명당이 되는데 그만 늪을 메워버렸으니 묘 자리의 정기가 쇠진해 버렸거던요. 수수 밭 여덟 골이면 밭이 꽤 넓지 않소? 밭을 이시미가 꼬리로 쓸어버렸으니 그 집은 재물 복이 콱 막혀버린 게지요.

그러니 그 때 중이 그 인색한 부자를 골탕 먹이려고 망할 방법을 알려준 게지요.

그 부잣집은 지금 없어졌고 그 뒤쪽에 다른 사람이 다시 기와집을 짓고 살고 있어요.

조사일자 : 1997. 10. 11.

제보자 : 김재봉 (72세, 남, 노곡면 상천기리)

81. 박걸남 장군의 불운

저쪽 신기역 앞에 간대산(干臺山)이라는 산이 있어. 왜 임전왜란 때 왜
적과 싸운 박걸남(朴杰男) 장군이라고 있잖나? 그 장군이 미로면 상거로리
에서 태어났고 용마는 여기서 났거던. 간대산의 정기를 타고 용마가 나니
왜놈들이 들어와서 그 산에 혈(穴)을 질렀어.

전설에 의하면 박걸남이 태어났을 때 용마가 같이 나지 않고 3일인가 후
에 태어나서 강변에 뛰어다니다가 죽었다고 그래. 원래 장군이 태어날 때
는 용마와 같이 태어나야 되는데 같이 나지 못하고 시기가 맞지 않게 따로
태어났으니 말이 혼자 돌아다니다가 죽어버린 거지.

박걸남 장군이 장성해가지고 임진왜란을 당했는데 그렇게 되니까 (말이
죽었으니까) 용맹은 떨치치 못하고 힘만 세었대. 얼마나 힘이 세었는지 소
나무를 통째로 뽑아올린다든지 군량미로 쓰던 감자를 7가마를 지고 다닐
정도였대. 그렇게 힘이 세었다는 얘기지. 그래 큰 공을 세웠으니 그 공으로
병조판서로 증직되었거던. 용마가 있었더라면 더 큰 공을 세웠을 텐데 애
석하게 되었어.

지금도 밀양 박씨들이 박걸남 장군의 제사를 지내고 있거던.

왜인들이 이곳까지 쳐들어왔을 때 이곳 사람들은 저쪽에 가면 환선굴이
있는데 거기에 숨어 난리를 피했다고 한단 말이야.

조사일자 : 1995. 11. 2.
제보자 : 이세강 (75세. 남. 신기면 대평리)

82. 김정승의 사위 고르기

옛날에 아주 가난한 집에 아버지, 어머니가 살고 있었는데 아들 하나를 두었대. 그런데 집이 원체 가난하니 아버지는 짚신을 삼아서 먹고 살며 아들을 서당에 보냈대.

그런데 이때 서울에 김정승이 살고 있었는데 나이가 많아서 정승을 그만 두고 물러나서 집에서 소일을 하고 있었대. 김정승에게는 딸만 하나 있었는데 점점 늙어가니 사위를 보려고 서둘렀지만 마땅한 혼처를 쉽게 구할 수 없더래.

김정승은 관상을 볼 줄 아니까 자기가 직접 사윗감을 고르려고 보따리 짐을 짊어지고 시골로 내려갔거던. 돈이야 있건 없건 장래성만 있으면 사위로 삼으려고 이곳저곳을 돌아다니다 보니 여러 달이 걸렸단 말이야.

여기저기 돌아다니던 김정승은 경상도 어느 시골까지 오게 되었는데 길을 걷다보니 어떤 아이가 서당에서 공부를 마친 뒤 집으로 가고 있거던. 얼핏 보아도 장래가 있어 보이니까 그 애의 뒤를 따라 집까지 갔단 말이야.

그 아이는 아주 조그만 집으로 들어가더래. 김정승은 그 집에 들어가서

"날이 저무니 하룻밤 묵고 갈 수 있습니까?":

하고 청하니 그 집 주인이

"이런 누추한 집에서 어찌 자고 가실 수 있습니까? 다른 집으로 가 보시지요."

하고 거절하더래.

"별 소리를 다 하시오. 사람이 사는 집인데 나라고 못 잘게 뭐 있습니까. 그런 말 마시고 하룻밤만 재워주시오."

그래 그 집에서 자게 되었대.

그 집은 방이 달랑 둘 뿐인데 윗방은 아이가 공부하는 방이고 아랫방은

아버지, 어머니가 자는 방이더래. 저녁을 먹은 뒤 아버지가 짚신을 삼고 있으니 어머니는 아들 방으로 가고 아버지와 김정승이 아랫방에 있었대. 윗방에서 아들이 글을 읽는 소리가 나는데 낭낭하고 유창한 걸 보니 그 아이의 장래가 유망한 것 같더래. 그래서 아버지한테

"실은 나는 정승을 지낸 사람인데 딸이 혼기가 되었지만 똑똑한 총각이 없어 아직도 출가를 못 시켰소. 댁의 아들이 아주 똑똑해 보이니 내가 사위로 삼고 싶소. 제발 허락해 주시오."

이러니 그 아이 아버지가 깜짝 놀라더래. 시골 구석에서 아주 가난하게 사는 형편인데 정승까지 지낸 분이 혼사를 청하니 몸 둘 바를 모르겠던.

"그 무슨 말씀이오? 저는 보다시피 이렇게 곤궁하게 사는데 어찌 감히 정승댁과 혼사를 맺겠소? 그런 말은 아예 마시오."

"나는 사람의 장래를 보고 혼례를 맺자는 것이지 재산이나 신분 같은 것은 보지 않으니 제발 허락해 주시오."

김정승이 간곡히 청하니까 이 사람이 아주 난처하단 말이야.

"정 뜻이 그러하다면 마음대로 하시오."

어쩔 수 없이 허락을 하니 김정승은 혼인할 날짜를 정해주면서

"아무 날에 식을 올릴 테니까 아무 것도 준비할 것 없이 아들만 올려보내시오."

이렇게 당부하고 한양으로 올라왔어. 와서 아내한테 이 사실을 알리고 잔치를 치를 준비를 하라고 시키더래.

그런데 김정승에게는 장질 조카가 있었는데 아주 모사꾼이었어. 이 조카가 원래 꾀주머니여서 크게 벌어진 일을 간단히 해결하기도 하고 아무 일도 아닌 것을 크게 만들기도 하는 모사꾼이야. 그 조카를 불러서

"내가 시골에 가서 이리이리 혼사를 정했는데 네 생각이 어떠냐?"

이러니

"큰아버님께서 그리 하셨다니 어련하셨겠습니까? 이제 제 생각을 물으시지만 제가 직접 보지 않고서는 무어라 말씀드릴 수 없습니다."

한단 말이야. 이 말을 들은 김정승은

"나는 아무 것도 보지 않고 그 아이 장래만 보고 마음을 정한 거다."

이러더래.

그런데 이 말이 퍼져나가 육조판서들의 귀에도 들어갔어. 그러니 모두들

"정승까지 지낸 사람들이 그런 시골 하찮은 놈한테 혼례를 치르는 것은 우리를 망신을 시키는 일이라."

하며 들고 일어나더래. 그러면서 그 혼인을 파혼하도록 한 뒤 전직 판서 아들과 혼인을 시키자고 서로 짰단 말이야.

마침 그 판서한테 아들이 있었는데 이 아들이 곰배팔이니 누가 딸을 주나? 그래 아직까지도 장가를 못 갔는데 육조판서들이 그 아이와 혼인을 시키자고 모의를 했어.

한편 혼인할 날짜가 되니 시골에서 정혼한 아이가 한양으로 올라온다는 기별이 왔어. 그 소식을 듣자 한양에서는 판서들이 똘똘 뭉쳐서 훼방을 놓으려 계획을 짰단 말이야. 그래 하인을 시켜 그 아이에게 김정승이 쓴 것처럼 편지를 써 보냈어. 하인이 편지를 가지고 가다가 한양으로 혼사를 치르러 올라오는 아이를 만나자 그 편지를 주었거던. 아이가 이걸 읽어보니 파혼한다는 내용이란 말이야. 그러니 같이 오던 사람들을 돌려보내면서

"이왕에 길을 나섰으니 나는 한양에 올라가 구경이나 하고 내려가겠소. 그러니 그냥들 돌아가시오."

이랬단 말이야. 그래 돌려보낸 뒤 한양에 올라왔는데 돈이 몇 푼 없으니 팥죽 파는 노파 집에 거처를 정했어.

이 아이는 이 집에서 며칠을 묵다 보니 할머니와 친해졌거던.

그런데 알고 보니 그 노파의 딸이 바로 정혼했던 처녀의 몸종이었대. 그 아이는 노파하고 지내다가 노파한테 아들이 없으니까 수양아들이 되었어. 그 노파의 딸이 낮에는 김정승 집에 가서 시중을 들고 밤에는 제 집에 돌아왔는데 시간이 점점 지나니 친오누이처럼 가까워졌단 말이야.

그러던 어느날 이 아이는 노파의 딸한테서 김정승의 뜻이 아니라 판서들의 훼방으로 혼사가 어긋난 사연을 듣고 나니 기가 막히고 억울해서 못 견디겠거던. 더구나 자기와 파혼을 시킨 뒤 판서의 곰배팔이 아들과 억지로 혼사를 맺게 했다는 게야. 그러니

"어떻게 해서든 그 집 딸과 만나볼 수 있게 해주오."

하고 사정을 하니 그 노파가

"내가 만나게는 해 줄 수 있지만 그리 되면 아마 죽게 될 게다."

이러더래. 그런데 이 아이가 생각해보니 이래 죽으나 저래 죽으나 마찬가지란 말야.

"죽어도 좋으니 한번만 만나게 해 주시오."

그래도 자꾸만 간곡히 부탁을 하니 노파의 딸이 허락을 하더래.

그날 정승 집에 간 노파의 딸은 오늘이 아버지 제사라고 거짓말을 하고 일찍 집에 돌아와 그 아이에게 자기 옷을 입힌 뒤 밤늦게 김정승 집에 찾아가게 했단 말이야. 음식을 좀 싸 가지고 그 집에 가니 김정승의 딸이 몸종인 줄로만 알고

"왜 밤중에 다시 들어왔느냐?"

이상하니까 이렇게 묻더래.

"제사 지낸 음식을 뜨신 김에 잡수시라고 가져왔습니다."

김정승의 딸은 그런 줄로만 알고 맛있게 먹자 이 아이는

"사실은 저는 남자의 아버지가 찾아와서 정혼했던 사람입니다. 그래 날짜가 되어 시골에서 올라오다가 일이 이상하게 되었기에 이렇게 몰래 들어왔으니 용서해 주십시오."

이러면서 그간의 경위를 쫙 말하니 김정승의 딸도 육조판서의 훼방으로 파혼이 된 것을 다 아니까 분해 하며 그 아이를 반갑게 맞더래.

그런데 김정승은 딸의 혼사 일이 꼬이고 보니 울화통이 치밀어 식음을 전폐하고 앓고 있었단 말이야.

그날 밤 정승 딸과 이 아이는 기막힌 운명을 한탄하면서 밤새껏 뜬 눈으로 보냈단 말이야. 그러다가 새벽녘이 되어서야 잠이 들었기에 아침이 되어도 아버지, 어머니께 문안을 못 여쭌 거야. 늦게까지 딸이 문안을 오지 않으니 어머니가 딸에게 무슨 일이 생겼나 싶어 딸의 방에 와서 문을 여니 문이 그때까지 잠겨 있거던. 한참동안 문을 두드려 잠을 깨운 뒤 방에 들어가 보니 웬 남자애와 같이 자고 있는 게야. 그래 깜짝 놀라서

"이 아이가 누구며 왜 여기에 와 있느냐?"

하고 물으니 그 사연을 다 털어놓으면서

"저는 이리 죽으나 저리 죽으나 죽기는 매 한가지이니 어머님 마음대로 하시오."

이러면서 울더래.

그러니 어머니가 뭘 할 말이 있나? 그래 김정승한테 가서 다 말을 했거던. 김정승은 자기가 정혼했던 아이가 왔다고 하니 반갑기는 한데 뒷일을 수습할 방도가 영 생각이 나지 않는단 말이야. 그래 조카를 불러가지고

"이 일을 어떻게 하면 좋겠느냐?"

하고 물으니

"큰아버님, 너무 걱정을 하지 마십시오. 제가 가서 그 아이를 직접 만나

보겠습니다."

이러거던.

"그럼 그 애 방에 가봐라."

그러니 조카가 그 방에 갔다가 돌아와 큰아버지한테

"사람 됨됨이는 그만하면 쓰겠습니다. 염려하지 말고 음식부터 드시고 기운을 차리십시오."

이리 안심을 시키더래.

며칠 후 그 곰배팔이하고 혼인할 날짜가 돌아왔어. 혼인 전날 신랑하고 신랑 아버지가 신부집에 왔거던. 조카는 신랑과 신랑 아버지가 오면 접대는 제가 할 테니까 방에 불을 따습게 때고 술을 잔뜩 가져오라고 시켰어.

신랑 부자가 오자 그 방에 모셔 놓고 계속 술을 가져오게 하여 권하니 신랑과 신랑 아버지가 술에 잔뜩 취했거던. 게다가 방이 뜨거우니까 술기운이 확 돋아서 몸조차 가누지 못하더래. 조카는 술을 실컷 먹여놓고서 갑자기

"이런 곰배팔이 자식을 장가를 들이려 하니 영감은 철면피 중에 철면피가 아니오?"

이렇게 욕을 하였대. 그러면서 곰배팔이도 신랑노릇 할 수 있느냐는 둥 창피를 주며 비방을 하니까 곰배팔이 아들이 취중에 약이 오른단 말이야. 그래도 자꾸 약을 올리니까 이놈이 부아가 나서 때리려고 일어서다가 제 애비 앞으로 너머지더니 너무 취했으니까 제 애비를 이 사람인 줄 알고 상투를 쥐고 흔드니 제 애비도 또한 취해서 아들을 그 사람인 줄로 알고 멱살을 쥐고 서로 치고 패고 이러더래. 이러니 조카가 밖으로 나가서

"술에 취해 부자끼리 서로 치고 패는 이런 못된 사람들하고는 혼인을 시킬 수 없으니 어서 이 사람들을 내쫓으시오."

하고 소리를 치자 그 집 종들이 웬일인가 싶어 나와보니 부자간에 상투 잡고 멱살을 잡고 악을 쓰는데 이건 개판이더래. 그러니 얼마나 창피한가? 계속해서 바락바락 악을 쓰는 부자를 내쫓아 버렸어.

조카는 아무개 판서 부자가 혼인을 하러 와서 술에 취해 부자끼리 치고 패는 행패를 저질렀으니 이러한 무례한 짓이 어디에 있느냐고 나라에 상소를 하니 임금이 양반 체면을 깎아 내렸다고 벌을 내렸대.

일이 이렇게 되니 판서들은 아무 소리 못하더래. 그 판서집과 파혼을 부당하다고 항의하기는 커녕 모두들 슬금슬금 꽁무니를 빼더래.

그 후에 김정승은 원래 마음 먹었던 시골 아이와 딸을 혼인시켰는데 원래 장래성이 있는 아이였는지라 뒤에 정승까지 올라 잘 살았대.

조사일자 : 1999. 5. 10.

제보자 : 고인봉 (99세. 남. 신기면 대평리)

83. 신선이 된 스님

A : 대이리에는 동굴이 많지. 환선굴(幻仙窟, 喚仙窟), 갈매굴(葛梅窟, 일명 觀音窟), 사다리 바위 바람굴, 양터 목세굴, 덕밭세굴, 큰재세굴 등이 있거던.

그런데 이 여러 개의 굴 중에서 환선굴에 전해 내려오는 이야기가 있는데 어느 스님이 개를 데리고 그 굴속에 들어갔대. 들어갈 때 초를 한 짐이나 가지고 개를 데리고 들어갔는데 어떻게 된 일인지 스님도 안 나오고 개도 나오지 않았다는 게야. 그 굴이 길고 또 여러 갈래이니까 혹 길을 잃어버려 나오지 못 나왔는지 모르지만 사람들은 그 스님이 신선이 되었으니까 나오지 않은 게다 이리 생각했단 말이야. 그래서 신선 선(仙) 자를 써 환선굴이라 부르게 되었거던.

환선굴은 그 규모가 아주 크단 말이야. 조금만 들어가 보면 10여 가구가 살 만큼 넓은 공간이 있고 종유석도 장난감처럼 치렁치렁 매달려 있지. 그리고 폭포가 장관을 이루고 있으니 그야말로 별유천지이지.

B : 그리고 이건 다른 이야기인데 동굴 속에서 물이 흘러나온단 말이야. 그런데 어느 때인지 한번은 물이 점점 잦아들더니 뚝 그쳐 버리더래. 계속 흐르던 물이 갑자기 흐르지 않으니 참 이상할 게 아니야? 그래 굴 앞에 가 보니 구렁이가 용이 되려고 물줄기에서 똬리를 틀고 앉아 있더래. 그러니 한밤중에 사람들이 그곳에 몰려가 소란을 피우니 구렁이가 틀고 있는 똬리를 풀고 슬금슬금 달아나더래. 그러자 흐르지 않던 물줄기가 다시 흐르게 되었대.

지금도 구렁이가 똬리를 틀었던 곳에 가보면 풀이 잘 자라지 않아.

조사일자 : 2001. 4. 7.
제보자 : A. 이상구 (61세. 남. 신기면 대이리)
B. 김진랑 (49세. 남. 신기면 대이리)

84. 호랑이의 모성애

A : 우리 시할아버지한테 들은 얘기 하나 할께요.

우리 시할아버지가 그전에는 맹방에, 근덕에 살았대요. 그런데 누가 호

랑이가 나온 걸 보았다니까

"그 호랑이를 잡으러 가자."

이러니 맹방 사람들이 다 모였더래요. 근덕 사람도 모여들었지요. 세 동네 사람들이 다 모여가지고 호랑이를 잡으러 갔대요. 갈 때 도리깨를, 그걸로 마딩이를 하지요. 도리깨를 들고 가는데 호랑이가 이만한 바위 밑에 앉아서 빠히 쳐다보고 있더래요. 파란 불이 바위 밑에서 번쩍 비치더래요. 그건 눈에서 나는 빛이었대요.

호랑이는 털이 누리누리한 게, 줄이 꺼먹꺼먹하게 줄이 있지요. 얼굴에는 쳇바퀴 같은 무늬가 있지오. 세 사람이 창을 가지고 찌르는데 한 사람이 찌르니 호랑이가 받아먹고 두 번째 사람이 찌르니 또 받아먹고 세 번째 사람이 찌르니 또 받아먹고 이러니 안되겠으니까 소나무에 올라갔대요. 소나무 위에 올라간 세 사람이 소나무 위에서 호랑이가 물고 있는 창을 뽑아내려고

"이놈아, 놔라! 이놈아, 놔라."

하며 무서우니까 내려오지는 못하고 소나무 위에서 소리를 질렀대요. 그러다가 그래도 배짱이 센 사람 하나가 나무에서 내려가 그걸 뽑아냈대요. 그래 창을 뽑아내서 또 찔렀는데 왼쪽 눈을 찔렀대요. 그러니 산이 떠나가게 소리를 지르며 도망을 치더래요. 그런데 마을에는 포수가 화승총을 재어가지고 기다리고 있었거던요. 그 총은 한번 쏘면 한방만 나간대요. 그러나 세 동네 사람의 숫자가 많으니까

"콰다닥 콰다닥."

하고 쏘아서 결국 잡았는데 죽은 뒤에 보니 그놈의 길이가 세 발 가웃이나 되더래요. 그래 그걸 삼척부에 갖다 바쳤대요.

또 시할아버지한테 들은 이야기가 있어요. 어떤 사람이 산에 나무를 하

러 가서 보니 아주 요런 바위 밑에다가 호랑이가 새끼를 낳아 놓았는데 아
주 예쁘더래요. 그걸 가만 놔두어야 하는 건데 너무 귀여우니까 목을 묶어
놓고 건너편에 가서 이쪽을 바라보니까 어미 호랑이가 와서 그 끈을 풀려
고 했지만 끈을 꼭 매놓았으니 풀 수가 있나요? 서너 시간이나 애만 쓰다
가 안 되니까 성이 나서 그만 그 마을에 와 가지고 소고 사람이고 모두 작
살을 내더래요. 새끼를 묶어 놓았으니 얼마나 분했겠어요?

　호랑이는 평생에 새끼를 한 배밖에 못 낳는대요. 새끼를 딱 두 마리만
낳는대요.

　B : 우리 큰 사위도 산에 갔는데 호랑이 새끼가 고양이 새끼처럼 예쁘니
까 가져와 동생하고 한 마리씩 가졌대. 그러자 에미가 와서 문앞에서 '엉
엉' 우니까 어머니가 갖다주라고 막 야단을 치더래. 그래 갖다주려고 했지
만 호랑이가 문밖에서 눈에 쌍불을 켜고 울어대니 갖다 줄 수가 없더래.
그러니 어머니가 빌었대.

　"산신령님이 가 계시면 내가 그 자리에 갖다 놓겠소."

　그러니 호랑이가 슬그머니 가더래. 그래 사위하고 둘이서 그 자리에 갖
다 놓았대.

　새끼를 잃은 호랑이는 그 집을 못 살게 군다는데 눈물이 줄줄 흐르고 무
섭더라네. 그렇지만 새끼는 참 예쁘더래. 처음에는 그게 호랑이 새낀 줄 몰
랐대. 꼭 고양이 새끼처럼 복실복실하고 예쁘더래.

　A : 그래 옛날에요, 어떤 아주머니가 나물을 뜯으러 갔다가 호랑이 새끼
를 보고

　"아이고, 참, 이쁘다. 이쁘다."

이러고 있는데 바위 위에서 에미가 반가워가지고

　"어흥, 어흥."

하니까 그만 놀라가지고 집으로 도망쳐오는데 나물이고 보따리고 다 집어 던지고 왔지. 그런데 그날 밤에 집집마다 그 나물 보따리를 다 갖다 놓았더래요.

그리고 도계 어떤 할머니가 처녀때 나물을 뜯으러 갔는데 고사리가 아주 많으니 자꾸 올라가며 꺾었대요. 그래 얼마를 올라가다보니 표범이 있더래요. 표범은 호랑이보다 둥글둥글한 점이 있지요. 이놈이 사람을 보자 하품을 하는데 주둥이가 이만 하더래요. 이걸 보자 고만 시껍을 집어먹고 막 내려왔대요. 고사리고 뭐고 내동댕이 치고 오는데 도중에 풀을 붙잡아 비끌어 매고 또 오다가 풀을 서로 비끌어 매고 그랬대요. 그게 방애(妨碍)래요. 그래야 못 따라 온대요.

표범은 사정이 없고 무섭거던요. 호랑이는 성황당에서 뭘 내주어야 먹고 이런대요. 그래 동네에 성황이 있잖아요? 동네에 성황이 없으면 병도 많이 나고 청년이 많이 죽어요.

호랑이는 착한 사람한테는 복을 주지요. 그리고 사람 눈에 잘 안 띄어요.

호랑이는 잔뎅이 베에 숨는대요. 잔뎅이 베에 숨으니 그 호랑이가 얼마나 기술이 좋아요?

옛날에 성황을 모시다가 없앴더니 인재(人災)가 막 나더래요. 사람이 자꾸 죽어 나가니까 우리 시할아버지가

"이따위 성황이 무슨 소용이 있느냐?"

하고 사람을 시켜 세 아름드리 성황나무를 베어다가 팔아 버렸대요. 베어도 괜찮다고 하면서 베어버렸는데 웬걸요? 그 나무 때문에 동티가 들어가지고 인재가 나고, 나도 아들을 넷이나 잃었어요. 다섯, 여섯살 먹은 게, 금방 전까지만 해도 밥 먹고 멀쩡하게 돌아다녔는데 갑자기 벌렁 넘어져 죽고 이랬어요. 그때 가슴이 얼마나 철렁했던지. 지금도 우리는 성황을 믿

어요.

한번은 바람도 불지 않았는데 밤에 성황당 지붕이 날라가 버렸어요. 그런데 그 아랫집 할머니 꿈에 행상(行喪)이 그리로 올라가더래요. 그게 호랑이 꿈이 맞아요. 꿈에 나타나는 행상은 호랑이이고. 호랑이가 지나가면 그게 행상으로 보인대요.

B : 나도 그제 저녁에 꿈을 꾸었는데 내가 파란 저고리에다가 반회장을 질러서 빨간 치마를 입고 시집을 간다 하더라고. 그런데 오늘 아침부터 갑자기 머리가 띵하고 아프기 시작하더니 점심도 못 먹겠고 몸이 시근시근 자꾸 쑤시는 거여.

A : 산신한테 안 가니 섭섭해서 그래요. 우리 시어머니가 돌아가셨는데 건너 집에서 보니까 맨날 산등성이에서 이런 불이 보이더래요. 몇 개가 이래 돌아다니니까 그 집 할머니가

"얘야. 저 집은 돌아가신 시어머니가 원통해 저러니 이럴 땐 산소에 나가 보아야 하는 거다."
이러더라고요.

그게 왜냐 하면 그건 짐승의 불이란 말이지오. 호랑이는 묘에 와서 살을 치고 간대요. 살을 치러 묘지에 온대요. 묘를 써 놓으면 그 짐승이 와 보거던요. 왔다 간 발자국이 남아있대요.

조사일자 : 1996. 8. 2.
제보자 : 정순자 (67세. 여. 도계읍 점리)

85. 여자 약탈하는 도둑 응징

옛날에 예쁜 여자들을 닥치는 대로 잡아다가 제가 다 차지하고 사는 도둑놈이 있었는데 이놈이 기운이 아주 센 놈이었단 말이야.

그 옆집에 한 머스마가 살고 있었는데 이름이 모자야. 이 모자가 연극을 꾸몄대. 도둑놈이 자꾸만 여자를 잡아가지고 와서 아주 몹쓸 짓을 한단 말이야. 그런데 그 집 문이 "히라끼"라고 부르면 열리고 뭐라고 하면 닫기고 이랬대. 그런데 모자라는 머스마가 잡혀온 여자를 몰래 자꾸 내보내 주었대. 도망치게 해주고 나무 위에 올라가 내려다보니 도둑놈이 또 처녀들을 잡아 말에 태우고 들어오는 거야. 그래 문앞에 와서 "히라끼" 하니 문이 비쭉 열리더래. 그러니 참 괘씸하거던. 머스마는 이놈의 부하들이 한참 잠이 들자 기름을 몇 통을 끓였대. 그래가지고 밤중에 그 집에 가보니 도둑놈들이 고단하니까 깊이 잠이 들었을 게 아닌가? 자는 놈들의 귓구멍에 기름을 부어 버렸대.

그런데 도둑의 우두머리는 잘 때면 칼을 벽에 걸어 놓았는데 누가 만지면 징징 운다네. 그러니 귓속에 기름을 부어 소리를 못 듣게 해가지고 그 칼로 우두머리의 목을 콱 치니 피가 천정에까지 튀더래. 피가 마구 나니까 담배 피우다 남은 꽁초 있잖아? 그걸로 상처를 싸서 피를 그치게 했지만 그걸로 되나? 결국은 죽었지.

이렇게 우두머리를 잡은 뒤로 이 고을이 평안하게 되었대.

조사일자 : 1996. 8. 2.

제보자 : 정순자 (67세. 여. 도계읍 점리)

86. 호랑이 잡은 영감

저기 집 한 채가 있고 마을이 이만큼 떨어져 있으니 그 집은 말하자면 외딴집이지. 여기서는 7월달에는 삼을 한단 말이야.

마을에서 좀 떨어진 곳에 삼을 심었거던. 그 외딴 집에는 두 내외가 살았는데 영감은 기운이 장사였대. 젊어서는 맨손으로 한번 쳐서 황소도 잡았다고 해. 그런 장사인지라 호랑이를 무서워 하지 않고 혼자서 산 속에 있는 밭에 가서 일을 했대.

한번은 이 사람이 할멈을 집에 놔두고 혼자서 삼을 하러 갔어. 삼을 벗기려면 옛날에 솥에 삼을 넣어놓고 불을 땐 뒤 물에 담가 놓았다가 그 이틀날 삼을 꺼내거던. 하루를 푹 부풀린 뒤 꺼낸단 말이야. 그래 삼을 삶아서 물에 담가 놓은 뒤 마을에 나가서 술 한 잔 먹고 집에 돌와왔어. 영감이 집에 와서 잤어. 허리띠를 풀어놓고 잤어. 옛날에는 돈이나 담배를 넣는 주머니를 허리 춤에 차고 다니는데 잘 때는 허리띠를 풀어놓고 자거던. 할멈이 문 앞에 자고 영감은 안에서 잤단 말이야.

그런데 할멈이 잠결에 보니까 호랑이가 들어와서 영감을 해치려고 하거던. 그러니 할멈이 깜짝 놀랐단 말이야. 영감은 술에 취해서 호랑이가 온 줄도 모르고 계속 자고 있으니 할멈이 마구 영감을 깨우니까 영감이 눈을 떴지. 그런데 호랑이가 덤벼드니 한 손으로 옷을 이래 움켜잡고 호랑이하고 싸웠어.

그래 그 사나운 호랑이와 싸우는데 좀처럼 승부가 나지 않더래. 그런데 영감이 허리띠만 매었어도 이겼을 텐데 허리띠를 안 맸으니 한 손만으로 어찌 힘을 다 쓸 수 있나? 한 쪽 손만으로 호랑이를 대적하다 보니 힘이 모자랐지. 호랑이가 얼마나 힘이 세나? 그래 영감이 싸우면서 밖으로 나갔는데 아무 소리가 나지 않더래. 한참 뒤에 할멈이 나가보니 둘이 다 죽었더래.

[둘이 다 죽었어요?] 그래. 호랑이하고 영감하고 둘이 다 죽었어. 영감도 죽었지만 호랑이와 혼자 싸워 호랑이를 죽였으니 영감이 얼마나 기운이 세었느냐 이게야.

조사일자 : 1996. 8. 2.

제보자 : 정순자 (67세. 여. 도계읍 점리)

87. 방정맞은 며느리가 받은 재앙

여기 용소라고 하는 곳이 있는데 그게 바로 요 뒤야. 요 뒤에 늪절이라는 데가 있는데 거기에 가보면 그 앞에 늪이 있고 그 뒤에 기와집이 있었는데 그 집이 원래 잘 살았대. 그때만 해도 도부꾼들이 전부 건영재로 넘나들고 그럴 때인데 그 집이 잘 살다보니 사람들이 항상 많이 들끓었지. 그런데 그 집 며느리가 방정맞았어.

손님을 늘 접대하려니까 손에 물이 마를 날이 없단 말이야.

어느날 이 집에 중이 동냥을 얻으러 왔더래. 옛날 중들은 도술을 잘 부렸대. 그러니 며느리가 중한테 쌀을 잔뜩 퍼주면서 한다는 소리가

"우리집에 손님이 많아서 내 손끝에 물이 마를 때가 없으니 제발 손님이 안 오게 해줄 수 있겠소?"

하며 사정을 하더래. 그러니 스님이 앞을 보니 늪이 있으니까

"그건 어렵지 않소."

이러더래.

"그러면 어떻게 하면 됩니까?"

"이 늪 물이 출렁출렁 하니 그 물이 빠져나가게 뚝을 터 놓으시오. 그러면 손님이 들지 않을 거요."

이렇게 알려주고 가버렸거던. 그러자 며느리가 그 중의 말대로 뚝을 터 놓으니 물이 쭉 빠져나갈 게 아닌가? 늪에 출렁출렁 하던 물이 흘러나가니까 삼 일만에 그 늪에서 용마가 나와 빙빙 돌며 하늘로 올라가다가 떨어져 죽어버렸거던.

그 일이 있는 뒤로 그렇게 부자였던 그 집이 폭싹 망했대. 망하고 나니까 후회가 되거던. 그래서 그 뒤로 다시 늪의 뚝을 막았지만 물이 차면 뚝이 터지고 또 막으면 또 터지고 하더래.

지금 그 늪에 가보면 물이 하나도 없어. 그래서 그 집이 쫄딱 망했어. 그래서 거길 절터라고도 하고 늪절이라고도 하고 그러거던.

조사일자 : 1996. 8. 2.

제보자 : 정순자 (67세. 여. 도계읍 점리)

88. 주인 살린 개

그전에 여기에 전설이 있는데 개무덤이라는 데가 저 위에 있어. 문왕 그 밑인데 문왕 그 밑으로 그땐 길이 없었어. 그리고 사람도 안 살았지.

어느 때인가 한번은 할아버지가 소달 장에 가서 장을 보아가지고 돌아오면서 술을 잔뜩 먹었대. 이 할아버지는 항상 따라다니는 개가 있었는데 장에 갈 때도 개를 데리고 갔거던. 그런데 술이 취했으니까 그만 길가에서 담배를 피우다가 그만 잠이 들었대. 그런데 그 담뱃불에서 불이 붙어 산에 불이 나니 그 할아버지가 꼼짝없이 불에 타 죽게 되었대. 그런데 안쪽 골짜 기에 물이 있었거던. 개가 그 골짜기에 가 꼬리에 물을 묻혀가지고 할아버 지가 자는 주변에 물을 뿌려놓고 또 그렇게 반복하기를 수십 번이나 하니 불이 꺼졌대. 그래 할아버지는 살았지만 개는 지쳐서 죽었어. 그러니 사람 들이 갸륵해서 개를 거기에 묻어주었거던. 거기를 개무덤이라 해.

[그 위치가 어디쯤이죠?] 그러니까 그게 건녕재야.

조사일자 : 1996. 8. 2.
제보자 : 정순자 (67세. 여. 도계읍 점리)

89. 준 빚 포기한 영감

한번은 어떤 영감이 다른 사람한테 돈을 많이 빌려주었대요. 그런데 이 사람이 돈을 안 갚는단 말이예요. 그러니 이 영감이 돈을 받으러 갔거던요. 가보니 마침 그날 남자가 죽었고 여자는 어디로 갔는지 없더래요. 그런데 그 집은 아주 마을에서 외따로 떨어져 있으니까 그 영감은 마을까지 찾아 가서

"저 집에 남자가 죽었던데 여자는 어디로 갔는지 보이지 않으니 어찌 된 일인지 아시오?"

하고 물으니까

"어제 남편이 죽었는데 여자가 장례를 치르려고 조금 전에 장을 보러 갑 디다."

이러더래요.

그래 그 집에 다시 가서 기다리고 있으니 그 여자가 장을 보아가지고 오더래요. 사람이 죽었는데 여자만 있으니 차마 입이 떨어지지 않아 돈을 달라는 소리를 못하고 우물거리다가 그만 밤이 되었어요. 그러니 여자가

"영감님은 돈을 받으러 왔지요? 내가 돈은 다 갚아줄 테니까 그대신 오늘 밤 시체를 지켜주시오."

하니 거절할 수 있소? 친척이 올 때까지만 있어 달라고 사정을 하니 별 수 없더래요. 그런데 남의 송장을 지키고 있으려니 무서워 죽겠지만 어쩔 수 없이 지키고 앉아 있었대요. 그런데 여자가 상여꾼을 구하겠다면서 또 나가버리니 혼자 송장 옆에 앉아 있었대요. 그런데 아무리 기다려도 오지를 않으니 기다리다 못해 이 영감이 여자가 찾아간 마을로 그 여자를 찾으러 갔거던요. 그래 얼마쯤 가니 그 여자가 오는데 호랑이를 앞세우고 오더래요. 호랑이는 앞에 오고 여자는 뒤에 오더래요. 그래 오는데 호랑이가 앞에 오다가 뒤를 돌아다보고 또 조금 오다가 뒤를 돌아다보고 이러니 그만 여자가 시껍을 해가지고 저만큼 뒤에서 머뭇거리고 있더래요. 그래 그 영감이

"내가 시체를 지키다가 아주머니가 하도 안 오길래 기다리다 못해 아주머니를 찾으러 여기까지 왔소."

이러니 여자가

"제발 저를 살려 주시오."

이러면서 매달리더래요. 그래 여자와 같이 왔대요. 그래 집에 왔는데 호랑이도 따라와 가지고는 마당에 서더니 안으로는 안 들어오더래요. 그런데 여자가 송장이 있는 방으로 들어가니까 송장이 떡 일어나 서 있더래요. 그러니 얼마나 겁이 나겠소? 그걸 본 여자가

"저 송장을 눕혀주시오."

이러더래요. 송장은 안 넘어간대요. 아무리 눕히려 해도 안 넘어간대요. 그러니 여자가 홀배쭉 세 번을 하라고 시키더래요. [네? 홀배쭉을 하라고요?]

"왼 발바닥에 침을 세 번 뱉고 홀배쭉 세 번을 하시오."

이래야 시체를 넘길 수 있다는 게지요.

실금. 실금. 씨름. 송장과 씨름해가지고 떠넘기라는 거지요. 그래 그렇게 하니 송장이 나자빠지더래요. 그리고 나서 영감이 그 여자랑 같이 송장 옆에서 밤을 새웠거던요. 그런데 날이 새자마자 밤에 영감이 얼마나 혼이 났던지

"나는 돈도 싫고 뭐도 싫고 이젠 다 싫소. 돈을 받지 않을 테니 이젠 당신이 혼자서 시체를 묻든지 말든지 하시오."

하고 나오니까 그 여자가

"영감님요. 저 고개를 넘을 때까지 절대로 이 집을 돌아다보지 마세요."

이러더래요.

그런데 오다 생각하니 무엇 때문에 돌아다보지 말라고 했는지 궁금하단 말이예요. 그래 고개 위에서 휙 돌아보자 갑자기 그 영감의 몸이 굳어져 미륵바우가 되었대요.

[그러면 그 집은 어찌 되었나요?] 송장을 구들에 놓은 채 여자가 집에 불을 놓았더래요. 자기도 죽으려고 집에다 불을 놓은 거래요.

조사일자 : 1996. 8. 3.
제보자 : 정상열 (52세. 남. 도계읍 점리)

90. 사람 홀리는 도깨비

복재질이라는 게 있지요. 옛날에는 아프면 병원에 가지 않고 무당을 시켜서 북을 두드리고 그랬잖아요? 지금은 그런 게 없지만 경을 읽는다는 거, 그런 소리를 들었는지 모르겠지만 지금 푼수로 하면 굿이나 마찬가지지요.

한 할아버지가 아랫 동네에 살았는데 여기서는 꽤 멀어요. 한 십 리쯤 되니까. 그때는 마을에 사람이 많이 살았는데 그 집은 좀 외따로 떨어져 있었어요. 그런데 그게 4월달쯤 되었대요. 늑구라는 데서 사람이 앓으니 와서 병을 낫게 해달라고 부탁하거던요. 그러니 그 할아버지가 거기 가서 복재질을 해서 병을 고쳐주고 술을 얻어먹고 오는데 옛날에는 차도 없고 하니까 걸어서 왔대요. 올라오다 보니까 외딴 솔밭이 있는데 거게에서 할머니들이 놀고 있더래요. 여럿이 모여 춤을 추고 노는데 가서 보니 아는 할멈도 있으니까

"할멈들, 나도 좀 같이 놀아봅시다."

이러며 함께 놀았는데 이 영감이 술이 취해서 얼마나 오래 춤을 추었는지 모른대요. 한참동안 같이 놀다보니 술이 깨거던요. 깬 뒤에 보니 글쎄 아무도 없더래요.

[그러면 그 할머니들은 귀신이었군요.] 그래. 귀신이었지요. 그러니 무시무시한 생각이 들어 얼른 집으로 왔대요. 그때 여자를 안고 돌았는데 뒤에 가보니 소나무가 껍질이 벗겨졌더래요. 그러니 여자가 아니라 소나무였던 거예요. 나중에 다시 거기에 가서 자세히 살펴보니까 얼마나 소나무를 안고 돌았는지 껍질이 다 벗겨졌더래요. 그러니 밤새도록 소나무를 안고 돈 거지요. [그게 어딥니까?] 늦재라는 데지요. 늦저리. 지금은 집이 다 없어졌어요.

저 여게, 재봉이 아들 명하도 도깨비한테 홀렸잖아요? 가가 들밭에 갔다

오다가 당한 일인데 덕봉이 묘가 있거던요. 그 앞에 산초나무가 있는데 거게 들어가가지고 밤새도록 헤매다가 날이 샌 뒤 집에 들어왔더라니. 밤에 술을 먹고 오다가 그랬대요. 그런데 그 묘가 흉한 덴데, 그 묘가 그러니까 약 먹고 죽은 양반 묘이지요. 거길 오면서 조심해야겠다고 생각했는데 귀신에 홀려 정신없이 가시나무속에서 헤맨 거예요. 젊은 색시가 와서 자꾸 따라오라고 해서 따라 따라가다보니 산초나무 덩굴속으로 들어간 거래요. 신발은 어디로 갔는지 없어지고 산초나무 밑에 가시가 있으니 발이 찔려가지고 피가 나고 그랬지 뭐요. 가가 거기서 홀려가지고 산초나무 있는 데서 잤지요. 그러니 헛개비를 본 거지요.

조사일자 : 1996. 8. 3.

제보자 : 정상열 (52세. 남. 도계읍 점리)

91. 박치기 선수의 봉변

그전에 어떤 사람이 박치기를 잘 했대. 그래 제사를 지내는 집이든 어디든 사람들이 모인 곳에 가기만 하면 마을 사람들한테 싸움을 걸었어. 그러니 마을 사람들이 그 사람을 원수처럼 여겼대. 이놈이 사람을 만나기만 하면

"나하고 내기를 합시다."

하고 시비를 건 뒤 억지로 박치기 내기를 하자고 해서 먹고 살았대. 박치기를 잘 하니까 박치기 내기를 해서 이겨가지고 그걸로 먹고 살았단 말이야.

어느날 이놈이 외나무다리를 건너가고 있다가 중간에서 마침 짐을 지고

오던 사람과 딱 마주쳤대. 그러니 서로 피할 수가 없거던. 그러자 박치기 잘 하는 놈이

"우리 재주로 내기를 합시다."

하니까 그 사람이

"좋습니다. 한번 해봅시다."

이러더래. 그러니 박치기 잘 하는 놈이 좋아하더래.

"당신은 무슨 재주가 있소?"

"저는 별로 재주가 없소."

"그러면 박치기 내기를 합시다."

이래 박치기를 했는데 이놈이 박치기를 하니까 그 사람이 다리 아래로 떨어졌대. 그런데 다리 아래서 일어나지 않고 누운 채로 자꾸 뭘 씹거던. 그러니 이놈이

"여보시오. 거기서 뭘 씹고 있소?"

하고 물으니까

"당신 코를 만져보시오."

그래 코를 만져보니까 제 코가 없어졌더래. 그 사람이 어느 틈에 벌써 자기의 코를 떼어가지고 씹고 있더래.

그래 박치기 잘 하던 놈이 크게 망신을 당하고 나서 다시는 박치기를 하자고 하지 않더래요. (웃음) [그럼 내기를 못해서 굶어 죽었겠네요.] 그랬는지도 모르지. (웃음)

조사일자 : 1996. 8. 3.

제보자 : 정상열 (52세. 남. 도계읍 점리)

92. 움직이는 시체

　요새는 사람이 죽으면 3일장을 하지만 옛날에는 7일장, 9일장, 15일장 이렇게 하잖아요? 그리고 초상이 나면 상주들이 시체가 있는 방을 비우지 않거던요. 왜 그러느냐 하면 상주가 항상 곡을 하며 장례를 치를 때까지 시체와 항상 같이 있어야 되기 때문이지요. 그런데 혼자서 15일간 상주 노릇을 하다 보면 지쳐서 죽을 지경이지요.

　옛날에 호롱불이나 촛불을 켜 놓았는데 만약에 불이 꺼지게 되면 안돼요. 왜 그러느냐 하면 시체는 항상 불이 있는 곳으로 그 혼이 옮겨 간대요. 그러니 시체 방에는 항상 불이 안 꺼지게 해놓고 사람이 항상 지켜야 된대요.

　그런데 아무리 효심이 있어도 여러날 동안 계속 시체를 지킬 수는 없거던요. 그런데 시체를 계속 지키다보면 그만 몸이 지쳐서 잠이 오는데 아무리 장사요 효자라도 잠한테는 못 당하거던요.

　그런데 한번은 어떤 사람이 시신을 지키다가 잠깐 졸았는데 촛불이 꺼졌대요. 그러자 마침 건너쪽 집에 불이 켜져 있으니까 시체가 불이 있는 그 쪽 집에 갔더래요. 옛날 노인들의 얘기가 시체있는 방에는 절대로 불을 끄지 않는다고 그랬어요. 그 상주가 잠깐 잠을 깨보니 시체가 그 집에 가 있더래요. 거기에 가서 서 있는 걸 왼쪽 다리를 걸어 넘어뜨려가지고 모시고 왔대요. [시체를 넘어뜨릴 때는 침을 세 번 뱉는다면서요?] 그래요. 귀때기를 때리고 발에 침을 세 번 뱉고 왼발을 걸어야 넘어가지 그 전에는 절대로 안 넘어간대요. 그리고 시체있는 방에 고양이가 절대로 들어가지 못하게 한 대요.

　옛날에 초상을 당하면 목수를 데려다가 송판으로 관을 짰어요. 관을 짤때 대패밥이 나오는데 그 대패밥을 부엌에서 태워도 안되고 짐승도 타고넘지 못하게 해야 된대요.

또 옛날에 어느 할아버지가 삼화에 초상이 나서 문상을 갔더래요. 문상을 마치고 돌아오려 하니 날이 너무 저물더래요. 그런데 상가집이 좁아서 잘 곳이 없거던요. 그런데 맞은 편에 빈 집이 있는데 사람들이 그 집에서 관솔불을 켜놓고 자더래요. 여름이라 덥고 잘 데가 없으니까 그 할아버지도 그 집에 들어가서 자는데 밤에 초상집에서 시체가 없어졌다고 야단이 났더래요. 그래 옆에서 같이 자던 사람을 다 깨웠대요.

"저 상가집에서 시체가 없어졌다 하니 다들 빨리 일어나시오."

이렇게 깨우니까 다 일어났는데 한 사람이 아무리 깨워도 안 일어나더래요. 그러니 이상해서 유심히 보니까 글쎄 그게 시체더래요. 시체가 여기에 와서 같이 누워있었던 거래요. (웃음) 그런데 나중에 알고보니 같이 잔 사람들은 그 집에 디딜방아가 있는데 이 집에 와서 방아를 찧다가 힘드니까 고만 거기서 잔 거래요. 초상이 나면 방아를 찧어서는 안되는데 방아를 찧어서 그랬대요.

그리고 서 있는 시체는 한번에 넘겨야지 못 넘기면 절대로 넘어지지 않는대요.

조사일자 : 1996. 8. 3.
제보자 : 정상열 (52세. 남. 도계읍 점리)

93. 호랑이가 살려준 아이

지금은 그 재가 험하지 않지만 그 전엔 상당히 험했다고.

언젠가 버스에 사람들이 많이 타고 가는데 그게 밤이었대요. 갑자기 호

랑이가 앞에 떡 나타나 길을 막으니 운전수가 차를 세웠대요. 사람들이 호랑이를 보자

"저 짐승이 나타난 것은 무슨 까닭이 있어서 그럴 것이오. 우리 중에 누군가를 찾는 것 같으니 손수건을 던져서 누구인지 알아 봅시다."

하고 모두들 차밖으로 수건을 던졌대요. 그러니까 호랑이가 다른 사람의 것은 거들떠 보지도 않고 8살 먹은 아이가 던진 수건만 딱 받더래요. 그러니 모두들 그 애를 보고 내리라고 하니까 그 애가 할 수 없이 내렸대요. 누군가 희생을 당해야 할 것 같은데 호랑이가 그 애를 지정한 것 같거던요. 그런데 나이 지긋한 중년 노인이 그 아이가 혼자 내리는 것을 보고 애처러우니까

"나도 내려 저 애와 운명을 같이 하겠네."

이래 애를 생각해서 이 사람도 내린 거래요. 그래 애와 이 노인을 내려놓은 뒤 버스가 출발을 했대요. 그런데 재말랭이를 넘어가다가 버스가 벼랑으로 굴러 떨어졌대요. 그래 차에 탄 사람은 전부 몰살당했고 그 노인하고 그 애하고 딱 두 사람만 살았대요. 그러니 애는 호랑이 덕으로 살고 그 노인은 애의 덕으로 산 게지요.

우리는 보통 호랑이가 사람을 잡아간다고 하지만 그게 아니래요. 사람을 홀리는 거래요. 호환을 당하는 사람은 호랑이한테 홀려가지고 가지, 물려가지는 않아요.

또 호젓한 산길에서 호랑이와 마주치면 호랑이가 먼저 도망가지 무턱대고 사람을 해치지는 않아요. 호랑이는 무서운 맹수라 만약에 사람을 잡아먹었다 하면 사람의 몸뚱이를 다 씹어먹지만 두골만큼은 먹지 않고 바위 꼭대기에다 올려놓아요.

조사일자 : 1996. 8. 3.

제보자 : 정상열 (52세. 남. 도계읍 점리)

94. 시집간 딸은 도둑

이건 내가 아버지한테 들은 얘긴데 딸은 도둑이라 이러거던요.

그게 왜 그러느냐 하면 그 전에 그렇게 잘 살지는 못하는 사람이 있었는데 3형제와 딸 하나 이렇게 4남매를 두었대요. 이 늙은이가 풍수지리를 보았는데 남의 집 묘자리를 잡았다 하면 정승, 판사가 나오는데 자기네는 못살았대요. 그러다가 자기가 죽을 때가 되니까 자기 묘자리를 잡아 놓았더래요. 그래 놓고서도 자식들한테 숨겼대요.

그런데 자기가 죽을 때가 되니까 아들들만 불렀대요. 죽기 전날 아들들만 불렀는데 딸도 그걸 알고 자진해서 왔더래요. 늙은 아버지가 임종하기 직전에 눈을 떠보니 딸이 왔으니까

"너는 나가 있거라."

이랬거던요. 딸이 방에서 나오다가 생각하니 딸도 자식인데 저보고는 나가라 하니 아무리 아버지지만 서운할 게 아니오? 그래 마루밑에 들어가 엿들었대요. 그런데 그 집 앞에 늪이 있는데 물풀이 있었대요. 물풀[水草]이라고 물속에서 자라는 풀이 있어요. 아버지가

"늪에 가서 물풀을 딱 헤치면 내 머리가 들어갈 만한 자리가 나올 테니까 내 머리만 거기다 묻고 몸뚱이는 장사를 지내든지 태우든지 너희들 마음대로 하거라."

이러더래요. 물풀을 제치면 옴푹한 자리가 있을 테니까 거기에다 머리를 묻은 뒤 그 물풀로 다시 덮어놓으라 이거래요. 그리고 죽었어요. 그런데 딸이 들어보니 뭐 대단한 소리가 아니거던요.

아버지가 그날 밤에 죽자 아들들이 장례를 치르려고 상의를 할 게 아니오? 장례에 대한 아버지의 유언에 대해 두 형제는 아무말도 않는데 막내가

"아무리 유언이 그렇다 해도 눈에 물이 들어가게 할 수가 없지 않소? 그

러니 명주로 감아가지고 묻읍시다."

그러더래요. 머리를 명주로 똘똘 말아봐야 부피가 얼마 되나요? 그래 형제가 합의하여 머리를 잘라 명주에 싸서 물풀을 헤치고 묻었대요. 그러자 그집이 잘 되기 시작하는데 그때 딸네는 여전히 못 살았대요. 딸이 생각하니 그 때 아버지의 유언이 생각나거던요. 그래 우리 시아버지가 죽으면 그때 시아버지 머리를 대신 거기에다 묻어야지 하고 결심을 했대요.

그런데 얼마 뒤 시아버지가 죽으니까 시아버지 머리를 몰래 잘라 가지고 거기로 찾아간 거래요. 그래 물풀을 쑥 제치니까 친정아버지가 용이 되어서 하늘로 승천을 하려는데 그만 명주로 쌓았으니까 이게 썩지 않고 그대로 있을 게 아니요? 그러니 올라가다가 도중에 떨어져 버리더래요. 명주를 쓰지 않았으면 승천을 했을 텐데 명주를 감아 놓았으니 살이 안 썩어 못 올라갔지요.

명주는 안 썩으니까 시체를 쌀 때는 명주를 안 써요.

그러니 양쪽 집이 망하기 시작하는데 졸지에 거지가 됐대요. 그 딸이 친정까지 망쳐 놓았대요.

조사일자 : 1996. 8. 4.
제보자 : 정상열 (52세. 남. 도계읍 점리)

95. 가짜 풍수쟁이의 횡재

그 전에 두 형제가 살고 있었어. 그런데 형은 글을 많이 알고 풍수지리도 밝은데 동생은 아무것도 몰랐거던. 형은 풍수지리를 해서 돈을 많이 벌

었단 말이야. 그러나 동생은 아무것도 모르면서 항상

  "나도 글을 배웠으면 돈을 많이 벌 수 있을 건데."

이랬거던. 그러다가 어느날 자기 처한테

  "형님한테 가서 옷하고 패철을 얻어오시오."

이리 시켰단 말이야. 그러니 처가 시아주버니한테 가서

  "남편이 시숙의 옷하고 패철을 얻어오라고 해서 왔으니 좀 빌려 주시오."

하며 사정을 하니까 형이

  "글도 모르면서 그걸 가져가서 뭘 하겠소?"

하고 거절하더래. 그래도 제수가

  "꼭 얻어오라 했으니 좀 빌려주시오."

자꾸만 사정을 하니까 할 수 있나? 그래 빌려줬어.

  그래 동생이 자기 형의 옷을 빌려 입고, 옛날엔 갓을 썼어. 갓을 쓰고 패철을 차고 가는데 갑자기 비가 내리거던. 하늘에서 비가 오고 천둥까지 친단 말이야. 그런데 마침 집이 있으니 그 집에 들어갔어. 들어가보니 한 아이가 아버지한테서 글을 배우고 있더래. 어린 아이를 앞에 앉혀놓고 하늘 천, 따 지 하고 열심히 가르치고 있단 말이야. 이 사람이 그 집에 패철을 차고 들어가면서

  "저는 풍수를 보는 사람인데 이 집 운수를 보아드리지요."

이랬단 말이야. 갓을 쓰고 패철을 지녔으니 그 집 주인이 보기에 글을 많이 배운 것 같거던. 유식해 보인단 말이야.

  "아, 그렇습니까? 어서 들어오시오."

  그래 그 집에 들어갔어. 들어가니까 주인이

  "마침 오늘밤 우리 큰 집에 제사가 있어서 다녀와야 하니 밤에 우리 아

이한테 글을 좀 가르쳐 주시오."

이 사람은 아무것도 모르지만 하룻밤 자고 가려 하니 가르쳐 준다 하지 글을 모른다고 할 수 없지. 그래 밤에 아들을 맡겨놓고 제사를 지내러 갔거던.

저녁밥을 먹은 뒤에 그 아이가 책을 가지고 와서

"선비님, 글을 가르쳐 주세요."

이러니 이 사람이 뭘 알아야 가르쳐주지. 그래 밖을 내다보니까 그 집 개가 마당에서 슬슬 걸어 다니거던. 그러더니 앞발을 쭉 뻗으며 넙죽 엎드린단 말이야. 이 사람이 개가 하는 시늉대로 가르쳤어.

"슬슬 들어온다, 넙죽 엎드린다."

그러니 이 얘가 그 말만 계속 따라 했단 말이야. 그때 마침 그 집에 도둑이 들어왔거던. 그 애가 배운 대로 그대로 크게 외치니까 도둑이 슬슬 들어와 마루밑에 엎드려 숨어 있다가 자기 행동이 벌써 탄로난 줄 알고

'이 집에 명인이 있구나.'

가슴이 덜컥 내려앉더래. 이 집에 자기 행동을 훤히 아는 명인이 있으니 잘못하다가는 큰 코를 다치겠다 싶어 도망쳤대.

이 도둑놈이 저희들 소굴에 가서 그대로 얘기를 하니 모두들 겁을 내며

"그런 명인이 나타났으니 우리가 전에 그 집에서 훔쳐온 걸 다 알고 일을 게 아니냐? 그러니 자진해서 훔쳐온 걸 갖다 주어야 죄가 가벼워질 것이니 당장 돌려주자."

밤 늦게까지 도둑들이 의논하다가 이렇게 합의을 했대.

그런데 이 사람이 뭘 알아야 가르치고 말고지. 밤새 가르친 게 겨우 그것밖에 없거던. 제사를 지내고 돌아온 주인이 그 말을 듣자 글을 가르치라 했는데 별 희한한 것만 가르쳤다 하니 이 사람이 진짜 양반이 아닌 것 같

아 아침 밥만 먹여서 쫓아냈대. 그런데 이 사람이 떠난 뒤 도둑놈들은 훔쳐 온 돈, 쌀, 물건을 잔뜩 들고 그 집에 와서 사정을 하더래.

"우리가 죽을 죄를 지었으니 용서해주시오."

"무슨 죄를 어떻게 지었는지 직접 너희들 입으로 말해 보아라."

주인은 이놈들이 도둑놈 같은데 연유를 모르니까 일부러 아는 척하고 넘겨짚어서 말했대.

"엊저녁에 이 집에 물건을 훔치려 들어왔더니 '들어왔다' 하고 마루 밑에 엎드려 숨어 있었더니 '엎드린다' 하니 세상에 이렇게 알아맞힐 수가 있습니까? 그래 그전에 훔쳐간 물건을 모두 돌려주려고 왔으니 제발 저희가 지은 죄를 용서해 주시기 바랍니다."

그래 주인은 도둑이 가져온 돈과 쌀을 한꺼번에 다 받으니 부자가 됐지. 부자가 되니 그제야 주인은 자기가 그 사람을 잘못 본 줄 알고 다시 찾으려 아들한테

"혹시 그 선비가 어디 산다고 말하지 않더냐?"

물으니까

"아무 골에 산다."

이런 말을 들은 것 같다고 하거던. 그리고

"먹을 것이 없어서 풍수지리를 보러 다닌다."

이런 말도 들었다는 게야. 그 주인은 아들의 말을 듣고서 그 사람이 살던 곳을 알고 도둑들한테 받은 돈과 쌀 절반을 가지고 그 사람집에 가져다 주라 하더래. 자기는 그 사람 때문에 옛날에 잃었던 재물을 한꺼번에 찾아서 부자가 되었으니 그 재물을 절반쯤 갖다 주라 한 거래. 그런데 이 사람은 아직 집에 안들어 왔단 말이야. 그래 아내가 무슨 영문인지 모르지만 재물을 가져온 사람이 무조건 받아야 한다니까 받아서 부자가 되었어. 그래 받

은 돈으로 집도 새로 짓고 논도 사고 밭도 샀지.

그런데 이 사람은 그런 줄도 모르고 집에 맨손으로 돌아갈 수 없으니까 정처없이 돌아다니는데 어느 곳에 당도하니 마침 초상이 나서 상주들이 분주하게 왔다갔다 하다가 이 사람을 보고

"당신도 풍수를 보는 사람이지요? 어서 들어오시오."

하며 청하니까 안에 들어가보니 풍수쟁이들이 많이 모였더래. 상주들이 이 사람에게 부탁하기를

"우리 아버지 장례를 치르려 하는데 누구든 좋은 자리를 잡아주는 사람에게 후한 사례를 하겠소."

하며 대접을 융성히 하더래. 이 사람은 배가 고프니까 우선 실컷 먹기는 했지만 뭘 알아야지.

그런데 이튿날 상주들이 같이 산에 가보자고 재촉을 하더래. 그래 갔는데 이 사람이 뭐 동서남북이 어딘지도 모르거던. 산 속으로 한참 들어가노라니 치대피(칡덩굴)이 얽혀져 갈 수가 없더래. 그런데 그 밑을 보니가 평평한 곳이 있거던. 그리로 내려가다가 치대피에 걸려 넘어져 버렸어. 상주 세 명은 이 사람을 놓칠까봐 쫓아오느라 진땀을 흘리더래. 이 사람이 넘어 졌는데 옆을 보니 웬 나무가 거기 있거던. 그리고 그 옆에 감나무가 있단 말이야. 더 이상 찾아 다녀 보았자 알긴 뭘 알아. 그러니 에라 모르겠다. 될 대로 되라고

"여기가 명당자리니 이곳에 묘를 쓰시오."

이러면서 방향을 신좌간으로 잡으라 했단 말이야. 감나무를 보자 감 시(柿) 자를 생각하고 엉터리로 그렇게 말해 버렸어.

묘지를 잡을 때는 맹인의 사주를 맞춘단 말이야. 신좌간, 그러니까 감나무를 보고 아무렇게나 중얼거린 것을 옆 사람들이 그렇게 알아 들은 거야.

그래 넘어진 자리에 묘터를 잡고 신좌간으로 방향을 정했단 말이야. 삼형제가 보니까 이게 명당터처럼 보이더래. 먼저 풍수들보다 터를 훨씬 잘 잡은 것 같으니 만족했단 말이야. 그래 그 곳을 가리키며

"이 분이 정한 곳에다가 장사를 치르겠다."

하며 자기 아버지 장례를 마칠 때까지 머물다 가시라고 간곡히 당부를 하니 계속해서 상가집에서 묵었어.

이튿날 거기다가 시신을 모시고 나서 집으로 돌아오는데 맏상제의 부인이 몇 발자국을 걷다가 무엇에 걸려 넘어졌대. 평지인데 이게 뭔가 해서 자세히 보니 솥뚜껑 꼭지가 흙속에 묻혀 있더래. 그래 솥뚜껑밑을 파보니 금덩어리가 잔뜩 나오더래. 옛날 전쟁이 일어났을 때 누가 숨겨 놓은 금이 나온 게야. 임자가 없으니 이걸 가져와 그 집은 큰 부자가 되었대. 그 사람 때문에 이렇게 부자가 되었으니 얼마나 고마운가. 그러니 좋아서

"어른께서는 집이 어디며, 이름이 무엇이오?"

하고 물어 그 금 절반은 그 사람에게 주더래. 그러니 이 사람은 이제 부자가 되었단 말이야. 좋아서 집에 와보니 자기가 나갈 때는 오두막집이었는데 웬걸 벌써 부자가 되어 있거던. 집을 대궐같이 지어 놓았으니 그 사람은 내가 꿈을 꾸고 있나 이랬지.

집에 들어가니 아내가

"어디에 가 있다가 이제 오시오?"

하며 반갑게 맞더래.

"그동안 어떻게 살았소? 그리고 이 집은 무슨 돈으로 이렇게 잘 지었소?"

"당신이 보내준 돈으로 지었지 내가 무슨 재주로 지었겠소?"

"내가 무슨 돈을 보내주었다고 그러시오?"

"아, 얼마 전에 큰 돈을 보내주지 않았소?"

그 도둑들이 가져온 돈을 자기 집에 보내준 걸 이때까지 이 사람이 전혀 몰랐거던.

그래 이 사람이 부자가 되어 살았대. 그러니 일자무식이라도 연때가 맞으면 잘 살 수 있다 이거지.

조사일자 : 1996. 8. 4.
제보자 : 정상열 (52세. 남. 도계읍 점리)

96. 중경스님의 신통력

전에 중경스님이라고 하는 분은 원래 삼척 북평에서 태어났는데 이 스님은 신통력이 있어 누구에게나 한 가지 소원은 꼭 이루어 주었대요.

나도 막내 아들이 아파서 찾아간 적이 있는데 그 스님을 통해 효과를 봤어요.

단양 읍에서 온달성쪽으로 쭉 올라오다 보면 구인사가 있는데 거기가 소백산 줄기거던요. 그분이 거기에 들어가서 도를 닦았는데 지세가 너무 험해서 해가 지면 사람이 왕래를 못했대요. 구인사 들어가는 입구에 호랑이가 지키고 있으니 사람들이 무서워서 가지 못했어요. 그러나 그 스님은 해가 져도 마음대로 드나들었대요. 그 스님이 낮에는 밖에 나와 농사를 짓고 밤에는 구인사에 들어가 공부를 하고 도를 닦았대요. 전에는 조사스님이 있었는데 그 분이 중경스님을 불러들였다고 해요. 절에서는 스님이 죽는 걸 열반이라 하는데 조사스님이 열반을 하실 때 각처에 고명한 승려들

이 많았는데 서로 후계자가 되려고 했지만 다 묵살하고 중경스님을 지명하니까 모두들

"이 사람한테 그 자리를 넘겨줄 수 없다."

이렇게 불평을 하면서 이 스님을 암살하려고 했대요.

그런데 이러한 암살계획을 중경스님이 벌써 알아차리고서

"나는 이 자리를 맡으려 해서 맡은 게 아니고 실정이 이리 되어 어쩔 수 없이 맡은 것인데 왜들 암살하려고 하시오?"

이렇게 말을 하니 자기들이 벌써 그런 계획을 짠 것을 훤히 들여다보고 있는 것을 눈치채고 이건 도저히 안되겠다 싶어 다들 슬슬 도망을 쳤다고 해요. 그래 중경스님이 후계자가 되었는데 아픈 사람이 와서 병이 낫게 해달라면 싸리잎을 훑어다가

"이걸 가져다 달여 먹여라."

해서 갖다 달여먹이면 감쪽같이 나았대요. 그리고 불도가 깊어서 오늘은 누가 무슨 일로 찾아올 거라고 미래의 일까지 다 알아 맞췄대요. 그러니 그 사람의 속까지 다 안대요.

중경스님은 이렇게 도통한 사람이예요. 조사스님이 열반하셨을 때 묘자리를 잡은 사람이 누구냐 하면 바로 중경스님이래요. 그 자리가 닭이 알을 품을 형이거던요. 그때까지 거기에 그렇게 좋은 묘자리가 있는 줄을 아무도 몰랐대요. 조사스님의 묘자리는 영월 단종 묘보다 더 클 거예요. 지금은 중경스님도 열반하셨지요. 그 분은 패철을 보고 책을 보고 그러지 않고 그냥 앉아서도 명당을 찾아냈다는 거예요.

그 전에 정선에 한약도 짓고 남의 묘자리도 보아주고 하는 오석보라는 분이 있었어요. 이 사람도 구인사에 다녔는데 지리 박사라는 게 딴 게 아니라 바로 중경스님같은 사람이라고 그랬어요. 아주 탄복을 하더라구요. 이

사람은 잠을 거의 자지 않았어요. 항상 새벽까지 도를 닦으면서 꼬박 밤을 새웠대요.

조사일자 : 1996. 8. 4.

제보자 : 정상열 (52세. 남. 도계읍 점리)

97. 미인폭포

옛날에 도계읍 심포리에 한 처녀가 살았는데, 그 처녀가 얼마나 예쁜지 열 사람이면 열 사람 모두 반할 정도였대. 그러니 처녀를 보는 사람마다 누구나 탐을 냈대.

그런데 드디어 한 장군이 그 여자하고 장래를 약속했는데 마침 전쟁이 나서 싸움터로 나갔대. 그러자 그 여자가 자주 미인폭포에 와서 기도를 했다던가? 장래를 약속했으니까 제발 전쟁터에서 무사하도록 정성껏 기도를 했대. 틈만 나면 미인폭포에 와서 기도를 했는데 세월이 자꾸만 흘러 수십 년이 지났거던.

그런데 전쟁이 길어져 수 십 년이 지난 뒤에야 장군이 돌아 왔더래. 그런데 세월이 흐르다 보니까 이미 그 여자는 머리가 하얗게 세었더래. 그런데 인제 그 장군이 올 때 옛날에는 면경(面鏡), 그러니까 석경(石鏡)이 있었잖아? 오랜만에 돌아오면서 석경 하나를 갖다 줬대. 주니까 여자가 그걸로 자기 얼굴을 보더니만 머리가 세고 얼굴이 늙고 그러니까 소복을 하고서 저기 꼭대기에서 치마를 뒤집어 쓰고 떨어져 죽었다고 해서 미인폭포라 한대. 그런데 태백 쪽에 있잖아? 거기 저 육백산이 있는데, 그게 왜 육백산이냐 하면 육백 장군이 있었다거던. 여기 와 보니 미인이 죽었으니까 같이 따라 죽었다는 말이 있어. 그래서 사람들이 그 폭포를 미인폭포라고 그래.

　［왜 육백 장군이 왔을까요?］

　장군이 오니까 부하들 육백 명이 따라 왔던 거지.

　　　　　　　　　　　조사일자 : 1997. 5. 8.

　　　　　　　　　　　제보자 : ○○보살 (70세. 남. 도계읍 심포리 혜성사)

98. 박복한 처녀 정랑

　［저, 이 근처에 정랑총이라고 있어요?］ 정낭총(鄭娘塚)?

　［저~ 처녀가 죽었다는……］ 아, 조산 이야기구만.

　［그것 좀 들려 주세요.］ 옛날에 어떤 처녀가 하나 있었는데 그 처녀가 바느질을 하고 살았대. 그런데 팔자가 기구해서 시집을 가려고 정혼을 해놓으면 그 신랑이 죽고 또, 이제 중매가 들어와 가지고 또 그러면 죽고, 또 중신이 들어오면 신랑이 죽고, 자꾸 그랬대. 그러다가 양양의 총각 노중경이란 사람한테서 청혼을 받는데 정랑은 속으로 마음이 끌렸지만 자기 팔자가 사나우니 미래가 창창한 청년의 앞길을 망칠까 두려워 거절했대. 그런데 총각은 그런 줄 모르고 집이 가난해서 거절당한 줄 오해하여 5년간 열심히 공부해서 과거에 합격한 뒤 일부러 이 곳을 지나갔대. 그러니 정랑은 사실대로 말할 수도 없고 그렇다고 용서를 빌 수도 없어 그만 자살을 해버렸다는 게야.

　저기 조산이라는 산이 있잖아? 저 산에 가보면 무덤이 있는데 그게 자살한 처녀의 무덤이야.

그리고 또 다른 이야기가 있어. 그 여자의 성이 조씨였던가 봐. 그래 거기에 묻었다고 해서 그게 조산이라 그런 말도 있지. 처녀가 거기에 앉아서 바느질을 하고 삼질도 하다가 자살을 했대.

조사일자 : 1997. 5. 8.
제보자 : ○○보살 (70세. 남. 도계읍 심포리 혜성사)

99. 피리 불어 잡은 호랑이

옛날에 한 사람이 살았는데 집이 너무 가난하니까 아들이 날마다 산에 가서 나무를 해다가 장에 내다 팔아 쌀도 사오고 찬거리도 사와서 노모와 먹고 살았거던. 그런데 이 아이는 피리를 잘 불었단 말이야.

어느날 이 아이가 산에 가서 나무를 해 가지고 오다가 지게를 내려놓고 쉬면서 피리를 불었대. 땀을 닦고 나서 피리를 부니까 큰 호랑이가 나와서 춤을 추더래. 이 호랑이는 피리소리만 들리면 저도 모르게 춤이 덩실덩실 나오는지라 피리를 부니까 참지 못하고 마구 춤을 추어대는 거라. 아이가 계속 피리를 부니까 이 놈도 계속 춤을 추어대더니 피리소리가 그치니까 아, 그 아이를 냉큼 삼켜버렸어. 피리까지 함께 꿀꺽 한 입에 삼켜버렸단 말이야. 씹지도 않고 통째로 삼켰어.

그러니 뱃속에 들어간 아이는 이거 큰 일이 났거던. 그런데 다행히 호랑이가 씹지도 않고 목구멍 속으로 넘겨 버렸으니까 다행히 다친 곳은 없었단 말이야. 그래 이 뱃속에서 나갈 궁리를 했대. 그러다가 꾀를 내어서 그

뱃속에서 피리를 또 불었단 말이야.

힘껏 부니까 그 소리가 뱃 속에 울려 퍼지더니 그 놈의 창자 구멍으로 해서 똥구멍으로 새어나가더래. 그러니 똥구멍에서 피리소리가 흘러 나올 게 아닌가? 그러니 호랑이가 또 춤을 마구 추더래. 똥구멍으로 피리소리 방귀를 꿔며 마구 날뛰니 점점 똥구멍이 벌어지더래.

이 아이는 계속 피리를 불면서 똥구멍으로 빠져 나오며 뾰쪽한 피리 끝으로 항문을 콱 찌르니까 호랑이가 펄쩍 뛰면서 죽어버렸지. 그래 똥구멍으로 기어나와 가지고는 나뭇짐을 다 내던지고 죽은 호랑이를 지게에 지고 와서 그 가죽을 시장에 내다 팔으니 돈이 많이 생겼어.

그래 그 돈을 가지고 노모와 배불리 먹고 잘 살았대.

조사일자 : 1996. 8. 12.

제보자 : 안종복 (75세. 남. 도계읍 심포리)

100. 갈남의 지형과 월미도

이 곳은 원래 갈미(葛美)였는데 갈산으로 바뀌었다가 현재는 갈남이라 해요. 왜 신남에 해신당이 있지 않습니까? 거기가 신남 2리고 여기가 신남 1리이거던요. 신남으로 있을 때는 이장이 한 사람이었어요. 그러다가 뒤에 와서 여기가 갈남 1리, 거기가 갈남 2리로 되었어요.

이 앞 바다에는 월미도(月美島)란 바위섬이 있지요. 옛날에 거기서 수달피와 토끼가 살았어요. 그런데 500여년 전에 이런 일이 있었다고 전해 내려와요. 어느 나병환자가 그 섬의 돌 틈에서 솟아나는 약수물로 몸을 씻었어요. 그러자 그렇게 맑던 청수가 탁하게 변해 버리더래요. 그래서 월미도 바위 안쪽에 있는 약수물이 그 때부터 못 쓰게 되어버린 거죠.

그리고 거게는 칠게(칡)가 많이 있어요. 칠게가 있어야 그걸 토끼가 먹고 살지요.

그리고 여기 산의 형상이 돼지 모양이어서 도트마리(돝의 머리)라고 불러요. 그러니까 이 산하고 바위하고 썩 어울리거던요. 바위가 마을 앞을 떡 막고 있으니까 밖으로 복덩어리가 나가지 못하고 마을에 쌓이게 된다고 믿고 있지요.

산은 마치 키질을 하는 형상이어서 곡식의 알맹이를 골라내니까 월미도는 재(재물)덩이, 복덩인 셈이지요. 그래서 이 마을에 복이 붙게 된다고 그래요.

조사일자 : 1995. 4. 26.
제보자 : 박성래 (74세. 남. 원덕읍 갈남1리)

101. 애바위에 얽힌 한

이 곳은 원래 갈남 2리였으나 현재는 신남(薪南)으로 부르고 있지.

이 마을 동쪽 바닷속에 애바위가 있는데 그 전설은 이렇거던.

그전에 이 마을에 처녀와 총각이 살았는데 서로 좋아하는 사이였대. 처녀는 매일 바다에 나가 김을 뜯어 왔는데 그 때마다 총각이 뗏목으로 처녀를 애바위까지 실어다 주곤 하였더래. 그러나 처녀가 김을 뜯는 동안 기다리고 있을 수가 없으므로 처녀를 바위에 내려 놓고 총각은 육지에 돌아왔

신남 애바위

다가 김을 거의 딸 무렵쯤 되면 다시 애바위로 가서 그 처녀를 배에 태워 데려오곤 했단 말이야.

그러던 어느날이었대. 갑자기 폭풍우가 몰아 닥치고 파도가 거세게 일어나 바위를 삼킬 듯이 덮쳤대. 그러자 처녀는 육지를 향하여 구원을 외쳤으나 파도소리에 묻혀 소리가 들릴 리 없었거던.

처녀는 살려고 발버둥을 치며 애를 태우다가 결국 파도에 휩싸여 죽고 말았대. 그래서 그 바위를 애바위라 부르게 되었대. 총각은 사나운 파도 때문에 처녀를 구하러 갈 수 없어 발만 동동 구를 뿐 속수무책이었단 말이야. 그런 일이 있은 뒤부터 고기가 잡히지 않았다고 해.

그런데 어느 날 마을의 어부가 꿈을 꾸니까 처녀귀신이 바다속에서 나타나기에 그 곳으로 가 보았더니 죽은 처녀의 시체가 물에 떠 있더래. 그래서 시체를 거두어 장사를 치르고 제사를 지내 주었더니 그 뒤로는 고기가 잘 잡히었다고 해.

처녀의 시체를 건진 해변가 근처에는 향나무가 있었단 말이야. 이 나무에 죽은 처녀의 신을 모셔 놓고 매년 제사를 지냈으나 근래에는 해신당(海

神堂)을 짓고 거기서 성황제를 지내고 있어. 그런데 어떤 사람은 고기가 하도 안 잡히니까 어떤 어부가 화가 나서 바다쪽에다 오줌을 싸면서 욕을 했더니 이상하게도 그 때부터 고기가 많이 잡혔다고도 한단 말이야.

그리고 처녀의 신을 모시고 제사를 지낼 때 처녀의 영혼을 위로하자면 남자가 있어야 한다고 해서 나무로 남자의 상징인 남근(男根)을 깎아 걸어 놓게 되었대.

이래서 매년 성황제를 지낼 때마다 나무로 정성껏 남근을 깎아 신에게 바치는 관습이 지금도 계속되고 있단 말이야.

조사일자 : 1995. 2. 11.
제보자 : 김영기 (57세. 남. 원덕읍 신남)

102. 처녀 원혼의 보답

갈남리에 살고 있는 정씨라는 어부는 물고기 중에서 값이 좋은 청어를 많이 잡아 다른 사람들보다 풍요롭게 살고 있었대.

그러다가 웬일인지 갑자기 흉어가 계속되자 갈수록 집안 형편이 쪼들리게 되었거던. 그러니 정씨는 상심하여 밤에 잠을 이루지 못하다가 어느날 저녁에 답답한 마음을 달래려고 바닷가로 나왔대.

해변을 거닐고 있던 정씨는 바닷물에 떠밀려 오는 물체를 보자 궁금하여 이를 건져 살펴보다가 깜짝 놀랐대. 그것은 너무나 청아하고 아름다운 처녀의 시체인 게야. 그러니 정씨는 그 처녀의 아름다움에 매혹되어 그것이 시체라는 것도 잊은 채 그만 자기의 몸과 합쳐 버렸단 말이야. 그러나

곧 자신의 행동에 죄책감을 느끼고 마을 사람들을 불러 자기의 재산을 털어서 그 여자의 장례를 치르어 주고, 삼우제까지 정성껏 지내주었대.

그런 일이 있은 지 수 일 후 꿈에 그 여자가 나타나서

"나는 어느 마을에 살았는데 바닷가에 놀러 나왔다가 바위 위에서 발을 잘못 디디어 물에 빠져 죽었소. 그대는 처녀인 나의 한을 풀어 주었고 성대하게 장례까지 치르어 주었으니 얼마나 고마운지 모르겠소. 그래서 은혜를 보답하겠으니 어서 바다에 나가 보시오."

하고 생시처럼 말을 하더래. 그래 하도 이상하여 아침 일찍 바다에 나가 보았더니 쳐 놓은 그물속에 고기가 가득 들어 있더래. 그러자 청어 등 값이 좋은 고기만 골라 실어도 배가 무거워 가라앉을 정도로 많이 잡혀 정씨는 다시 부자가 되었대.

그런데 얼마 후부터 이 마을의 젊은 사람들이 고기를 잡으러 바다에 나가게 되면 갑자기 풍랑이 일어 물에 빠져 죽는 사고가 자주 일어났대. 이렇게 해난사고가 일어나는가 하면 고기도 잡히지 않고 또 질병까지 퍼져 마을의 인심이 아주 흉흉해졌대. 이렇게 되니 마을 사람들이 모여 상의하였

는데

"이러한 액운은 그 처녀의 혼백을 소홀히 해서 생긴 것이니 이제부터는 계속 제사를 지내주자."

이렇게 의견이 모아져 매년 정월 보름과 10월 축일에 제사를 지내 주었더니 그 후로는 풍어가 되었다고 해.

조사일자 : 1995. 2. 12.
제보자 : 김성봉 (67세. 남. 원덕읍 신남리)

103. 역사 조장군

조장군은 우리 증조부가 되시는 분이지요. 증조부가 60이 넘어서 조부를 낳으셨고 거기다 70년을 보태면 130년이 되니까 한 이백 년전 그러니까 그게 정조 때쯤 이야기죠. 그 분은 복 복(福)자, 클 태(泰)자를 쓰셨는데 바로 그 분에 얽힌 이야기가 있어요.

여기 사람들은 베를 짜는 삼을 영서(嶺西)지방에 가서 사옵니다. 이 쪽은 삼밭이 마땅치 않아 삼을 심지 않지요. 조복태 증조부께서도 영서지방에 자주 삼을 사러 다니셨는데 어느날 삼을 사서 지게에 지고 돌아올 때 일이었대요. 집에서 한 십 리쯤 되는 곳에 개천이 있는데 돌다리를 놓아서 물을 건넜대요. 그 전에는 돌다리가 없었기에 항상 수해가 나면 징검다리가 물살에 떠내려 갔어요. 그러면 새로 놓고 또 새로 놓고 이랬는데 그 때도 마을 사람들이 모여서 돌다리를 놓고 있었답니다. 조장군이 짐을 내려놓고 쉬면서 보니까 장정 대여섯 명이 돌을 운반하느라고 법석을 떨고 있

거던요. 그것을 보고 조장군이

"이 사람들아. 나에게 술 한번 받아주면 내가 다리를 놓아 주겠네."

하더래요. 그 전부터 이 분은 기운이 장사라는 소문을 들어 알고 있었기에 사람들이

"아. 술일랑 걱정마시고 좀 도와주시오."

하며 즉시 술 한 동이를 가져다 드리니까 그걸 금방 다 잡수더래요. 그리고 나서

"누구든지 다리를 놓고 싶은 돌을 고르게."

하니 사람들이 주변에 다니면서 이만하면 쓰겠다고 지적을 하면 칠팔 명이 달라 붙어도 움직일 수 없는 돌을 혼자서 번쩍 들어가지고 금방 돌 다리를 놓았거던요. 이걸 보자 모두들 증조할아버지를 조장군이라 부르게 되었지요.

그리고 방어를 잡을 때 얘긴데 옛날엔 방어가 어찌 많은지 바닷가까지 밀려왔거던요. 물결에 밀려서 들어오면 조그만 배를 타고 쇠스랑으로 찍어서 방어를 잡았어요, 그런데 고기잡는 사람은 지체가 낮으니까 잡아온 고기 일부를 높은 마을 어른에게 가져다 바치곤 했어요.

한번은 풍어인데도 어부들이 조장군한테 고기를 바치지 않았더래요. 그러자 그 날 밤에 매어 놓은 배가 모두 없어져 버렸거던요. 이러니 동네 사람들이

"밤에 파도가 일지 않았고 물에서 멀찌기 땅위로 끌어올려 놓았는데도 배가 없어진 걸 보면 참 이상하네. 이는 조장군의 힘이 아니면 불가능하니 필경 조장군의 소행일 것이야."

이리 말하면서 조장군을 찾아와 빌었대요.

"이제 고기를 잡으면 꼭 가져다 바칠 테니까 제발 배를 돌려 주세요."

그 분이 아니면 배를 움직일 수 있는 사람이 없어요. 혼자서는 도저히 운반할 수 없지요. 이렇게 사람들이 자꾸 사정을 해대니 그제서야 저 쪽 산 삼밭골 솔밭에 숨겨 놓은 배를 냉큼 들어다 놓더래요. 그 후로는 고기를 잡으면 반드시 조장군에게 먼저 바쳤다고 해요.

수 십 년 전에 우리 아버지가 이장을 하려고 조장군의 무덤을 열었더니 뼈가 고스란히 남아 있는데 고리뼈더래요.

그 조장군의 무덤은 노곡리에 있어요.

조사일자 : 1995. 4. 26.
제보자 : 조명출 (84세. 남. 원덕읍 노곡리)

104. 이심이 얘기

요 앞 바다에 가면 아주 높은 바위가 있는데 거기에는 대가리의 양쪽에 뭉떵하게 뿔이 솟고, 귀도 돋아난 괴물같은 뱀이 살고 있었대요. 그 바위를 갈매기바위라고 하는데 옛날에 음력 사월달이나 오월달이 되면 오동나무를 굽혀 뗏목을 만들어 그 걸 타고 그 바위에 미역을 따러 다녔어요. 그런데 운이 나쁘면 뗏목을 젓는 노 끝에 뱀이 달라붙어 사람을 잡아 먹었거던요. 이럴 때 요령을 모르는 사람은 그냥 죽게 되지만 요령을 아는 사람은 칼이나 낫이나 연장을 가지고 자기의 손을 뭉청 끊어 피를 내어서 물에다 뿌리면 뱀이 그 피를 마시고 내려간다는 얘기가 있지요.

하루는 어떤 사람이 그 바위가 있는 데로 뗏목을 타고 가니까 그 뗏목이 자꾸만 물에 가라앉더래요. 왜 이런가 하고 돌아보니 그 노 끝에 시커먼 짐승이 매달려 있더래요. 모르는 사람이었더라면 고만 그대로 그 놈의 밥이 되었을 건데 그 사람은 연장으로 자기 손을 뭉청 끊어가지고 피를 내어 바닷물에 헹구었더니 그 뱀이 슬그머니 바다밑으로 내려가더래요.

이 뱀을 이심이라 하는데 아주 큰 뱀이지요. 이건 서월주란 사람의 나이가 83세인데 그 사람이 젊었을 때 일이니까 50여년 전, 그러니까 6.25전 해방무렵의 일이지요. 그 사람이 겪은 일인데 그 후로는 나타나지 않았어요. 언젠가 어른들이 갔다가 이심이가 물위에 붕 뜬 것을 똑똑이 보았대요.

지금도 거기에 가 작업을 하려면 좀 무서운 기가 든대요. 옛날부터 내려오는 유래가 있어서이지요. 그러니 모두들 두려워 해요. 해녀들도 거기서는 작업을 안할라 한다고요. 겁나니까 거길 피한다는 얘기죠.

조사일자 : 1995. 4. 8.

제보자 : 박능이 (78세. 여. 원덕읍 월천리)

105. 아이를 구해준 산신령

옛날에는 호랑이가 동네마다 나타나서 가끔 사람도 물어가고 염소도 물어가고 했어. 너머 동네에도 호랑이가 사람을 업어가서 잡아 먹은 자리가 있지. 호산에서도 사람을 물어갔다고 우리 웃대 어른들이 하는 말을 들었어. 우리는 아직 태어나지도 않았을 때 그랬대.

옛날에 어느 스님 한 분이 지나가다 어떤 아를 보고는 그 부모를 불러

"자(저 아이)는 아무 날 몇 시에 호랑이에게 물려갈 팔자요."

하면서 혀를 차더니 이렇게 묻더래.

"저 아이 나이가 몇 살이오?"

"일곱 살입니다."

"저 애를 살리고 싶으면 열 다섯이 될 때까지 집 밖으로 내어 돌려야만 합니다."

그렇게 알려주더니 홀연히 사라졌대.

옛날에는 요즈음같지 않고 짚신을 신고 다녔는데 이제 그 부모가 스님 말을 듣고는 그 아이에게 짚신을 잔뜩 만들어 주며 집에 오지 말고 밖으로 돌아다니라고 시키니까 아가 이 동네 저 동네 돌아 다니다 보니 아, 나이가 어느덧 그 전날 스님이 말했던 열다섯 살이 된 게야.

그러다가 하루는 일하는 일군들이 자는 봉놋방에서 잠을 자게 되었더래. 아가 인자 열다섯살이 되었으니 웬만큼 철이 들어 그 날밤 몇 시에 호랑이가 물어간다 하는 걸 알고 있었거던. 아가 자지도 않고 눈을 감고 가만히 누워 있으니까 상투를 이렇게 꽂은 영감이 들어오더니

"니는 여기 복판에서 자지 말고 문지방 밑에서 자거라."

이러더라네. 가만히 생각하니까 내가 오늘밤 몇 시에 호랑이한테 물려갈 건데 나를 문지방 밑에 자라 하는 것을 보니까 옛날부터 호랑이는 복판에 있는 사람을 물어가지 문지방 옆에 자는 사람은 절대로 안물어 간다는 말이 생각나서 저 영감님이 날 살려 주려나 보다 하고 문지방 옆에 누웠대. 그리고 거짓으로 자는 척하며 보니까 어떤 여자가 들어오더래. 여자가 산발한 머리를 해가지고 들어오더니 두리번두리번 하며 무엇을 찾더니만 나가다가 문지방 옆에 있는 아이의 머리맡에 기를 꽂아놓고 가더래. 나가니 이 영감이 빼버렸대. 그것도 모르고 여자가 호랑이한테

"내가 표시를 해놓고 나왔으니 들어가보아."

하니 호랑이가 들어가서 물어갈라 하니 기가 어디 꽂혀 있는고? 표식이 없

어 물어갈 수 없으니 화가 나서 호랑이가 여자의 귓대기를 때리며 뭐라 하니 이 여자가 다시 들어와서 그 문지방 옆에 있는 아에게 또 표시를 해 놓고 나갔거던. 표시를 해놓고 나가니 이 영감이 또 빼버렸어. 빼버렸으니 호랑이가 들어와 보니 또 없거던. 그래서 또 없다고 여자에게 뭐라고 하니까 여자가 들어와서 또 표시를 해놓았어. 이렇게 표시를 세 번이나 해 놓았는데 그 영감이 또 빼버렸거던. 호랑이가 또 들어와 보니 표시가 없으니 화가 머리끝까지 나서 밖으로 나와서 여자를 물고 뜯고 하더래. 왜 그랬는가 하니까 옛날에 호랑이가 사람 서이(셋)를 잡아먹으면 귀가 세번 째지고, 사람을 하나도 안 잡아 먹은 호랑이는 귀가 안 째진다 이기야. 그래가지고 하나를 잡아먹으면 한번 째지고 둘을 잡아먹으면 두번 째지고 셋을 잡아먹으면 세번 째진대. 그리고 호랑이가 자기가 잡아먹은 그 귀신과 같이 댕기며 자꾸 애기를 한다는 게야.

호랑이가 잡아먹는 사람의 혼을 자기 앞에 세우고 다니면서 이야기를 한다는 게라. 그러다 보니 닭이 우니까 그만 호랑이가 사라졌지. 그렇게 해서 그 날밤 가가 그 시간을 넘겼어. 그래서 아가 살았다 이거야. 그래 은혜를 갚으려고 영감에게

"어디 사시는지 모르지만 저를 따라 우리 집으로 가시지요."

하고 간절히 청했거던. 그런데 영감이 듣지 않는 게야.

"내가 너의 집으로 너를 따라 갈 수 없다."

"왜 못 가십니까?"

"나중에 때가 되면 갈 날이 있을 거다."

이러면서 듣지 않더래.

그런 일이 있은 뒤에 그 호랑이가 영감을 찾아가 그 아이를 내 놓으라 하니 영감이 그러면 가서 물어가라고 했는데 호랑이가 또 그 아이를 물어

가려고 하자 그 영감이 또 그 집에 와서 그 아이를 피신시켜 놓고는 어디론가 사라져 버렸대. 그런데 그 영감은 사람이 아니고 산신령이라는 이야기가 있어.

이처럼 옛날에 호랑이가 사람을 참 많이 물어갔는데 산신령한테는 당할 수 없었다고 하거던.

조사일자 : 1995. 4. 8.
제보자 : 박능이 (78세. 여. 원덕읍 월천리)

106. 이한룡과 주천자 딸

옛날 옛적에 이한룡이란 아이가 있었는데 인물이 얼마나 잘 났던지 나이가 15세가 되니 아버지가 자랑하기를
"우리 아들만한 처녀만 있으면 당장 장가를 보내겠다."
하니 이 말을 들은 어떤 여자가
"당신 아들이 아무리 인물이 잘 났다 해도 대국 주천자 딸만 하겠소?"
하더래. 주천자는 대국 사람이니 중국 사람이지. 이한룡이가 그 소리를 듣고
"아버지. 내가 대국 주천자 딸만 못하다 하니 그럼 대국 주천자 딸이 얼마나 잘 생겼는지 찾아가 볼래요."
그러니 아바이가 여비를 주고 말을 태워 종을 딸려 보냈지.

우리 조선땅에서 대국땅으로 건너가려면 압록강을 건너가야 하거던. 그래 그 강까지 갔는데 아무리 해도 강을 건너갈 수가 없더라네. 그래 말은 종에게 주어 되돌려 보내고 거기에 앉아 가지고 어떻게 해서 주천자 딸을

만나보나 하고 앉아 있으니까 물이 쩍 갈라지면서 거북이가 물 속에서 기어 나오더니

"여기에 뭐하러 왔소?"

하고 묻더라네.

"나는 이한룡이란 사람인데 사람들이 말하기를 내가 잘 났다 해도 주천자 딸만 못하다고 하기에 주천자 딸을 만나보러 가는 길이다."

이러니까니 이 말을 듣고 거북이가

"그럼 내 등에 업혀라. 내가 이 강을 건네 주겠다."

그래 강을 건너주어서 주천자가 사는 동네에 갔네. 가 가지고 조그만 오막살이에 들어가니까 나이 많은 할머니 한 분이 계시거던.

"할머니. 말좀 물읍시다."

"왜 그러느냐?"

그러니까

"그래 여기 주천자 집이 어데입니까?"

하고 물으니 할머니가

"그 집을 왜 찾느냐?"

하고 묻길래 이한룡이가

"그 집 딸이 하도 인물이 잘 났다 해서 내가 직접 보려고 왔소."

이러니

"아이고, 그 집은 보통 사람은 못 들어간다. 그러나 마침 우리 딸애가 주천자 딸의 몸종으로 있으니 정 만나보려면 우리집에 있으면서 때를 기다려라. 그러면 만날 수 있을지 모르겠다."

이러더라네.

그래 이한룡이가 몇 달간 할머니집에서 있는데 하루는 이 할머니가 딸

을 불러서

"야야. 내가 옛날에 조선에 가서 아들 하나 낳아놓고 왔더니 이제 날 찾아왔구나. 이게 네 오빠인데 주천자 딸이 너무 잘 생겼다는 말을 듣고 한번 보려고 왔단다."

하니

"아이고, 엄마는 그런 부탁을 어찌 해."

이러면서 처음엔 난처해 하더니 결국 주천자 딸을 만나게 해주겠다고 약속을 하더래.

어느날 할머니는 딸이 일러주는 대로 옥양목 치마 세 폭을 만들어가지고 찹쌀 풀 한 말을 쑤어서 잘 다듬더래. 치마를 꿰매가지고 풀을 한 말씩이나 쑤어서 옷을 다듬어 놓으니 치마가 뻣뻣이 서거던. 그리고 또 떡을 세 말을 하라더래. 그러니 떡을 세 말을 했어. 그리고 이한룡이한테

"오빠는 그저 내 치마 속에서 꼭꼭 숨어서 내가 한 걸음씩 움직일 때마다 오빠도 같이 움직이시오."

하더래. 그래 가는데 치마가 펴진 우산 모양으로 뻣뻣이 섰으니 그 속에 사람이 들었는지 뭐가 들었는지 누가 아나? 사람이 들었으리라고는 누구도 생각을 못했지.

주천자 집 문은 열두 대문이 있는데 열두 개 문마다 문지기가 있고 문마다 개 한 마리 오리 두 마리가 문을 지키고 있는 게라. 낯선 사람을 보면 개가 짖고 오리가 우니 그러면 안된다 이게야. 그 떡을 이고 들어가면서 던져주니까 짐승들이 그걸 주워먹느라고 아무 소리도 없거던. 그래 문 열두 개를 들어가면서 떡을 다 줘 버렸어.

치마 속에 들어간 이한룡은 앉아서 걸어야지 서서는 못 걷지. 이렇게 들어가서는

"여기가 큰 오빠 방이고 그 다음이 둘째 오빠 방이고 더 안쪽에 들어가면 셋째 오빠 방이니까 여기서부터는 수단껏 들어가시오. 오빠 방 세 칸을 거쳐야 그 처녀방에 갈 수 있소."

하더래. 그러면서 또

"그리고 또 복판에 연못이 있으니 그 곳을 조심해서 건너가오."

알려 주더래. 그 연못은 땅을 깊이 판 뒤 물을 넣어서 도둑놈이 들어오게 되면 거기에 빠져 죽으라고 파 놓았는데 연못의 주변에는 방울을 달아 놓았더라네. 사람이 가면 닿아서 소리가 나라고.

그래 이 사람이 들어가는데 큰 오빠 방을 건너가다가 그만 어린 아이 손을 밟으니 어린아가 우네. 아를 달래야 되겠는데 방법이 있어야지. 그래 병풍 뒤에 죽은 듯이 숨어 있었대. 아가 잠들기를 기다리고 있다가 드디어 잠이 드니 둘째 오빠 방을 건너가는데 그 각시가 하는 말이

"왜 이리 찬 바람이 부나?"

하더래. 그러니 건너가지 못하고 병풍 뒤에서 잠들 때까지 기다리며 숨어 있었대. 셋째 오빠 방을 건너다보니 이 놈 각시가

"아이, 이게 웬 인내야?"

이러더라네. 사람 내가 난다는 거야. 또 병풍 뒤에 가만이 숨어 있다가 그래 그 문을 열고 나가니 그 밑에 시퍼런 물이 있더래. 게다가 방울까지 매달려 있더래. 솜을 가지고 방울소리가 나지 말라고 방울을 솜으로 쌓았지. 그래 연못을 건너가 문을 열고 들어가니 처녀가 앉아 책을 읽다가 문소리가 나니까 힐끔 돌아보더니 다시는 안 돌아다 보고 귀신 대가리 깨지는 경을 읽네. 귀신은 물러가라고. 그러나 경을 읽어도 그대로 있으니

"당신은 사람이오, 귀신이오?"

이러더라네. 이한룡이가

"사람이니까 이곳에 들어왔지 귀신이 뭐하러 여기까지 들어오겠소?"
이랬대.

"그렇다면 무엇 때문에 들어왔소?"

"당신이 하도 인물이 잘 났다 해서 내가 직접 인물을 보러 왔소."

"그럼 어데서 왔소?"

"나는 조선땅에서 왔소."

"그럼 나갑시다. 나가서 저 별을 쳐다봅시다. 저 게 무슨 별이오?"

하늘을 쳐다보니 별이 두 낱이 있거던. 그래 이한롱이가

"저쪽 것은 내 별이고 이쪽 것은 당신의 별이오. 자기랑 나랑 이렇게 만나라고 저렇게 맞대 있소. 그런데 직접 보니 너무 아름답소."
이러니

"그래 알았소. 들어 오시오."

하고 먼저 방으로 들어가더니만 명주비단을 몇 필 꺼내더래. 장롱의 문을 열고 명주를 꺼내 이걸 싸면서 식구들이 알면 큰일이니 나가자는 게야.

"이 것을 옆구리에 끼고 먼저 담장을 뛰어넘으시오."

그래 높은 담장을 뛰어넘으니까 여자도 뒤따라 뛰어넘더래. 그런데 그 집에는 천리말이 있고 만리말이 있더래. 하루에 천리를 가는 말이 천리말이고 만리를 가는 말이 만리말이야. 그래 마굿간에 들어가서 만리말한테

"이 놈 말아. 우리 두 사람이 죽고 살기는 오직 너에게 달렸다. 그러니 부디 우리 두 목숨을 살려다오."

이러면서 말에서 떨어지지 말라고 명주를 가지고 칭칭 두 몸뚱이를 말에다 매었대. 매어가지고 담장을 뛰어넘는데 이 놈 말이 사람 둘을 태우고 휙 뛰어 넘더래. 그래 말을 타고 달아나다가 날이 새기에 보니까 만리말을 탄다는 게 어두워서 천리말을 탔네. 천리말을 타고 도망치며 생각하니까 큰

오빠가 뒤따라 만리말을 타고 곧 따라올 텐데 어찌 할 수가 없거던. 그래 고목나무 속에 들어가 숨었어. 남자는 뒤에 서고 저는 앞에 숨어 있으니까 과연 큰오빠가 쫓아왔어. 와서는 창으로 구멍을 찌르니까 처녀만 약간 찔렸지 남자는 안 찔렸거던. 한참 그러다가 조용해지니

"이젠 오빠가 간 것 같으니 어서 갑니다."

하고 계속 달아났어.

한편 동생을 놓친 오빠가 자기 집에 돌아가서 아주 잘 아는 봉사를 집에 데려다가 점을 쳤대. 점을 치니 점쟁이가

"도련님이 왜 나무를 찌르면서 창 끝에 피가 묻은 거 안 봤소?"

하더래. 그래 유심히 살펴보니 창끝에 피가 좀 묻었거던.

"지금 가면 어느 산비탈에 숨어 있을 테니 빨리 가보시오."

그런데 처녀가 생각해보니 자기 오빠가 또 쫓아 올 때가 되었거던. 주변을 보니 나무 가랑잎이 떨어져 있더래. 그래 골이 파인 곳을 헤치고서 두 사람이 끌어안고 숨어있었대. 그러자 오빠가 오더니 창을 가지고 온 사방의 땅을 찌르더래. 찌르는데 골이 파인 곳이 있는 줄 알지 못하니까 거게는 안 찔렀어. 그러다가 또 돌아가더래, 가니 봉사가

"왜 움푹 파인 데가 있었을 텐데 왜 거길 안 찔렀소?"

이러더래. 숨어 있던 곳을 봉사가 알기도 잘 알았지. 오빠가

"그래? 거기를 내가 미처 못 보았는데."

말을 타고 또 오더래.

그 사이에 두 사람은 중국 땅과 우리 조선 땅의 접경까지 왔네. 인제 물을 건너야 할 텐데 시간이 없더래. 그런데 오두막 집에 할머니가 있기에

"우리가 지금 쫓기고 있는데 저의 목숨만 살려주면 평생 먹고 살 돈을 드리겠소."

하고 애원하니

"구해주고는 싶지만 방법이 있어야지."

하고 망설이니까 그 여자가

"우리 둘이서 꼭 껴안고 누워 있을 테니 위에다 이불을 덮어놓은 뒤 마루에다 향을 피어놓고 자꾸 마루바닥을 두드리며 아들이 죽었다고 우시오."

이렇게 시키더라네. 그래 시키는 대로 이불로 두 사람을 덮어놓고 향불을 마당에 피어놓고 통곡을 하며 울었단 말이야. 그러고 있는데 오빠가 찾아오더니

"할머니. 여자와 남자 둘이 지내가는 것 못봤소?"

하고 물어도 대꾸를 안하거던. 그런데도 자꾸 물으니까

"몰라요. 나는 외아들 데리고 이 강가에서 고기를 잡아 먹고 사는데 아들이 이렇게 죽었으니 내가 그런 걸 살펴볼 정신이 있겠소? 내 아들이 죽었으니 나는 이제 죽은 목숨이요."

하며 계속 서럽게 울더래.

"그렇다면 집안을 좀 살펴보겠소."

그 집은 방이 두 칸인데 한 칸을 다 뒤벼도 없거던.

"저 방에는 무엇이 있소?"

"그 방에 아들 시체를 이불로 덮어 놓았소."

그러니 그 방에 들어가면서 홑이불을 벗기려 하자 둘이가 방귀를 꾸니 구린내가 확 나니까

"아이구 송장 썩는 냄새가 고약하군."

하면서 이불을 그대로 덮고 가버리더래.

오빠는 집에 도착하자마자 화가 나서

"이까짓 점도 아무 소용없다."

하고 화를 못 참아 점쟁이를 죽여버렸네. 고만 봉사를 잡아버렸어.

두 사람이 강을 건너려 하니 배가 있어야 건너지. 그래서

"거북아, 나오너라. 우리 목숨 살리려거던 어서 나오너라."

하니까 물이 쫙 갈라지며 거북이가 나오니 거북이 등에 업혀서 조선땅에 건너오니 이제는 안심이 되었어. 잡으러 쫓아오든 말든 상관없지.

이한룡이가 처녀를 데리고 집에 오긴 왔으나 바로 집으로 데려갈 수는 없단 말이야. 그래서 우선 자기 집에 있던 종의 집에 데려다 놓았대. 그리고 가만이 생각해보니 자기는 외아들이니 자기 재산을 결국 저 여자가 차지하게 될 거니까 그게 걱정이 되더래. 그래서 하루는 강가에 놀러가자고 꼬여가지고 데리고 가서 고만 처녀를 물에 빠뜨려 죽여버렸대. 그리고 나서 몰래 마음에 드는 여자를 데려와 가지고는 대국에서 데려온 주천자 딸인 것처럼 사람들을 속여

"아무날 주천자 딸과 혼례를 치른다."

하고 그 여자와 혼인을 치르니

"아이구. 이한룡이가 데려온 대국 주천자 딸이 인물 잘 났다 소문이 진동하더니 과연 절색이구만."

보는 사람마다 모두 이러면서 칭찬을 하더래.

그리고 나서 얼마 뒤에 이한룡이가 선몽을 했는데

"아내의 옷을 벗겨 다리를 보아라. 그 때 오빠한테 찔린 자국이 있는가 없는가 보아라."

이러더라네. 그래 옷을 벗겨보니 오빠한테 창에 찔린 자국이 있거던. 그러니 이한룡이가

"아아, 그렇게도 내 눈이 어두웠나?"

하며 후회를 했대. 그래 다시 또 잔치를 치르었는데 구경꾼들이 모두 감탄하며

"참 저만하니까 대국 주천자 딸이라 했구만."

입에 침이 마르도록 칭찬하더래.

그런데 잔치가 끝난지 얼마 되지 않아 그만 주천자 딸이 홀연이 사라져버렸어. 얼마 못 살았어. 이미 죽은 혼령이 임시로 사람의 모습으로 의탁하여 나왔으니 오래 세상에 머물 수가 있나?

조사일자 : 1995. 4. 8.

제보사 : 박능이 (78세. 여. 원덕읍 월천리)

107. 거미와 비둘기

한번은 거미가 먹이를 잡으려고 줄을 쳐놓았는데 거기에 비둘기가 걸려 잡아 먹히게 되었다. 그런데 그 때 마침 어떤 나뭇군이 지게를 지고 가다가 거미줄을 부셔버리니 비둘기가 달아나 살았대. 이러한 사실을 전혀 모르는 나뭇군은 산중에 들어가 나무를 해서 지게에 잔뜩 짊어지고 오는데 날이 벌써 저물더라네. 그러니 산중에서 헤매다가 오두막집에서 할머니를 만나게 되었지. 날은 이미 저물어 돌아갈 수 없으니까 할머니한테 매달렸어.

"할머니, 나무를 하러 왔다가 날이 늦었으니 오늘밤 여기서 좀 자고 갑시다."

"그럼, 자고 가시우."

그런데 자고 다음날 아침에 일어나 보니 그 집에 처녀가 있더래. 그런데

할머니는 나뭇군을 머물게 하더니 자꾸 사위를 삼으려 하는 기라. 식구는 오직 딸뿐이니까 여기서 같이 살자고 해서 같이 살게 되었대. 그런데 살다 보니까 이 남자가 고만 꼬질꼬질 마르는 기라. 자꾸 말라서 거의 죽게 되었을 때 난데없이 포수가 나타난 게야. 포수가 그 집에 오더니

"할머니, 할머니. 문 좀 열어주세요"

이러는 기라. 문을 열어주자 포수가 들어와 보니 여자가 하나 있고 남자가 있거던. 그 여자는 실은 거미고 이 남자는 비둘기를 살려준 사람이라. 그래 둘이 인제 부부가 되어 사는데 이 거미가 원수 갚으려고, 그 남자를 잡아먹으려고 같이 사는 기라. 그럴 때 이 포수가 여자에게 총을 탕 쏘니까 칵 죽는데 죽은 뒤에 보니까 사람이 아니라 거미더래. 그런데 포수가 누구였느냐 하면 그게 바로 나뭇군이 살려준 비둘기였던 말이야.

짐승도 서로가 원수를 갚으려고 그래 죽인다는 얘기가 있지.

조사일자 : 1995. 4. 8.
제보자 : 황월선 (75세. 여. 원덕읍 월천 3리)

108. 황희 정승과 소공대

임원에 소공대(召公臺)가 있어.

이 소공대는 조선왕조 초기에 황희 정승이 있었잖나?

한번은 황희 정승이 여기에 왔는데 이곳에 마침 흉년이 들어 백성들이 아사직전이거던. 그때 이곳 삼척부사가 능력도 모자라고 제 욕심만 채우는데 정신을 써 정치를 잘못하였기에 더욱 많은 사람들이 먹을 게 없어 굶어

죽게 된 게야. 그런데 황희 정승이 와서 이걸 보니 아주 딱해서 나라의 곡식 창고를 열어가지고 굶주린 백성들에게 곡식을 나누어 주어 구제해 줬단 말이야. 옛날엔 나라에 내를 세금을 돈으로 내지 않고 곡식으로 냈거던. 그러니 백성이 당장 먹을 게 없어 굶어죽게 생겼으니까 세금으로 거두어 둔 곡식을 풀어 백성을 구한 게야. 이렇게 백성을 구휼해주니 얼마나 고마운 일인가?

이런 일이 있은 후로 사람들은 황희가 소공(小公)같은 은인이라 해서 황희가 앉아서 쉬었던 고개를 소공대라 한 게야. 그리고 뒤에 황희의 후손이 강원도 관찰사로 이곳에 와서 비를 세운 것이 그게 소공대비란 말이야.

소공대 비를 세운 곳은 그때 황희 정승이 이곳을 지나다가 잠시 앉아서 쉬었던 곳이래. 여기서 5km쯤 올라가면 거기에 있다고.

조사일자 : 1997. 10. 17.
제보자 : 전찬숙 (세, 남, 원덕읍 기곡리)

109. 사람 미행하는 호랑이

우리 노할머니 상사가 났을 때 나도 호랑이를 보았지.

그날 한밤중에 갑자기 개가 짖더라고. 도계 할머니가 왔길래 내가 먼저 맞으려고 나왔지. 내가 부엌에서 불을 때다가 나왔는데 할머니를 따라 온 짐승이 마루 밑으로 시커먼 게 휙 들어가더라고. 그러자 개가 마루밑에 확 뛰어들어갔다가 나오고 또 들어갔다가 나오고 하더라고. 처음엔 왜 그러는지 몰랐지. 그런데 개가 눈이 시퍼렇게 해가지고 마루 밑을 노려보며 막

악을 쓰는 게야. 아이구 무서워라. 그래 내다보니까 시커먼 게 뭐가 들어와 있는 것 같더라구. 시커먼 게, 시커먼 짐승이 마루 밑에 들어와 있는 것 같았어. 그런데 개가 마루에 궁둥이를 콱 눌러 막은 채 앉아 있는 거라. 그러니까 시아버지가 개를 보고

"이 놈이 정신이 있나 없나?"

이렇지 않겠어? 그러자 시어머니가

"아이, 영감이 좀 나가보우."

이러는 게야. 나는 몸이 덜덜 떨려서 이래 털썩 주저앉아 버렸어. 그런데 시아버지가 큰 기침을 하며 밖으로 나와서 휘휘 돌아다니더라고.

나중에 내가 마루밑에 들어간 시커먼 놈을 보았으니까 개가 그 때 그렇게 짖은 거라고 시어머니한테 말을 했더니

"야야. 그러면 진작에 들어오지 왜 그냥 있었느냐?"

이러더라고.

내가 방에 들어오니까 그 놈이 총알같이 마루밑에서 도망을 치더라고. 그러니까 그 할머니가 올 때 호랑이를 달고 들어왔던 게야. 자기가 데리구 왔으면 내보내야 할 게 아닌가? 그런 일이 있은 뒤로 얼마나 무서운지 밤이 되면 밖에 못 나갔어. 그놈이 꼭 거기에 있는 것 같더라고. 그 때가 밤 중 세 시쯤 되었을 거야. 그런데 시아버지가

"젊은 사람이 죽었다면 억울해서 빨리 와야겠지만 나이 구십이 넘어 상사가 났는데 뭐가 애닯아 그 험한 길을 밤중에 왔담?"

이렇게 나무라더라고. 그리고 삼촌더러

"나 많은 이가 죽었는데 뭐가 그렇게 애달파서 노인이 밤중에 그 험난한 절골재를 넘어서 오도록 내버려 두었단 말이냐?"

하며 안 좋아 했어. 그러니까 삼촌이 아무 것도 모르니까

"노인이 성의를 다해서 간 게 왜 나쁘다고 그런담."

이러면서 좀 섭섭해 하더라고.

그리고 그때 일이 아무래도 민망했던지 시아버지가 시어머니보고

"며느리가 밖에 있으면 할멈도 같이 거들지 그랬나?"

하더라고. 내가 무서워서 혼쭐이 난 일을 가지고 그렇게 말하더라고.

호랑이가 오면 닭이나 개를 던져주어야 간다고 하거던.

조사일자 : 1996. 6. 27.

제보자 : 김분녀 (66세. 여. 가곡면 오저리)

110. 호랑이의 눈빛

A : 나는 이런 일이 한번 있었네.

내가 장가가기 전이니까 한 스무살 쯤 되었을 때인데 저 뒤에 음달산이라고 있지. 오저 뒷산, 오저 뒤에 있는 음달산인데 그게 가을이었어. 옛날에 마을의 소들을 거기에다 집단으로 풀어놓고 풀을 먹이고 그랬거던. 내가 풀을 하러 그 곳으로 다녔는데 풀을 해서 집에다 져다 놓고 마지막으로 또 풀을 가져오려고 그 곳에 갔어. 그래 풀 짐을 지고 비탈길로 나오다가 쉬는 데가 있길래 거기서 쉬고 있는데 소가 거기에 있는 게 보이더라구. 그래 소를 분명히 보고 왔는데 아가

"소가 없어졌어요."

이러는 거라. 내가 금방 소가 있는 걸 보았는데 말이야. 그래

"내가 분명히 보았으니까 내가 가면 찾을 수 있다."

하고 풀 짐을 집에 갖다놓은 뒤 오목골에 들어가가지고 소가 있던 곳에 찾아갔더니 아, 어찌 된 일인지 정말 소가 없단 말이야. 게다가 날까지 벌써 캄캄해졌으니 아무리 찾아봐도 찾을 수 있겠어? 어떤 집 소는 남아있고 내려온 소도 있었지. 내가 내려올 때 몇 집 소가 거기에 있는 것을 분명히 보았단 말이야. 그래 거기에 있는 것을 아니까 나 혼자 갔거던. 내가 분명히 보았으니 다른 사람한테 가자는 소리도 안하고 갔는데 올라가니까 안 보인단 말이야. 그래 소를 부르는 게라. 이곳 사람들은 "너와, 너와." 이렇게 소를 부르거던. 산이 쩌렁쩌렁 울리게 "너와, 너와."하고 불렀지만 아무 기척이 없었어. 그래 담배를 한 대 피우면서 바로 종옥이 아버지 묘 뒤에 거기로 올라가면 묘가 하나 또 있거던. 그 근처까지 갔더니 불빛이 반짝이는 게야. 이걸 보자 누가 담배 피우는 줄 알았어. 그런데 그게 아니라 캄캄하니까 호랑이가 거기서 지켜보고 있더라고.

호랑이는 눈빛이 담배불처럼 빨개. 나는 그 위에 채소밭이 있었으니까 채소밭에 갔다오는 사람이 그 길에서 쉬며 담배를 피우고 있는 줄 알았단 말이야. 처음엔 그렇게 생각하고 내려오면서 소를 부르는데 불빛이 번쩍거리지 않겠어? 아주 남포불마냥, 차의 불(헷드라이트)마냥 번쩍였어. 그런데 불이 이만 하잖아? 처음엔 담배불만 하던 게 나중엔 이만하게 커지더라고.

그래 자세히 살펴보았더니 사람의 담뱃불이 아니더라고. 그래 아, 사람의 불이 아닌가 보다고 생각하니 겁이 나더라고. 그래 그냥 내려왔어. 내려오다 보니 불이 없어지더라고, 그래 안심하고 아래 신작로까지 내려왔는데 아, 그놈이 벌써 거기까지 와서 있더라고. 그래 이 놈이 여기까지 쫓아왔구나 하고 그래 내가 겁이 나서 죽자살자 하고 내리 뛰었지. 그 때는 고무신을 신었어. 고무신을 벗어들고 막 뛰었다고. 그 불빛이 아주 환해. 그런데 계속 환한 게 아니라 어두울 때도 있고 환할 때는 환하고 그러는 게라.

이래 소는 못 찾고 정신없이 도망쳐 나왔더니 사람 소리가 나더라고. 저쪽 밑에서 나를 부르는 소리가 들렸어. 그래 소리를 질렀지. 거랑을 건너오는데 죽기 아니면 살기지. 여기까지 와서 사람들을 만났는데 얼마나 힘이 들었는지 옷이 온통 젖었더라고. 머리고 옷이고 싹 젖었어. 그런 일을 내가 직접 당했다고.

(그러니까 호랑이 불을 직접 보았군요.)

그런데 그게 호랑이 불인지 뭔 불인지는 모르지만 짐승의 불이지 사람의 불은 아니야. 사람의 불이라면 그렇게 커졌다 꺼졌다 하지는 않는단 말이야. 처음에 얼핏 볼 때는 담뱃불 같애. 그게 담뱃불이라면 번쩍번쩍 할 게 아니야? 그런데 빨간 게 그대로 가만 있다가 나중에는 시퍼렇게 바뀌어지거던. 처음엔 빨개졌다가 둥그래졌다가 조그매졌다가 없어졌다가 이랬단 말이야.

그리고 호랑이의 발자국도 보았다고. 오목골을 넘어가는데 우리가 그 때 나무하러 갔거던. 갔는데 그 길은 외길이란 말이야. 그런데 딴 짐승은 발자국이 이쪽에 있고 저쪽에 있고 그렇지만 호랑이의 발자국은 일(一)자로 남아 있단 말이야. 그러니 발자국은 두 개가 나란히 나있단 말이야. 아는 사람은 호랑이 발자국을 금방 안다고.

호랑이는 다른 짐승과는 달리 앞발의 발자국을 뒷발로 밟고 가기 때문에 발자국이 두 개 뿐이야.

한번은 구사리에 사는 양반이 돼지 사냥을 갔더래. 눈이 많이 왔는데 한 군데를 가니 길에 외통발자국이 있더래. 외줄로 쭉 갔더래. 그래 보니 이게 돼지 발자국은 아닌 것 같지만 짐승 발자국이 틀림없으니까 그걸 따라 갔더래. 따라가니 아주 큰 바위틈속으로 들어갔더래. 굴같은 그 속으로 들어갔길래 그 속을 들여다보니 호랑이가 떡 앉아 있더래. 그러니 이젠 큰일

났거던. 이 놈이 사람을 내다보고 있으니 그냥 놔둘 리가 없단 말이야. 그래 같이 간 사람이 이쪽저쪽으로 양쪽에 쫙 있는데 이 양반이 기운이 제일 세니까 가운데서 창을 그 놈한테 겨누고 해꼬지할까봐 소리만 막 질렀단 말이야. 그랬더니 이놈이 비호같이 휙 나오는데 언제 나온 줄도 모르게 확 뛰어나오다가 그 양반이 들고 있던 창을 받았대. 그런데 그 양반이 원체 기운이 세니까 창에 호랑이가 찔렸는데도 호랑이가 창에 찔린 채 그만 달아나 버렸대. 그러니 그 놈이 사람한테 덤벼들다가 되려 창에 찔린 거지. 목줄기를 찔렸으니 달아나다가 콱 죽어버린 거라. 정통으로 찔렸으니 제가 살 수 있나? 그런데 사람들은 그 놈한테 창을 빼았겼으니 겁이 나서 도망쳐버렸지. 산 위로 도망을 가서 호랑이가 도망간 쪽을 이래 내려다 보니까 죽어 있으니 가서 창을 뽑아 온 거라. 그래 호랑이를 잡았지.

이래서 돼지를 잡는 창으로 호랑이를 잡았는데 그 양반이 원체 기운이 세니까 호랑이가 힘껏 뛰어나오다가 제 스스로 창에 찔려 죽은 셈이지. 그 양반이 공격한 것은 아니란 말이야. 어쨌든 그 양반이 호랑이를 잡긴 잡았지.

B : 한번은 나도 신리라 하는 곳으로 산소를 살피러 갔어. 그때는 이맘때쯤 되었어. 우리 친척 아주머니가 남편 제삿날이 되어 산소를 가야겠는데 같이 갈 사람이 없으니까 나보고 같이 가자고 하니 안갈 수 있나? 그래 갔는데 작은 재를 지나갈 때는 괜찮았는데 큰 재를 넘어갈 때는 숲속에서 나무 꺾는 소리가 딱딱 하고 나더라고. 그래서 큰 기침을 자꾸 했어. 밤에는 조상의 산소를 안 다닌다는데 마지 못해 갔더니 딱딱 나무 꺾는 소리가 나고 버석버석 하는 소리도 났어. 그러나 저러나 무서우니까 빨리 오려고 틀니를 싹 빼가지고 [틀니는 왜 뺐어요?]

아, 그건 말이야. 틀니를 쑥 빼면 숨이 덜 차지 않나? (웃음) 그래 빼어가지고 잠뱅이속에 넣은 뒤 옷을 훌딱 벗었네. 그 옷을 벗어 뚤뚤 말아 옆구리에 꽉 끼고 마구 뛰었지. 그런데 그놈 호랑이가 자꾸 따라왔어. 따라오는 소리가, 바삭바삭 와사사 하는 소리가 나더라고.

재 밑에 빈 집이 있는데 그 곳을 지나오려니까 더 무서웠어. 죽을 것 같더라고. 망태골이라고 있어. 거까지 이 놈이 따라온 게야. 간신히 도망쳐 집에 와 정신을 차리고 보니 양 주머니에 넣었던 틀니가 어디에 빠졌는지 없더라고. 그래 이튿날 새벽에 다시 그 틀니를 찾으러 그 곳으로 갔지. 가면서 보니 진짜 발자국이 외줄로 있더라구. 그리고 돼지 발자국도 어지럽게 나있어. 호랑이가 돼지를 물어가지고 간 게야. 그러니 돼지 소리, 호랑이 소리가 그렇게 났던 게야.

[그래, 틀니를 찾았어요?]

찾았지. 위 아래 틀니 두 개를 모두 찾았다고. (웃음)

조사일자 : 1996. 6. 27.

제보자 : 김병수 (56세. 남. 가곡면 오저리)

김분녀 (66세. 여. 가곡면 오저리)

著者 **杜錫球**

문학박사
현 관동대 국어교육과 교수
강릉무형문화연구소장 역임
국어국문학회 이사, 감사 역임
한국고설학회 부회장, 감사 역임

著書 『國文學 研究』,『燕巖小說의 敍事構造 研究』
『韓國文學 總說』(共著),『韓國古典文學選』(共編)
『江陵地域의 傳統文化』(共著),「嶺東地域 民謠·說話論」(共著),
『韓國江陵地域의 說話』『固城·束草地域의 說話』,『東海市 地域의 說話』

三陟地域의 說話

인쇄일 초판 1쇄   2003년 05월 28일
　　　　2쇄   2015년 06월 04일
발행일 초판 1쇄   2003년 06월 01일
　　　　2쇄   2015년 06월 16일

지은이 두 창 구
발행인 정 찬 용
발행처 **국학자료원**
등록일 1987.12.21, 제17-270호

서울시 강동구 성내동 447-11 현영빌딩 2층
Tel : 442-4623~4 Fax : 442-4625
www. kookhak.co.kr
E- mail : kookhak2001@hanmail.net
ISBN 978-89-541-0058-8 *93900
가 격 17,000원